종교 철학 산책

윤영호

종교철학산책

윤영호

종교철학에 대한 산책을 시작하며

매일 새벽 5시면 어김없이 산책을 나선다. 아무도 없는 길을 걸을 때면 그 길은 오롯이 나의 길이 된다. 비가 오면 비가 와서 좋고, 눈이 오면 눈이 와서 좋다. 따뜻한 햇살과 선선한 바람이 온몸을 감쌀 때면, '지금 이 순간'이 천국天國이고 극락정토極樂淨土이다. 한 발 한 발, 걸음걸이에 온 신경을 집중하며 걷는 산책은 순간이 만들어내는 기적이다. 요즘 화두는 '무념無念의 산책'으로 산책의 순간에 집중하는 것이지만, 이따금씩 풀리지 않는 진중한 철학적 고민을 하기도 한다. '비움'이 있기에 이렇듯 '채움'의 고민도 가능하다.

내가 좋아하는 철학자 들뢰즈와 가타리는 『철학이란 무엇인가』라는 책에서 인간 사유의 기본적 구도로 '철학적 사유', '과학적 사유', '예술적 사유'를 꼽는다. 나는 세월이 지날수록 여기에 한 가지 중요한 사유가 더 있다는 생각을 한다. 그것은 바로 '종교적 사유'이다. 혹자들은 과학이 발달할수록 종교의 영역은 점점 설 자리를 잃는다고 생각하지만, 나는 오히려 과학이 발달할수록 과학에 의해 증명되지 않는 신비의 영역이, 역설적이게도 점점 과학에 의해 증명된다고 믿는다.

특히 인간의 삶에 있어 예측할 수도 이해할 수도 없는 생사화복生死禍福이나 질병, 삶의 고난과 고통이 따를 때면, 얼마 전까지만 해도 과학으로, 철학으로, 예술로 설명할 수 있었던 일상적인 삶도 신비와 실존의 영역이 된다. 나 역시 근래 말할 수 없는 고통들을 겪으면서 인간, 삶, 고통, 고난에 대해 수많은 생각을 하게 된다. 단순한 이론적, 사유적 유희遊戲가 아닌 뜬눈으로 밤을 지새울 만큼 내 실존과 직결되는 물음들을 쉼 없이 던진다. 자문自問하고 자답自答도 하지만, 자문자답이 되지 않는 특별한 영역의 있음을 깨닫게 된다. 그럴 때면 겸손하고 겸허한 마음으로 종교적 수행이나 사유를 통해

흔들리는 '나'를 붙잡고, 삶의 원동력이 되는 에너지를 만든다. 온전한 '놓음' 속에 온전한 '채움'이 만들어진다. 그리고 그 '놓음'과 '채움'의 이중주 속에, 나의 망상妄想이 만들어낸 삶에 대한 두려움과 불안에서 벗어나 온전히 지금 이 순간의 '나'로 살아간다.

나는 종교의 지평 속에 태어났고 그 속에 살아가고 있다. 그래서 종교는 나의 삶 그 자체이다. 특히 지금도 나와 직접적으로 교류하는 불교, 기독교, 힌두교, 무슬림 등의 수많은 국내외의 종단장들은 이러한 나의 지평을 확대해주고 공고히 해준다. 그들과의 대화는 일상적인 것이지만, 그 이면에는 저마다의 지평에서 지향하는 종교철학을 전제하고 있기에, 우리의 만남과 대화는 종교적 만남과 대화이다. 하나의 주제를 두고도 각 지평의 종교적 사유가 제시하는 깨달음의 영역은, 저마다 그 종교가 지향하는 깨달음의 지평을 만들어낸다.

종교는 일반적으로 초월성transcendence, 신성sacredness, 궁극성ultimacy의 특징을 갖는 초인간적인 신神을 숭배하고 신앙함으로써, 선악善惡을 권면징계勸勉懲戒하고 행복을 얻고자 하는 삶의 체계로 정의된다. 다시 말해 종교는 인간의 정신문화양식의 가장 중요한 부분으로 인간의 힘으로 해결할 수 없는 불안과 죽음 등의 경험을 초월적인 존재나 원리와 결부시켜 의미를 부여하고 해결하려는 인간 행위의 총체이다. 이러한 종교는 예외 없이 궁극적 존재에 대해 해명하고 있는데, 인간은 이러한 종교와 종교 생활을 통해 인간과 세계의 궁극적인 원인을 규명한다. 궁극적 존재는 인간과 세계의 기원과 본질이며, 사람이 살아가는 목적도 이 궁극적 존재를 어떻게 이해하느냐에 따라 달라진다.

궁극적 존재를 인격적 신으로 묘사하든, 비인격적 실재인 근본원리 혹은 이법理法으로 설명하든, 그것은 각 종교의 전통 속에서 인간 내면을 순수하게 정화하고 유지하는 좋은 방편이 될 수 있다. 신의 사랑과 은총을 강조하여, 신을 믿고 의지함으로써 구원을 말하는 인격신의 전통은 인간에게 겸허하게 자신을 바라보는 반성을 가능케 한다. 이는 중요한 종교의 본질적 유산이다. 비인격적 실재를 따르는 종교적 전통은 인간 스스로 올바른 도道나 이법을 실현함으로써 스스로 성화된 존재가 될 수 있다는 점에서 인간이 적극적으로 인격을 다듬고 정신적 가치를 따르도록 하는 종교의 소중한 본질적 유산이다.

따라서 이러한 종교가 인간의 정체성 형성에 미치는 영향은 매우 크다. 특히 본능이나 육체적인 한계를 넘어 가치나 질서에 의해 자신을 형성해가는 인간의 독특한 특성 때문에 종교는 공동체 속에서 자신을 어떻게 정립해야 하는지를 가르쳐 준다. 이런 의미에서 종교는 개인의 정체성 형성은 물론 관계 형성을 바람직하게 하는 기능을 수행한다.

종교의 이러한 숭고한 의미와 기능이 있음에도 불구하고, 인류 역사를 반추해 보건데, 종교는 역기능과 수많은 문제점을 낳기도 했다. 한 기록에 따르면 과거 5,500년 간 전쟁이 없었던 해는 292년에 불과하며, 전쟁 횟수는 14,513회, 전쟁으로 생명을 잃은 사람의 수는 36억 4천만 명으로 지금까지 지구에 생존했던 전 인구의 1/4에 해당된다. 놀라운 사실은 이러한 전쟁의 70% 가량이 종교적 갈등, 민족적 갈등으로부터 비롯되었다는 점이다. 20세기 최악의 민족분규라고 불리는 보스니아 내전 중 이슬람교도의 씨를 말리기 위해 어린이를 포함해 8,372명의 무고한 사람들을 인종 청소했던 스레브레니차 대학살, 2001년 9월 11일 세계를 경악케 한 뉴욕 월드

트레이드센터 테러 사건 역시 그 배후에 종교적 갈등이 자리 잡고 있었다. 이러한 현상은 자신의 종교에 충실하려는 종교적 보수주의•배타주의로 인한 갈등이다. 이런 이유에서 한스 퀑Hans Küng은 "종교간의 대화 없이 종교간의 평화가 있을 수 없고, 종교간의 평화 없이 세계평화가 있을 수 없다."고 말하였다. 따라서 항구적 평화 세계를 위한 종교간의 대화는 종교 다원주의 시대적 당위이자 요청이다.

종교는 인간의 실존적 물음에 해답을 제시하는 본질적 영역이며, 아울러 사회와 국가, 세계의 평화를 위한 실존적 영역이다. 그리고 각 종교에는 저마다 그 종교가 지향하는 종교철학을 전제하고 있기에, 인간 삶에 대한 본질적 이해와 사회•국가•세계의 평화를 위한 실존적 방법론을 제시하기 위해서는 종교철학의 이해가 선결되어야 한다.

이러한 이유로 나는 이 책에 종교철학의 몇 가지 핵심주제를 중심으로 그동안 학계에서 발표하거나 연구했던 내용을 정리해보았다. 대중적 시각에서 보면 현학적이거나 다소 전문적일 수 있지만, 이러한 내용이 우리의 삶은 물론 그 종교를 지탱하는 사상의 토대가 되기에 지면을 통해 소개하고자 한다.

차 례

첫 번째 산책 불교의 시지각설

네 번째 산책 불교의 죽음관

다섯 번째 산책 유교의 인성론

여섯 번째 산책 유교와 이단지학

일곱 번째 산책 유교와 실학

첫 번째 산책
불교의 시지각설

산책을 시작하며

불교佛敎는 어의상 '붓다의 가르침佛敎'을 의미하는데, 그 가르침은 '붓다가 되는 가르침佛敎'이다. '기독교基督敎'가 어의상 '기독基督, 라틴어 '그리스도'의 음사'의 가르침敎을 의미하지만, '기독'은 오직 예수만의 고유명사이기에 기독교는 예수 그리스도를 절대적으로 믿는 '신信'의 종교이다. 그래서 현대 신학자 폴 틸리히는 예수 그리스도를 '유일회적 계시the ultimate revelation'으로 표현했다. 이에 반해 불교에서는 누구나 붓다가 될 수 있는 가능성佛性이 있기에 '붓다'는 석가모니 붓다의 고유명사가 아닌 보통명사이다. 그리고 '붓다가 되는 가르침'이기에 불교는 '행行'의 종교이다.

특히 초기불교 독화살의 비유를 통해서도 확인할 수 있듯, 불교는 형이상학적 질문에 대해서는 무기無記의 입장을 취하며, 철저하게 현실의 고통苦으로부터 벗어나는 실존적 입장을 견지한다. 그렇다보니 일반적으로 불교하면 '템플스테이', '요가' 등 수행만을 강조하는 종교로 생각하기 쉽다. 그러나 2,500년 방대한 불교의 전통에는 존재론[諸法分別], 언어론, 지각론, 행위론[業論] 등 방대한 교학적 체계를 담지하고 있다. 특히 오늘날 대두되고 있는 인지과학의 관점에서 볼 때, '몰두하여 사유함專精思惟'[1]을 통해 세운 불교 시지각설의 담론의 체계는 놀라울 정도의 정교함과 독특함을 담고 있다.

불교에서 시지각에 대한 논의는 『잡아함경雜阿含經』 제13권에 등장하는 "眼色緣生眼識. 三事和合觸, 觸俱生受想思."라는 교설에 대한 해석으로부터 촉발되어, 아비달마 불교시대 근견가根見家와 식견가識見家의 논쟁을 통해서 본격적인 담론으로 정립된다.

근견가는 자파의 법상관法相觀에 근거하여 시지각의 성립조건인 3사事, 곧 안근眼根은 보는 작용能見, 색경色境은 보여지는 작용所見, 안식眼識은 식별하는 작용能了을 각각 가지고 있으므로 시지각의 본질을 안식과 합하는 상태의 관조觀照를 특성으로 하는 '안근'으로 간주한다. 반면 식견가는 식별了別을 특성으로 하는 '안식'으로 간주한다. 화합견가는 이러한 근견가와 식견가의 논쟁을 근根·경境·식識 3사의 차제생기설次第生起說과 이에 근거한 근·식 무작용설根·識 無作用說을 토대로 비판한다. 이러한 해석들은 인지과학적 관점에서 해석하면 저마다 일정부분 타당성을 가진다.

여기에서 필자는 불교의 시지각설을 근견가와 식견가의 논쟁, 그리고 그에 대한 화합견가의 비판을 중심으로 고찰하고 인지과학적 관점에서 재해석함으로써 불교 시지각설에 대한 보다 심층적인 이해를 도모하였다.

1. 들어가기

　불교에서 시지각에 대한 논의는 『잡아함경』 제13권에 설시된 "眼色緣生眼識. 三事和合觸, 觸俱生受想思."라는 교설에 대한 해석으로부터 촉발되어, 아비달마 불교의 근견가根見家와 식견가識見家의 논쟁을 통해서 본격적인 담론으로 정립된다. 그들은 시지각의 본질을 관조觀照를 특성으로 하는 안근眼根으로 볼 것인지, 그렇지 않으면 식별了別을 특성으로 하는 안식眼識으로 볼 것인지를 두고 첨예한 대립을 벌였는데, 근견가는 자파의 법상관法相觀에 근거하여 시지각의 성립조건인 3사, 곧 안근은 보는 작용能見, 색경色境은 보여지는 작용所見, 안식眼識은 식별하는 작용能了을 각각 가지므로 시지각의 본질을 안식과 합하는 상태[合位]의 '안근'으로 간주한다. 반면, 식견가는 시지각의 본질을 식별작용을 특성으로 하는 '안식'으로 간주한다. 이러한 시지각을 둘러싼 논쟁을 오늘날 학계의 화두인 통합統合과 융섭融攝을 선도해 나가고 있는 인지과학cognitive science의 연구성과를 토대로 해석하면 저마다 일정부분 그 타당성을 지니고 있다. 따라서 이 책에서 필자는 불교의 시지각설을 근견가와 식견가의 논쟁, 그리고 화합견가의 비판을 중심으로 고찰하고 인지과학적 관점에서 재해석함으로써 불교 시지각설에 대한 보다 심층적인 이해를 도모하고자 한다.

2. 근견가 · 식견가의 시지각에 대한 해석의 상위

1) 시지각 논쟁의 발단

불교에서 시지각에 대한 해석은 ACE 1세기 무렵에 편찬된 아비달마논서의 집대성인 『대비바사론大毘婆沙論』에 이미 보이고 있다. 『대비바사론』제13권에는, '봄見, dṛṣṭi'이라는 인식은 발식취경發識取境의 능력을 가지는 승의근勝義根인 두 눈[二眼根]에 의해 이루어진다[根見說]는 설일체유부說一切有部, Sarvāst ivādin, 이하 '유부'의 정설에 대한 이단적 견해로 4가지 학설을 소개하고 있다.

첫째는 안식이 색을 본다는 다르마뜨라따Dharmatrāta, 法救의 '식견설識見說'이며, 둘째는 안식과 상응하는 혜慧가 색을 본다는 고샤Ghoṣa, 妙音의 '혜견설慧見說', 셋째는 안식과 동시의 심心·심소법心所法이 화합和合하여 색을 본다는 비유자譬喩者, Dārṣṭāntika의 '화합견설和合見說'[2], 그리고 마지막으로 한 눈으로 색을 본다는 독자부犢子部의 '일안견설一眼見說'[3] 등이 그것인데, 유부는 이 4가지 학설 하나하나에 대해 날선 비판을 행하고 있다.

유부는 먼저 식견설에 대해, 만약 안식이 색을 본다면 안식에는 '보는 작용見相'이 있어야 하겠지만 '식별'을 특징으로 하는 의식意識에는 그러한 작용이 없다고 비판하고, 혜견설에 대해서는 만약 안식과 상응하는 혜가 색을 본다면 여타의 식識, 예컨대 이식耳識과 상응하는 혜 역시 소리를 들어야 하지만 혜에는 소리를 듣는 작용[聞相]이 없기 때문에 이 주장 역시 성립할 수 없다고 비판한다. 그리고 화합견설에 대해서는 안식과 동시의 심·심소법이 화합하여 색을 본다면 둘은 항상 화합해 있기 때문에 모든 때에 색을 보아야 하겠지만 이것은 우리의 경험에 비추어 볼 때 부합하지 않는다고 비판한다. 마지막으로 일안견설에 대해서는 두 눈이 서로 떨어져 있어 한 눈으로 색을 본다면, 신근身根의 모든 부분들 역시 서로 떨어져 있기 때문에 동시에 촉감을 느끼지 않아야 하지만, 신근의 두 팔은 서로 떨어져 있어도 동시에 느끼고 하나의 신식身識이 발생하므로 두 눈 역시 서로 떨어져 있더라도 동시에 색을 보아 하나의 안식이 발생할 수 있다는 주장 역시 성립될 수 없다고 비판한다.[4]

이렇듯 유부는 자파의 종의에 부합되지 않은 이단적 견해에 대한 비판과 함께 자파의 시지각설인 근견설의 확립에 대해 이미 『대비바사론』에서 면밀히 설명하고 있다.[5] 불교지평에서 이러한 시지각에 대한 보다 입체적인 논의와 논쟁은 바수반두Vasubandhu, 世親, 400~480년의 『구사론俱舍論』과 상가바드라Saṅgabhadra, 衆賢, 5C 후반의 『순정리론順正理論』 등에서 다루어진다. 『대비바사론』에서 유부의 정설을 중심으로한 이단적 견해를 주로 논파했다면, 『구사론』에서는 근견가와 식견가의 대립과 이에 대한 경량부經量部, Sautrāntika, 이하 '경부'의 종합적인 비판을, 『순정리론』에서는 『구사론』의 비판에 대한 신유부新有部의 반론과 재비판이 상세하게 기술되어 있다.

2) 근견가와 식견가의 논쟁

근견가[=유부]에 따르면, '봄'은 '숙고한 뒤 판단하는 것'을 의미한다.[6] 이런 이유에서 전5식前五識과 동시에 발생하는 혜는 판단을 할 수 없기 때문에[7] 안식과 상응하는 혜가 색을 본다는 고샤의 '상응혜견설'은 우선적으로 부정한다. 그런데 '봄'을 그렇게 정의한다면 감각기관인 눈은 숙고와 판단작용을 수행할 수 없기 때문에 시지각의 주체로서 인정하기 어려워진다. 근견가와 식견가의 논쟁은 여기서부터 촉발된다.

> 식견가
>
> : 만약 그렇다면 눈은 판단을 할 수 없는데, 어떻게 '봄'이라 하겠는가?
>
> 근견가
>
> : 분명하게 색들을 관조觀照하기 때문에 눈 역시 '봄'이라 한다.
>
> 식견가
>
> : 만약 눈이 본다면 다른 식識이 현행現行할 때에도 또한 '본다'고 해야 할 것이다.
>
> 근견가
>
> : 모든 눈이 다 현재에 볼 수 있는 것이 아니다. … 동분同分의 눈이 식과 합하는 상태[合位]에서 보는 것이지 그 밖의 눈이 보는 것은 아니다.[8]

식견가[9]에 따르면, 감각기관인 눈은 숙고·판단·작용을 행할 수 없기 때문에 외부대상을 보는 주체가 될 수 없다. 이러한 식견가의 논란論難에 대해 근견가는 눈은 외부대상을 관조할 수 있기 때문에 시지각의 본질로 삼을 수 있다고 주장한다.[10] 그러나 눈을 시지각의 본질로 삼는다면, 식견가의 지적처럼 다른 식, 예컨대 이식耳識 등이 현행할 때에도 눈은 동시에 작용하는 셈이 되며, 그렇게 되면 제법분별을 그 교학적 특징으로 삼아 두 가지 의식[識]의 동시생기同時生起를 부정하는 근견가는 자파의 종의를 스스로 위배하게 된다.

이러한 비판에 대해 근견가는 모든 눈이 보는 작용을 수행하는 것은 아니며, 안식과 합해진 상태에서 발식취경의 작용을 행하고 있는 승의근인 동분의 눈만이 보는 작용을 한다고 답한다.[11] 근견가는 이러한 자파의 주장을 뒷받침하기 위해 안근과 안식의 특징을 구분 짓는 저항성[對]에 근거하여 식견가에게 다음과 같은 반론을 제시한다.

근견가

: 전해오는 학설[傳說][12] 에 따르면, 가로막힌 색은 볼 수 없다. 지금 보건대 벽 등에 가려진 색은 볼 수 없다. 만약 식識이 본다면 식은 저항성이 없기 때문에 벽 등은 [식을] 장애하지 못하니 당연히 가려진 색을 보아야 할 것이다.

식견가

: 가려진 색에 대해서는 안식이 발생하지 않는다. 이미 식이 발생하지 않았는데, 장차 어떻게 볼 수 있겠는가?

근견가

: 안식이 가려진 색에 대해서 왜 발생하지 않는 것인가? 눈이 본다는 것을 인정한다면 눈은 저항성이 있는 것이기 때문에 그 가려진 색을 보는 공능功能이 없다. 식과 그 의지처인 [근이] 한 대상에서 전전展轉하기 때문에 그 대상에 대해서 안식이 발생하지 않는다고 말할 수 있다. 식이 본다는 것을 인정한다면 왜 [식이] 발생하지 않겠는가

식견가

 : 눈을 어찌 신근이 대상과 합할 때 비로소 [대상을] 파악하는 것
   처럼, 저항성이 있는 것이기 때문에 그것을 보지 못한다고 말하
   는 것인가? 또 수정·유리·운모·물 등에 가려진 색은 어떻게 볼
   수 있는 것인가? 그러므로 눈은 저항성이 있는 것이기 때문에 그
   가려진 색을 볼 수 있는 공능이 없다고 할 수 없다.[13)]

　근견가는, 식견가의 주장처럼 시지각의 주체가 만약 안식이라면 안식은
저항성이 없기 때문에 벽 등에 가려진 색들을 볼 수 있어야 하겠지만, 이것
은 우리가 경험한 사실과 부합하지 않는다고 논박한다. 반면 자파는 시지
각의 주체를 안근으로 간주하고 있기에 저항성을 지닌 안근은 가려진 색을
보는 공능이 없으며, 따라서 식의 의지처인 안근이 볼 수 없기 때문에 근과
함께 한 대상에 전전하고 있는 안식 역시 발생하지 않는다고 설명한다.

　이러한 근견가의 비판에 대해 식견가는 우리의 경험적 사실에 입각할 때
벽 등에 가려진 색에 대해서는 안식이 당연히 발생하지 않으며, 안식이 발
생하지 않기 때문에 발생하지 않은 안식이 색을 본다는 것은 오히려 이치
에 맞지 않다고 반박한다.[14)] 아울러 근견가가 자파의 시지각설을 뒷받침하
기 위해 제시한 이중理證의 예시인 '가려진 색'을 중심한 설명은 이 논쟁에
적절한 논거가 될 수 없다고 지적하며, 안근은 대상과 어느 정도 일정한 간
격을 유지할 때 비로소 대상을 볼 수 있는 이중지離中知의 감관이기 때문에
합중지合中知의 신근처럼 대상과 직접 접촉할 필요가 없으며[15)], 대상과 직
접적으로 접촉할 필요가 없기 때문에 저항성을 지니든 지니지 않든 시지각
에 대해서 어떠한 영향력을 행사할 수 없다고 반박한다. 즉 벽 등에 가려진
색을 보지 못하는 것은 저항성으로 인한 불접촉 때문이 아닌 다른 이유 때

문인 것이다. 왜냐하면 저항성이 문제라면 안근이 수정·유리·운모·물 등에 의해 가려진 색 역시 볼 수 없어야 하겠지만, 이것은 우리의 경험적 사실과 부합하지 않기 때문이다.

나아가 식견가는 근견가들이 자파 시지각설의 경증經證으로 삼았던 『잡아함경』 제9권의 "眼是門, 以見色故. 耳鼻舌身意是門, 以識法故."[16]라는 경문을 다음과 같이 평석함으로써 자신의 주장을 강화한다.

> 그런데 계경에서 "눈이 색을 본다."고 설한 것은, 눈이 '봄'의 의지처이기 때문에 "본다"고 설한 것이다. 그 계경에서 "의意가 법法을 식별한다."고 설할 때 의가 식별한다는 것이 아니다. 왜냐하면 '의'는 이미 지나갔기 때문이다. 무엇이 식별하는가? 의식意識이다. 의意는 식識의 의지처이기 때문에 "식별한다"고 말하는 것이다. 혹은 의지처에 의거해서 의지하는 작용[業]을 말하는 것이다. … 또 계경에서 설하길, "범지여! 알아야 할 것이다. 눈이 문門이 되는 것은 오직 색을 보기 위한 것일 뿐이다." 그래서 안식이 눈이라는 문에 의지해서 본다는 것을 안다. 또 문이 바로 본다고 말해서는 안된다.[17]

식견가는 근견가들이 자파의 시지각설의 경증으로 삼고 있는 '眼能見色'의 밀의密意는 '눈'이 '본다'라는 인식현상의 의지처가 되기 때문에 '눈을 매개[門]로 해서 색을 본다'는 의미이지 감각기관인 '눈 자체가 색을 본다'는 의미는 아니라고 해석한다. 따라서 보는 것[見者]은 눈을 매개로 하고 있는 안식이지, 안근이 아니다. 식견가의 이러한 해석은 일면 계경에 대한 과도한 해석으로도 비춰질 수 있겠지만, 그들은 '眼能見色' 뒤에 곧바로 나오는 '意能識法'의 경문을 '식별'의 의지처인 의근意根에 대해 그 인식주체인 의

식意識의 작용[業]을 나타내는 것으로 해석한다.[18]

식견가의 주장에 대해 근견가는 만약 보는 것이 안식이라면 시지각에 있어 '봄見'과 '식별了別'의 두 작용은 어떠한 차이가 있는지 반문한다.[19] 왜냐하면 근견가의 범주론적 사유체계에 따르면 한 존재[法]에는 오직 한 가지 자상自相을 갖기 때문에 보는 것[見者]이 안식이라면 식별하는 것[了別者]은 안식이 아닌 다른 존재로 설정되어야 하기 때문이다.[20]

이러한 난문에 대해 식견가는 "색을 식별하는 것이 바로 색을 보는 것이다. 예를 들어 어떤 때는 '혜가 본다'고 말하는가 하면 어떤 때는 '혜가 간택簡擇한다'고 말하기도 하듯이, 어떤 때는 '식이 본다'고 말하는가 하면 어떤 때는 '식이 식별한다'고 말하기도 한다."[21]는 예시와 함께 다음과 같은 난문을 근견가에게 던짐으로써 그 답변을 대신한다. 난문을 던진 이는 식견가 내에 의견을 달리하는 논사[異師]였다.[22]

식견가의 다른 논사
: 만약 눈이 보기에 눈이 곧 '보는 것見者'이라고 한다면, 무엇이
  '보는 작용見用'인가?

근견가
: 이 말은 힐난이 되지 않는다. 식識이 식별한다는 것을 공히 인정
  한다 하더라도 '식별하는 것了者'과 '식별하는 작용了用'이 같지 않
  는 경우가 없듯이 '봄' 또한 그러한다.

식견가의 다른 논사
: 안식이 보는 것이지만 '봄'의 의지처이기 때문에 눈 또한 본다고

하는 것이다. 마치 울림의 의지처이기 때문에 종鐘 또한 운다고
말하는 것과 같다.

근견가

: 만약 그렇다면, 눈은 식의 의지처이니 식별한다고 해야 할 것이다.

식견가의 다른 논사

: 이러한 과실이 없다. 세간의 사람들은 다같이 안식이 본다는 것
을 인정한다. 그것[=안식]이 발생할 때 '색을 본다'고 말하지 '색
을 식별한다'고는 말하지 않기 때문이다. 『대비바사론』에도 이
렇게 기술되어 있다. "눈에 의해 얻어지고 안식에 의해 수용되고
[안식에 의해 식별되는 것]을 '보여지는 것所見'이라고 한다."[23)
그러므로 단지 '눈이 본다'고 할 뿐 [눈이] 식별한다'고는 하지
않는다. 오직 식이 현전할 때만 색을 식별한다고 말한다. 마치 해
가 낮을 만든다고 하는 것과 같다.[24)

보광의 해석에 따르면 식견가 내에 의견을 달리하는 논사는 "눈은 '보는
것'이고 식은 '보는 작용'이다."라고 주장하는 자이다.[25) 그는 보는 것은 감
각기관인 '눈'이지만 실질적으로 보는 작용을 수행하는 것은 '식'이라고
간주하며 행위자[見者]와 행위[見用]를 구분하지만, 초기불교이래 행위자
의 실체성은 근본적으로 부정되기 때문에 결국 보는 작용의 행위는 식에
포섭된다.

이러한 난문에 대해 근견가는 식견가가 시지각의 주체로 삼고 있는 식을
예로 들어 식견가[異師]의 질문에 정면으로 반박한다. 예컨대 식의 식별성識
別性을 인정할 경우, '행위자'와 '행위' 곧 '식별하는 것'과 '식별하는 작용'이

분리되지 않듯이 보는 것과 보는 작용 역시 분리되지 않는다고 반박한다.[26]

여기에 대해 식견가[異師]는 진제眞諦에 의거할 경우 시지각의 주체는 안식이지만, 속제俗諦에 의거할 경우 통상 '울림'의 의지처이기에 '종이 운다'라는 표현을 사용하듯 눈 역시 '봄'의 의지처이기 때문에 '눈이 본다'라는 표현을 세간의 언어적 관습에 따라 사용한다고 반박한다.

식견가의 반박에 대해 근견가는 다시 만약 그렇다면 눈은 식의 의지처이기 때문에 '눈이 식별한다'고 해야 한다고 재반박한다. 이것은 앞서 식견가가 자파의 시지각설을 논증하기 위해 인용한 "눈에 의해 식별되는 색은 참으로 바랄만하고 참으로 즐길만하다眼所識色可愛可樂."는 계경의 언급을 근견가가 역으로 이용해 "눈이 보는 것의 의지처이기 때문에 눈이 본다고 말한다면, 눈은 식의 의지처이기 때문에 눈이 식별한다고 해야 한다"[27]고 힐난한 것이다.

이러한 힐난에 대해 식견가[異師]는 세간 사람들은 모두 안식이 발생할 때 눈이 본다는 것을 인정한다. 왜냐하면 안식이 발생할 때 '색을 본다'고 말하지 '색을 식별한다'고 말하지 않기 때문이다. 뿐만 아니라 그들은 자신들의 주장을 아이러니하게도 자신의 대론자인 근견가의 소의논서인 『대비바사론』을 통해 입증한다. 혹자는 이 언급을 식견가異師의 날선 비판에 대해 근견가가 내놓은 절충적인 견해로 보고 과도한 해석을 하기도 하지만, 이것은 보광의 지적처럼 식견가가 자신의 주장을 오히려 상대의 소의논서를 통해 입증함으로써 상대의 반론을 원천적으로 봉쇄한 것으로 보아야 한다. 식견가[異師]는 『대비바사론』에서 눈을 '보는 것'이라고 하지 '식별하는 것'이라고 정의하고 있지 않기 때문에 근견가의 반론은 타당하지 않다고 지적하며, 대상을 식별하는 것은 오직 식이 현전할 때 뿐으로, 이것은 마치 '해가 낮을 만드는 것'과 같다고 주장한다. 즉 해를 곧 낮이라고 하지 해를 배제한 별도의 낮이 있는 것이 아니듯,[28] 식이 현전할 때만 식별한다고 하는 것이지 식을 배제한 별도의 식별이 있는 것은 아니다.[29]

그렇다면『구사론』의 논주, 바수반두는 어떠한 입장일까? 근견설일까 식견설일까, 아니면 화합견설일까? 보광에 따르면, 바수반두는 식견가의 입장을 옹호한다고 볼 수 있다.[30] 이것은 상가바드라가『순정리론』에서 지금까지 고찰한 식견가의 견해를 바수반두의 견해로 간주하고, '경주經主'라는 네임택과 함께 비판을 전개한다는 사실을 통해 확인할 수 있다. 그럴 경우『구사론』에서 감각기관[根]과 대상[境]을 구성하는 색법의 최소단위인 극미極微, paramāṇu의 접촉 여부를 두고 근견가를 비판하는 내용 역시 엄밀하게 말하면 식견가의 입장을 옹호하는 바수반두의 비판이라 볼 수 있다. 왜냐하면 유부→경부→유식학파로의 사상적 전향[31]을 한 바수반두는 유식무경설唯識無境說을 논증하고자 저술한『유식이십론唯識二十論』제10~14게송에서도 무방분無方分인 극미의 접촉에 대한 딜레마dilema를 양도논법兩刀論法의 근거로 외경실재론外境實在論의 입장을 견지하는 근견가[=유부]를 비판하기 때문이다.[32]

바수반두는 "극미는 간격 없이 생겨나지만 세속제를 따라 '접촉'이라 명명한다."[33]라며『대비바사론』에서의 대덕大德[34]의 설을 애호할 만한 선설善說로 평가하는데, 그에게 '접촉'은 개념상의 설정에 불과하기 때문에 주객의 관계를 논의하는데 반드시 선행시킬 필요가 없었으며, 이것은 바로 식견설을 옹호하는 입장이 된다. 즉 바수반두나 식견가에 따르면 한 감각기관[根]과 대상[境]을 소의와 소연으로 삼아 의식[識]이 발생한다고 할 때,

이 세 가지는 근견설의 주장처럼 상응구기相應俱起하는 것이 아니기에 대상과의 접촉·불접촉의 문제로 인식을 논의할 필요가 없는 것이다.

아울러 극미의 접촉·불접촉의 문제는 6근과 6경의 가실假實 문제와도 직결되는데, 가령 근견가의 극미설이 논리적 모순에 의해 성립되지 않는다면 18가지 인식의 범주[界] 가운데 유부에서 극미로 구성된 것이라고 주장하는 5근과 5경은 비실재가 되며, 만약 이러한 10가지 범주가 비실재라고 한다면 나머지 8가지 범주[意根·法境·六識]는 그 실재성이 앞의 10가지 범주와 관계할 때만 인정되는 것이므로 이것 역시 실재하지 않게 된다. 따라서 경부처럼 1법처설法處說[35)]을 주장하든가 그렇지 않으면 유식학파처럼 유식무경설[36)]을 주장할 수밖에 없다. 즉 감각기관과 대상이 비실재이기 때문에 유부의 근견설은 성립될 수 없는 것이다.

그러나 바수반두의 무방분인 극미의 접촉을 중심한 비판논리는 이미 근견가 내에서 검토되었던 문제이다. 일례로 극미들의 결합방식을 접촉으로 설명할 경우 접촉의 방법에는 일부가 접촉하는 방법[分觸]과 전부가 접촉하는 방법[遍觸]이 있는데, 무방분인 극미 전부가 접촉한다면 극미들은 서로 뒤섞여 일체가 되며, 일부가 접촉한다면 결합의 중심이 되는 중앙의 극미는 6개의 면을 가진 유방분이 되어 근견가의 극미 정의에 어긋난다.[37)] 이런 이유에서 극미들의 상호 접촉 없이 결합한다[無間接觸說]는 것이 근견가의 정설이며, 그러한 상태의 취색聚色이 흩어지지 않고 유대有對의 성질[礙性]을 유지하는 것은 풍계風界, 곧 극미들 상호 간의 견인력牽引力에 의해서라는 것이 『대비바사론』 이래 근견가의 이해였다.

'신유부'라는 별칭을 얻었던 상가바드라는 이러한 근견가의 극미설을

'극미화집설極微和集說'로 수정·보완하였는데, 그는 극미의 결합방식에 있어 바수반두가 선설로 평가한 대덕의 설은 뜻이 애매모호하여, 부정할 만한 것도 아니지만 긍정할만한 것도 아니라고 평가했다. 그리고 "대종극미大種極微가 [극미만한 크기의] 간격 없이 가까이 근접하여 생겨날 때를 '접촉'이라 가설한다."[38]로 수정하였다. 특히 그는 극미의 결합 방식을 설명함에 있어 무간접촉설을 주장하되 구유부의 '화합和合'[39]과는 해석을 달리하여 '화집和集'으로 설명하였다. '화합'은 극미들이 접촉하지 않고 절대적으로 서로 근접해서[相近] 결합하는 반면, '화집'은 극미들이 접촉하지 않지만 절대적으로 서로 근접함과 동시에 서로의 자량[相資]이 되어 힘을 주는 [與力] 일종의 극미들의 상호작용을 통해 결합한다는 설명방식이다.[40] 특히 이러한 설명방식은 현대물리학에서 무방분의 점입자point particle로 정의하는 소립자elementary particle와 장입자field particle를 매개로 한 소립자들의 상호작용을 통해 우주에서 일어나고 있는 모든 자연현상을 설명하는 방식과 연관성을 가진다.[41]

이렇게 볼 때 무방분인 극미의 접촉 문제를 중심으로 근견가의 극미설을 부정했던 바수반두의 비판은 타당하지 않다. 상가바드라가 주장하듯 감각기관과 대상 사이에 접촉이 일어날 만한, 극미만한 크기의 간격도 없기 때문에 감각기관은 도달한 대상을 파악할 수 있다.[42]

나아가 근견가는 극미의 접촉·불접촉 문제의 연장선상에 있는 6근·6경의 가실 문제에 대해, 맹인 각각에 색을 보는 시각작용이 결여되어 있다면 여러 명의 맹인들이 화집하더라도 역시 시각작용이 결여하듯이, 개개의 극미들이 전5식의 소의와 소연이 되지 않는다면 극미들이 화합하든 화집하든 소의와 소연의 작용능력을 상실하므로 극미와 극미들의 화집은 실유實

有한다고 주장한다.[43] 상가바드라가 예시로 들고 있는 '맹인의 비유'는 사실 경부[=쉬리라따와 그 문도]가 유부의 극미화집설을 비판하고 자파의 극미화합설極微和合說을 주장하기 위해 사용한 논거인데, 상가바드라는 오히려 그들을 논파하는 도구로 활용하고 있다. 결국 상가바드라가 극미설을 중심으로 결합방식과 근·경의 가실 문제에 대해 매우 상세하게 반론하고 재비판을 전개한 것은 다름 아닌 근견설을 확증하기 위해서였다.

3. 근견가·식견가의 시지각설에 대한 비판

1) 화합견가和合見家의 비판

『구사론』에는 근견가와 식견가의 논쟁 말미에 이 두 견해에 대한 경부의 종합적인 비판이 등장한다. 논주 바수반두가 소개하는 경부의 비판은 시지각을 둘러싼 근견가와 식견가의 논쟁을 마치 잡히지도 않는 허공을 서로 잡으려는 것으로 묘사하며, 두 논의를 일종의 희론戱論, prapañca으로 간주한다.

『잡아함경』이래 불교에서 시지각은 통상적으로 근·경·식의 3사를 통해서 설명했다. 즉 감각기관[根]인 '눈'과 그 대상[境]인 '색' 등을 반연해서 인식[識]인 '안식'이 발생한다. 그리고 이 3사事 [根·境·識]의 화합이 바로 '촉觸'인데, 이 촉은 수受·상想·사思와 함께 일어난다.[44) '經爲量'을 자파의 캐치프레이즈로 표방했던 경부[=상좌 쉬리라라따]는 이 경문을 적극적으로 해석하여 '화합'을 계경에서 설한대로 근·경[원인: 제1찰나]과 식[결과: 제2찰나] 3사의 계시적繼時的 인과관계로 해석, '촉'이라고 하였다.[45) 그리고 '구생俱生' 역시 '무간생無間生'으로 해석하여 수·상·사를 간단없이[無間] 차제생기次第生起하는 것으로 간주하였다.[46) 경부는 말하자면 제1찰나에 근[眼]과 경[色]이 존재하고, 제2찰나에 이로부터 식[觸, 인과적 관계로서의 화합]이 생겨나며, 제3찰나 이후 비로소 수 등의 심소법이 구생[無間生]한다고 보았다.[47) 근·경의 찰나[원인: 제1찰나]와 식의 찰나[결과: 제2찰나]가 동시同時가 아니기 때문에 이 세 존재[事] 사이에 직접적인 원인과 결과의 작용관계는 이루어질 수 없으며, 따라서 실재하지 않는 작용을 두고, 시지각 성립의 본질적 요소가 근根이니 식識이니 하는 것은 마치 실재하지도 않는 허공을 서로 움켜쥐려는 것과 같다.[48]

이러한 경부의 시지각설은 일종의 '근·식 무작용설根·識 無作用說'로 명명될 수 있는데, 여기엔 한 가지 유의해야 할 것이 있다. 그것은 근·경·식 3사에 원인[因]과 결과[果]의 실제적인 작용은 없다고 하더라도, 법의 원인과 결과로서는 인정된다는 것이다. 즉 구체적인 작용을 결여한 일종의 법칙일 뿐[唯法]인 것이다. 만약 그렇지 않고 이 3사에 실제적인 작용을 인정하면, 그것은 보광의 평석처럼 외도外道 바이쉐시까Vaiśeṣika, 勝論 학파에서 주장하는 6가지 범주[句義, padārtha] 가운데 운동[業句義]과 같게 되며,[49] 그럴 경우 그 작용의 기체基體인 실체實體, dravya를 상정해야 하기에 불교의 근본교설 가운데 하나인 '무아설'無我說의 테제를 위배하게 된다. 따라서 세간의 관습을 따라 임시로 표현한 "눈이 본다", "식이 식별한다" 따위의 주관[能取]과 객관[所取]의 작용은 전술하였듯이 실제 작용이 배제된 개념적이고 추상적인 인과관계에 따른 가설에 불과하며, 세존 역시 이 세간의 관습에 따라 임시로 "눈이 본다", "식이 식별한다"고 설한 것이다. 이런 이유에서 세존은 "특정한 지역[方域]의 언어에 굳게 집착해서는 안 된다. 세속의 명칭[名想]을 굳게 구해서는 안 된다."고 설하였던 것이다.[50]

이상이 근견가와 식견가를 비판하는 경부설의 대략적인 전모이다. 그런데 이러한 경부의 비판을 두고 학자들마다 해석이 분분하다. 예로부터 이 경부의 비판은 『대비바사론』에서 소개된 유부의 시지각설에 대한 이단적 견해 가운데 하나인 비유자의 '화합견설'로 간주되었는데, 이견異見의 쟁점은 그 둘의 관계에 대한 것이었다. 혹자[深浦正文]는 일치한다고 해석하기도 하고, 혹자[加藤純章]는 일치하지 않는다고 해석하기도 하며, 혹자[宮下晴輝·R. Kritzer]는 경부와 유가행파와의 연관성에 주목하기도 한다.[51] 그러나 전술하였듯이 경부의 설이 상좌 쉬리라따[혹은 비유자]의 인식론에 그 이론적 기반을 두고 있는 점을 미루어 볼 때, 특히 『구사론』에 대해 매우 치밀한 비판을 전개하는 『순정리론』에서 상기 경부의 설을 '비유부의 논사譬喩部'[52]로 확인하는 점에서 경부의 설이 비유자의 화합견설에서 기원한 것만은 분명해 보인다. 즉 근·식 무작용설과 화합견설은 동일한 이론적 기반 위에 서 있는 것이다. 예컨대 경부[=쉬리라따]가 말한 근·경과 식[혹은 심·심소]의 계시적 인과관계는 화합견설의 화합을 지칭하며, 심·심소의 상응구기설相應俱起說을 주장하는 유부와 달리 경부는 심·심소의 차제생기설次第生起說을 주장하기 때문에 유부와 같이 동일한 소의[根]와 소연[境]을 가질 수 없다.

이런 맥락에서 상좌는 근·경[제1찰나]은 수[제3찰나] 등이 일어날 때에도 역시 자신의 결과인 식[제2찰나]을 통해 능생[所緣緣]의 공능으로서 서로 유사하게 전전상속한다[53]고 주장하였으며, 『대비바사론』의 비유자 역시 동일한 맥락에서 심·심소는 생기의 근거가 된 중연衆緣, 즉 소의·소연과의 화합이 다르기 때문에 각기 별도로 [찰나에 하나씩] 생겨난다[54]고 주장하였던 것이다.[55] 나아가 극미에 관한 담론에 있어서도 '맹인의 비유'를 통해 극미화합설을 주장함으로써 전5식의 소의와 소연 모두를 실유가 아닌 가유로 간주하여 '10색처가유설十色處假有說'과 '무경각론無境覺論無所緣緣識論', 즉 일종의 '감각지각[前五識] 불신론'을 주장한 것 역시 동일한 맥락으로 이해해야 한다.[56]

그런데 여기에서 한 가지 숙고해야 할 내용이 있다. 그것은 비유자의 화합견설과 경부의 근·식 무작용설의 관계를 결정짓는 데 있어 중요한 단초를 제공했던 쉬리라따가, 상가바드라에 따르면 독자부의 주장으로 간주되었던 일안견설을 주장하고 있다는 사실이다. 상가바드라는 『순정리론』에서 자파의 시지각설에 대한 논의를 호교론적 입장에서 증명하면서 이단적 견해로 간주되는 '식견가', '비유부', '바수반두'와 함께 '쉬리라따'의 시지각설을 언급하며 매우 상세한 비판을 전개한다. 그는 보광과 달리 식견가의 주장을 바수반두의 주장으로 간주하며 '경주'라고 지칭하는 반면, 쉬리라따는 '상좌'라고 지칭하며 그 둘을 명확하게 구분하여 비판을 전개한다. 이러한 사실을 어떻게 받아들여만 할까? 만약 상가바드라의 언급이 옳다면 상좌를 연결점으로 한 경부와 비유자의 관계는 재설정되어야 하는 것일까? 그렇다면 상좌와 독자부는 어떤 관계일까?

상좌와 상좌 계통 일군의 비유자가 『대비바사론』에 등장하는 비유자에 그 사상적 연원을 두고 있는 것은 분명하지만, 그들의 사상을 맹목적으로 계승·답습한 것은 아니다. 그들은 자신들의 성교관聖教觀에 따라 비유자의 학설들을 하나의 이론체계로 구성하는 과정에서 새로운 학설을 도출하기도 하였고, 또는 어긋나는 학설을 폐기하면서 사상적 진보를 이루어 나갔기 때문에 시지각설 역시 그렇게 생각할 수 있다.[57] 게다가 상좌 쉬리라따의 시지각설은 그의 인식론[心·心所 次第生起說]의 귀결이기 때문에 상가바드라의 주장대로 설령 일안견설을 주장했다 하더라도 그의 인식론과 상충되지 않는다면, 특별히 문제될 것이 없다.

근견가가 시지각의 본질을 '안근'으로 보면서도 보는 방식에 있어서는 '이안견설'을 채택해도 상충되지 않듯이, 상좌 쉬리라따 역시 시지각의 본질을 심·심소법의 화합으로 간주하는 화합견설에 자신의 시지각설의 연원을 두고 있으면서 보는 방식에 있어서는 일안견설을 채택한다고 해도 상충되지 않는다. 즉 근견설·식견설·혜견설·화합견설이 시지각의 주체에 관한 이론적 체계라면 일안견설·이안견설은 시지각의 방식에 관한 이론적 체계라고 할 수 있다.

2) 근견가의 반론 및 재비판

화합견가의 근·식 무작용설에 기반한 비판에 대해 상가바드라는 그의 주저 『순정리론』에서 근견가의 입장에서 반론 및 재비판을 전개한다. 특히 그는 화합견가의 비판을 '비유부의 논사'로 규정하며, 그들의 비판은 시지각의 주체를 안근으로 간주하는 자파의 근견설에 대해 납득할만한 어떠한 비판도 제시하지 못했다는 것으로 포문을 연다. 경부의 근·식 무작용설에 대한 상가바드라의 주요논점은 근·경·식 3사가 비록 인연소생에 의해 생기한 유위법일지라도, 성교에서 그러한 유위법의 자상[相]과 작용[用]의 있음에 대해서 인정하고 있기 때문에 화합견가의 비판은 성립될 수 없다는 것이다. 예컨대 세존께서 설하셨듯이 지地·수水·화火·풍風의 4대종大種은 단단함[堅]·축축함[濕]·따뜻함[煖]·움직임[動] 등의 자상과, 보존[持]·포섭[攝]·성숙[熟]·생장[長]의 작용을 갖고 있다. 이처럼 안근·색경·안식의 3사는 비록 연기된 유위법일지라도 각각 자상과 작용을 가지며, 이러한 자상과 작용으로 안근은 색경·안식이 아닌 안근, 색경은 안근·안식이 아닌 색경, 안식은 안근·색경이 아닌 안식으로 명명되는 것이다.

자파의 법상관에 따르면 '자아', '수레', '집' 등의 화합유和合有, 곧 전체자[總實]는 실재하지 않더라도 자파가 제법분별의 철학적 작업 속에 제시한 5위 75법의 승의유勝義有, 곧 개별자[別實]는 실재한다. 즉 근견가는 승의제와 세속제의 2제의 의거해서 일체 존재를 분석하고 있는 것이다. 따라서 승의제에 입각해서 보면 시지각의 기체로서 상일주재하는 '자아' 등 전체자의 실체는 부정되지만, 안근·색경·안식의 개별자의 자상과 작용은 실재한다. 그리고 개별자가 실재한다고 하더라도 개별자 그 자체의 실체성이 인정되는 것이 아니라 안근은 보는 작용能見, 색경은 보여지는 작용所見, 안식은 식별하는 작용能了으로서 인정될 뿐이다. 따라서 시지각의 주체로서 '자아'와 같은 전체자의 자상[能見體相]과 작용[能見作用]은 실재하지 않으며, 이러한 전체자를 가정하여 세간에서 통용되는 언설 역시 집착해서는 안 된다. 화합견가의 비판에서 인용되었던 "특정한 지역의 언어에 굳게 집착해서는 안 된다. 세속의 명칭을 굳게 구해서는 안 된다."는 세존의 언설을 상가바드라는 오히려 경부를 비판하는 도구로 활용하고 있다.[58]

그런데 승의제에 입각해서 보면 작용으로서 실재하는 개별자라고 하더라도 그것을 표현하기 위해서는 결국 세간에서 약속된 언설을 통해서 표현할 수밖에 없다. 즉 승의제에 입각할 경우 개별자인 '안근' 그 자체가 바로 '보는 작용'[眼卽能見]이기 때문에 주체[眼根]와 작용[見]이 분리될 수 없지만, 세간의 말에 의지해서 표현할 경우 "눈이 색을 본다"라고 표현할 수밖에 없다. 이때 주어인 '눈'은 '본다'라는 술어에 의해 필요해진 문장의 주어에 불과하다.

상가바드라는 이러한 자신의 주장을 경증—"비구들은 [식이] 식별하는 것임을 알아야 하니, 식별하기 때문에 '식'이라고 이름한다." "나는 끝내 식별하는 것이 존재하지 않는다고 설하지 않는다."[59]—을 통해 입증한다. 나아가 그는 전체자로서의 작용이든 개별자로서의 작용이든 어떠한 작용이든 존재하지 않는다고 말하면, 이상에서 언급한 세속제와 승의제의 이치를 어기게 되므로 가유[總實]와 실유[別實]의 작용이 있음을 인정해야 한다고 주장해야하며, 그렇기 때문에 눈이 보고, 귀가 듣고, 혀가 맛보고, 몸이 감촉하고, 의가 식별한다고 말할 수 있다고 주장한다.[60)]

4. 불교 시지각설에 대한 인지과학적 해석

　인지과학에서 '시지각'은 핵심적인 주제 가운데 하나로, 지금까지 논의되어온 대표적인 담론에는 형태인식pattern recognition을 중심으로 시지각의 발생을 설명했던 '구성주의 이론structuralism theory'·'형태주의 이론gestaltenism theory'·'형판맞추기 이론template theory'·'원형 이론prototype theory' 등의 초기의 시각형태 인식이론과 시지각을 공간주파수를 통해 설명하고자 시도했던 '공간주파수 이론spatial frequency theory', 시지각의 성립을 계산과정으로 이해하고 세부계산의 이론적 모형을 제시했던 데이비드 마David Marr의 '계산시각 이론computational vision theory'[61], 그리고 시지각 대상의 구성요소인 기하학적 이온geomatric ion인 '지온geon'을 통해 시지각을 설명하고자 했던 비더만Biederman의 '구성요소 재인이론RBC: recognition by components' 등이 있다. 후벨Hubel과 위즐Wiesel은 이러한 담론들을 토대로 시지각을 시각뇌視覺腦, visual brain의 신경정보 처리과정을 중심으로 연구했다. 이들의 인지신경적 탐구는 뇌손상 환자의 다양한 시지각 관련 병증을 임상병리학적으로 분석하여, 시지각의 과학적 정초에 결정적인 기여를 하였다. 본장에서는 이러한 인지과학의 연구성과와 특히 맹시blind sight 등의 시각뇌 손상 환자의 시지각 관련 병증을 중심으로 불교 시지각설을 해석하고, 불교 시지각설이 지니는 의의와 가치에 대해 재조명해보고자 한다.

1) 3사事〔根・境・識〕와 시지각 프로세스

불교의 시지각설은 시지각설 그 자체에 대한 논의와 탐구의 결과라기보다 자파교학체계의 논리적 근거를 확보하는 토대로 촉발되었기 때문에 제부파마다 해석이 다르다. 하지만 적어도 『잡아함경』 제13권을 기초로 안근·색경·안식의 3사의 화합을 통해 시지각의 발생과 그 과정을 설명하는데 모두 동의한다. 그리고 3사에 기초한 이 설명방식은 복합적인 인지과학의 시지각 프로세스를 이해하는데 있어 유용한 틀이 된다.

인지과학에 따르면 물리적인 자극이 우리의 감각기관[根]을 통해 신경계를 자극하면, 감각수용기에서부터 신경변환[신경부호화]이 일어난다. 이때 외부로부터 수용된 물리적인 자극 그 자체가 곧바로 의식 등의 심리적인 반응을 일으키는 것이 아니라, 신경계에서 감각세포를 통해 전기 생화학적 부호로 변환되고 여러 단계의 신경 단위를 거쳐 처리된 다음 반응을 일으킨다. 감각지각의 일종인 시지각 역시 눈으로 수용된 시각 자극이 시視신경계에서 일어나는 여러 단계를 거치는데[62], 시지각은 눈의 구성요소인 공막鞏膜, sclera・맥락막脈絡膜, choroid・망막網膜, retina[63] 가운데 망막에 있는 간상체桿狀體, rod와 추상체錐狀體, cone라는 두 종류의 시각수용기로부터 외부 자극을 수용하면서 시작된다. 시각수용기로 수용된 대상으로부터 파생된 광자光子, photon가 망막 신경세포를 자극하면 망막 신경세포에서 신경화학물질이 분해되어 전위 차이가 일어나고[64], 이 전위 차이에 의해 발생한 신경전기부호가 시지각을 담당하는 시상視床, thalamus의 한 핵인 외측슬상핵外側膝狀核, lateral geniculate nucleus, LGN에 보내진다. 망막의 왼쪽 절반에 투사된 정보와 오른쪽 절반에서 투사된 정보가 LGN에서 분리된 채 처리된 후, 1차 시각피질v1로 보내지는데, 좌측 LGN은 좌

반구의 V1에, 우측 LGN은 우반구 V1에 투사된다.[65] V1은 한 종류의 시각세포가 아니라 단순세포simple cells · 복합세포complex cells · 초복합세포hypercomplex cells 등으로 구성되어 있는데, V1은 자신을 구성하는 세포들의 기능에 따라 방향 · 색채 · 움직임 등을 지각하는 기능을 수행한다. 시각정보들이 V1에서 분석되면 더 많은 정보처리과정을 위해 V1은 앞먹임 투사feedfoward projection를 통해 상위 시각영역[V2, V3, V4, V5…]으로 신호를 보낸다. 여기에는 색채지각에 있어 중요한 V4와 움직임 지각에 있어 중요한 V5 등이 있다.[66]

시각적 의식[眼識]의 발생에 있어서는 이처럼 하위 시각영역에서 상위 시각영역으로 시각계층을 따라 시각정보가 올라간다는 계층이론hierarchical theory과 함께 상위 시각영역에서 처리된 시각정보는 다시 되먹임 투사feedback projection를 통해 하위 시각영역V1으로 내려보내 신경활동이 완전한 원과 같은 하나의 신경회로를 형성한다는 상호작용이론interactive theory 등이 있다.[67] 아직 어느 이론이 옳은지는 검증되지 않으며, 저마다 일정부분 타당성을 지니고 있다.

인지과학의 시지각 정보처리의 프로세스를 불교의 3사와 비교해보면, '대상'은 '색경', '망막'은 '안근', 시각뇌인 'LGN~V2, V4, V5MT'는 '안식'에 비유할 수 있을 것이다. 이것을 도식화하면 다음과 같다.

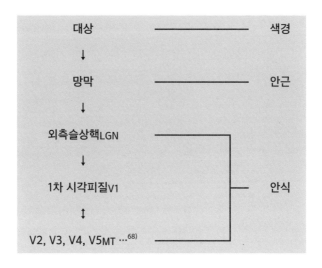

근·경·식 3사는 이렇듯 인지과학적 관점에서 보더라도 유용한 틀이 된
다. 나아가 불교가 무아설에 기초한 3사의 화합을 통해 시지각을 설명함으
로써 시지각 주체의 실체성을 부정했던 것처럼 인지과학에서도 시각정보
처리과정 단위마다 일어나는 뉴런들의 시각신호 조합을 통해 시지각을 설
명한다. 이것은 시지각 주체의 실체성을 부정하고 무아설을 입증하는 중요
한 단초가 된다. 예컨대 근견설을 주장했던 유부의 경우, 근·경·식은 그들
이 제시한 5위 75법에 포섭되어 있는 승의유[實有]이기 때문에 그것을 아
무리 '보는 작용[根]', '보여지는 작용[境]', '식별하는 작용[識]'으로 규정
한다고 하더라도 마치 안근에 주체성을 부여하는 것과 같은 인상을 지울
수가 없지만—이것은 식견설의 경우에도 동일하다—, 인지과학의 경우 근
[망막]·경[대상]·식[LGN~V5MT] 3사에 기초하여 시지각을 설명하더라
도 각각의 시각정보 처리과정에 수많은 단위의 또 다른 정보처리과정이 있
기에 불교 시지각설이 주는 오해의 소지마저 원천적으로 차단한다. 오히려

43

불교의 시지각에 대한 담론을 더욱 풍부하게 한다. 예컨대 인지과학이 밝혀낸 바에 따르면, 외부대상의 물리적 자극을 수용하는 시지각의 전초병인 눈은 공막·맥락막·망막 등으로 구성되어 있으며, 그중에서도 특히 실질적인 시지각의 정보를 처리하는 망막은 다시 시각 수용기인 간상체와 추상체, 그리고 시각정보를 수용·전달하는 양극세포·수평세포·아마크린세포·신경절세포 등의 하부단위로 구성되어 있다. 이들은 각기 자신의 고유한 자상과 작용을 갖고 있다.

불교[有部]에서 눈은 승의유[別實, 개별자]이지만, 인지과학에서 눈은 세속유[總實, 전체자]이다. 특히 전체자로서의 눈을 구성하는 간상체와 양극세포 등의 개별자[別實]들은 각각 자신만의 고유한 자상[相]과 작용[用]을 갖고 있으며, 이러한 개별자들의 상호작용[相依相關]으로 시지각을 설명하는 것은 불교의 방식과 매우 유사하다. 이것은 안근[根]뿐만 아니라 안식[識]의 범주에서 시각적 의식의 발생을 담당하는 시각뇌V1~V5의 상위 시각영역과 하위 시각영역의 앞먹임 투사와 되먹임 투사의 상호작용[V1 ↔ V2, V3, V4, V5···]을 통해 시지각의 발생을 설명하는 방식[相互作用理論, interactive theory]에서도 동일하게 확인할 수 있다. 이런 맥락에서 볼 때 근·경·식 3사의 화합을 통해 시지각을 설명하는 불교의 시지각설은 인지과학의 시지각설과의 일정부분 친연관계親緣關係를 형성한다. 특히 근견가와 식견가의 시지각의 주체를 둘러싼 논쟁을 현대 임상병리적 실험을 통해 밝혀진 '맹시' 등의 병증 사례를 중심으로 분석하면 불교의 시지각설과 인지과학의 친연관계는 더욱 실해진다.

2) 근견설·식견설 등에 대한 인지과학적 해석

맹시는 눈[眼根]의 손상이 아닌 의식적 지각[眼識]을 담당하는 V1의 손상으로 인한 실명의 한 형태이다. 바이스크란츠Weiskrantz 등에 따르면 부위 17의 손상이나, 곧 시각피질의 LGN에서 나온 피질 돌출은 후피질後皮質, posterior corticla 부위를 둘러싸고 있는 조직의 미세한 손상으로도 실명을 유발할 수 있다. 바이스크란츠가 실험한 환자는 우측 후두엽 칼카린 피질v1에 생긴 정맥성 종양 때문에 극심한 편두통을 앓았는데, 종양을 제거하면서 우측 V1이 손상되었다. 그로 인해 상위 사분면의 주변에 남아 있는 작은 시각영역[視覺場]에 부분적 실명이 생겼는데—이 실명 영역을 '암점暗點, scotoma'이라고 부른다—, 그의 눈은 두뇌로 시각정보를 전달하지만 뇌v1의 손상으로 인해 의식은 시각적 지각을 하지 못하고 시각적 자극을 탐지하거나 정확한 위치를 찾아내더라도 수행할 수 없었다. 그런데 특이한 것은 의식적으로 보이지 않는다고 말하지만, 자극이 정확히 어디에 있는지 또는 자극의 본성—모양·위치 등—을 추측해보라고 하면 맹시 환자는 우연 이상의 비율로 바르게 추측하고, 심지어 실험을 위해 보여준 막대기가 수직인지 수평인지도 정확하게 보고할 수 있었다. 뿐만 아니라 그들은 평균 80% 정도의 정확도로 실명 영역에 들어온 대상으로 손을 뻗치거나 붙잡을 수 있으며, 심지어 말하지 않고 그들에게 던져진 공을 잡을 수도 있다. 이것은 맹시 환자에게 비시각적 경험을 알려주는 어떤 시각정보가 있음을 의미한다. 이런 이유에서 그들은 시각적 자극을 비의식적으로 지각하고 있다고 말한다. 특히 최근 연구에서 맹시의 비의식적 시각 구별 능력이 간단한 대상의 구별뿐만 아니라 정서적인 자극에도 적용된다는 것을 보여주었다.[69]

45

이러한 맹시의 병증은 앞서 고찰한 근견설과 식견설 가운데 근견설을 지지하는 중요한 사례이다. 근견가와 식견가의 논쟁의 핵심은 시지각의 본질을 '관조'로 규정할 것인가, 그렇지 않으면 '식별'로 규정할 것인가였다. 근견가는 시지각의 본질을 안식에 의해 색경을 관조하는 안근으로 간주한 반면, 식견가는 식별작용을 수행하는 안식을 시지각의 본질로 간주하였으며, 각각 "眼能見色"과 "眼是門, 以見色故"를 경증으로 자파의 주장을 입증하고자 하였다.

맹시의 사례는 눈에 의해 전달된 시각정보에 대해 시각적 지각[眼識]이 없어도 시각적 행동, 다시 말해 시각적 정보처리[見]가 가능하다는 것을 보여준다. 즉 대상으로부터 수용된 시각정보를 식별하는 안식 없이 대상을 관조하는 안근만으로도 시지각이 성립한다는 것을 보여준다. 맹시 환자는 V1[眼識]이 손상되었기 때문에 시각정보를 식별할 수는 없지만, 망막[眼根]의 시각 수용기인 간상체와 추상체는 손상되지 않았기 때문에 대상의 시각정보를 수용[觀照]할 수 있으며, 양극세포·수평세포·아마크린세포·신경절 세포 등의 중간단계의 뉴런 집단 역시 시각정보를 처리할 수 있어서 맹시 환자의 눈은 의지처가 되어 경계 대상에 대해 각각 개별적인 행상을 일으키게 하는 "能爲門"의 작용과 오직 자신에 상응하는 시각적 대상[色境]만을 파악하는 "能取境"의 작용을 수행하는 것이다. 따라서 맹시 환자가 시각정보를 의식할 수 없다고 하더라도 안근[망막의 간상체와 추상체]에 의해 수용된 시각정보가 비의식적으로 처리되어 시각적 행동을 가능하게 한다. 물론 맹시의 원인에 대해 공식적으로 입증된 결과가 없는 상태에서 필자의 이런 해석은 성급한 결론이 될 수도 있겠지만, 맹시와 유사한 비의식적 지각을 설명하는 또 다른 사례인 '식역하識閾下, subliminal의 점화효과'를 살펴보면 의혹은 어느 정도 해소될 것이라 생각된다.

식역하의 점화효과는 의식의 영역에 이르지 못하는 자극의 효과를 말한다. 순간적으로 나타났다가 매우 빨리 사라지는 시각적 자극은 의식적으로 등록되지 않지만 이후 피험자들의 행동에 여전히 영향을 미친다.[70] 이렇듯 맹시와 식점화 효과의 사례는 근견설을 입증한다.

그러나 한 가지 염두에 둬야 할 것은 근견가가 관조작용을 수행하는 안근을 시지각의 본질로 간주하였지만, 이때의 안근은 안식과 합하는 상태에서, 보는 작용을 수행하는 동분의 안근으로 지칭하고 있다는 것이다. 사실 바수반두는 『구사론』에서 근견가와 식견가를 양립할 수 없는 대립관계로 기술하고 있지만, 필자가 볼 때 근견가와 식견가는 모두 세존의 교설을 근거로 근과 식의 화합을 통해 시지각을 설명하고 있다는 점에서는 동일하다고 생각한다. 단지 근견가는 안식과 합하는 상태에서의 동분의 '안근'을 시지각의 주체로 간주했던 반면, 식견가는 안근을 매개로 하여 보는 작용을 수행하는 '안식'을 시지각의 주체로 간주하였을 뿐이다. 즉 근과 식에 있어 자파교학체계의 입장에 따라 무게 중심을 어디에 두는가의 차이가 있을 뿐, 근·식의 화합을 통해 설명하는 점에 있어서는 동일하다. 그렇게 해석하면, 맹시 환자의 사례가 근견설의 완벽한 증거가 아닐 수도 있다. 맹시 환자 사례의 중요성은 시각적인 의식 없이 비의식적인 시각정보처리를 통한 시각적 행동이 가능하다는 데 있다. 식견설의 경우 안근을 매개로 해서 안식이 대상을 본다고 규정했을 때 맹시 환자의 경우 V1의 손상으로 인해 의식적인 식별작용이 불가능하기 때문에 안근은 매개체가 되지 않아야 하지만, 맹시 환자의 안근은 관조작용을 수행하고 또 이러한 안근에 의해 수용된 시각정보가 비의식적으로 처리되어 시각적 행동을 가능케 한다. 따라서 맹시 환자의 사례는 식견설의 설명과는 부합하지 않는다. 다만 근견설의 경우 시지각의 주체를 "안식과 합하는 상태의 동분의 안근[同分眼與識合位]"으로 규정하고 있지만, 인지과학적 관점에서 해석할 경우 여기서 중요한 것은 바로 안근의 관조작용이다[以能明利觀照諸色故, 亦名見]. 사실 근견가는 모든 안근이 아닌 발취식경의 관조작용을 행하고 있는 승의근으로서의 동분의 안근이 시지각의 주체임을 강조하고자 하였으며, 그것을 "안식과 합하는 상태의 동분의 안근"으로 특정하였던 것이다.[71] 그러나 맹시의 원인은 아직까지 실험적으로 완벽하게 입증된 것이 아니다.[72] 철학에서는 인식론적 측면에서[73] 신경과학에서는 뉴런적 측면에서 그 원인 규명을 시도하기도 하지만[74], 아직 확정된 가설은 아니다. 설령 신경과학에서 제시하는 가설들이 실험적으로 입증된다고 하더라도 필자의 해석에 오류가 생기는 것은 아니다. 다만 맹시 환자의 사례가 근견설은 물론 식견설까지 증명하는 사례로 확장될 뿐이다.

맹시 환자의 사례가 근견설을 지지하는 중요한 단초를 제공한다고 해서 그것이 식견설을 부정한다는 의미는 아니다. 사실 맹시 환자의 사례를 제외하고, 인지과학에서 제시하고 있는 뇌손상 환자에 대한 연구의 상당수는 식견설을 입증한다. 식견설에 따르면 감각기관인 눈 자체가 대상을 보는 것이 아닌 눈을 매개로 한 안식이 대상을 보는 것이며, 안식이 발생하지 않으면 그 매개체인 눈은 외부자극에 의해 손상되지 않았더라도 정상적인 보는 작용을 수행할 수 없다. 이것은 뇌졸중으로 인해 양반구의 V5MT에 손상을 입은 환자가 정상적인 눈을 갖고 있으면서도 움직임을 인식하지 못하는 사례와 V4의 손상을 입은 환자가 '피질성 색맹皮質性 色盲, achromotopsia'이라는 증상으로 정상적인 눈을 갖고 있으면서도 색채 사이의 경계는 지각하지만 색채 자체를 알지는 못하는 사례와 일치한다. 뿐만 아니라 눈의 상처나 LGN의 손상으로 대상을 볼 수 없게 되었을 때, V1을 전기적으로 자극하면 시각적 의식을 갖게 되는 것 역시 식견설을 입증하는 사례이다. 나아가 뇌의 손상으로 시각정보 처리과정의 문제나 전반적인 기억장애가 없음에도 불구하고 시각적 대상을 인식하지 못하는 시각 실인증視覺 失認症, visiual agnosia은 식견설을 입증하는 강력한 증거가 된다.[75] 시각 실인증 환자는 대상 재인을 담당하는 뇌의 손상으로 인해 특정한 대상에 대해 시각적 의식[眼識]이 발생하지 않아서 눈[眼根]이 아무리 정상적이라고 해도 대상을 재인[見]할 수 없다.[76] 이렇게 볼 때 식견설 역시 인지과학적 관점에서 해석하면 일정부분 그 타당성을 지니고 있다.

나아가 필자는 근견설과 식견설 뿐만 아니라 이 둘에 대한 종합적인 비판을 가했던 화합견가[=경부]의 시지각설 역시 인지과학적 관점에서 해석하면 일정부분 그 타당성을 지닌다고 생각한다. 예컨대 근·경·식 3사의 화합을 시간[刹那]을 달리하는 계시적 인과관계에 의한 차제생기—제1찰나에 근[眼根]과 경[色境]이 존재하고, 제2찰나에 이로부터 식[=觸, 인과적 관계로서의 화합]이 생겨나며, 제3찰나 이후 수 등의 심소법이 구생[無間生]—로 설명하는 방식은, 인지과학에서 대상→망막→LGN→V1→V2~V5MT…식으로 하위 시각영역에서 상위 시각영역으로 [hierarchical theory], 그리고 상위 시각영역에서 다시 하위 시각영역 [interactive theory]으로 시각계층을 따라 점진적으로 시각정보가 전달된다는 설명방식과 유사하며, 이 프로세스 가운데 망막에 맺힌 빛[光子]으로 구성된 대상의 상image을 수용reception·변환transduction·부호화coding의 세 단계를 통해 설명하는 방식[77]은 경부의 인식론인 유형상지식론有形

象知識論과도 유사하다. 특히 경부의 인식론[有形象知識論]에서 주관[能取]과 객관[所取]의 인식을 매개하는 형상은 외부에 존재하는 대상의 고유한 특성이 아닌 주관적 표상이므로 대상과의 상사성相似性, sarūpya이 없다는 주장은 인지과학에서 감각수용기에 의해 신경부호화와 신경계의 감각세포에 의해 전기 생화학적 부호로 변환된 대상의 시각정보는 대상 그대로의 복사가 아니기 때문에 대상과 상사성이 없다는 설명과 유사하다.[78]

그러나 이러한 유사성에도 불구하고 근견설과 식견설에 대한 화합견가의 비판 근거였던 근·식 무작용설은 앞서 근견가의 시지각설을 인지과학적 관점에서 해석하면서 고찰하였듯이 인지과학의 연구성과와는 부합하지 않는다.

5. 맺기

　지금까지 불교의 시지각설을 근견가와 식견가의 논쟁을 중심으로 고찰하고, 인지과학적 관점에서 재해석함으로써 불교 시지각설이 지니는 의의와 그 가치에 대해 재조명해 보았다. 근견가는 자파의 법상관에 근거하여 시지각의 본질을 관조를 특성으로 하는 안식과 합하는 상태의 '안근'으로 간주한 반면, 식견가는 식별을 특성으로 하는 '안식'으로 간주하였다. 화합견가는 이러한 근견가와 식견가의 논쟁을 근·경·식 3사의 차제생기설과 이에 근거한 근·식 무작용설을 토대로 비판하였다.

　이러한 해석들은 인지과학적 관점에서 해석할 경우 저마다 일정부분 타당성을 가지는데, V1의 손상으로 발생되는 맹시의 사례는 근견설을, V4와 V5MT의 손상으로 발생되는 피질성 색맹 등의 병증, 대상재인을 담당하는 뇌손상으로 발생되는 실인증 등의 병증은 식견설을, 그리고 대상→망막→LGN→V1→V2~V5MT…의 점진적 프로세스는 화합견설을 입증하는 근거가 된다. 아비달마논사들이 오늘날 인지과학과 같은 동일한 실험적 방법을 통해 이러한 담론들을 정립했다고는 생각하기 어렵지만, 적어도 고도의 사유력專精思惟[79)]에 기반해서 근견설·식견설·화합견설 등의 풍부한 담론을 정초했던 것은 그들의 탁월한 발상으로 생각된다.

두 번째 산책
불교의 원자설

산책을 시작하며

불교의 원자설極微說은 방대한 체계를 갖고 있다. 그 방대한 체계는 서양과학과 같은 순수한 호기심의 발로로 시작된 물리학적 탐구가 아닌, 제법분별의 철학적 작업 속에 외부대상의 실재를 주장하는 그릇된 견해妄執를 파기하여 인무아성人無我性을 넘어 제법무아성諸法無我性으로 귀결시키기 위한 명백한 수행적 목적을 전제하고 있다. 여기에서는 극미설의 실재적 정초를 시작한 설일체유부의 극미설을 중심으로 간략히 다루고자 한다.

극미설極微說은 유부의 5위법 가운데 가장 먼저 등장하는 색법의 최소 단위에 대한 고찰이다. 유부에 따르면 무방분無方分인 극미는 홀로 독립해서 존재할 수 없으며, 그것은 항상 상하, 동서남북 4방으로 6개의 극미와 결합한 상태로 존재한다. 극미의 결합방식에 대한 해석은 불교라는 지평에서 상당히 논란이 되었던 주제로, 특히 유부 내에서도 까뜨야야니뿌뜨라Kātyāyanīputra, B.C.E 2~1로 대변되는 구유부舊有部와 상가바드라 Saṅghabhadra, 衆賢, 5C 후반로 대변되는 신유부新有部 사이에 해석상 차이가 존재한다.

여기에서는 무방분인 극미의 결합방식을 중심으로 구유부와 신유부의 해석을 고찰하고 그 해석을 바수반두Vasubandhu, 世親, 400~480년를 위시한 후대의 논사들이 어떻게 비판하고 있는지 살펴보고자 한다. 특히 현대 물리학 가운데 물질의 최소단위를 연구하는 소립자 물리학에서 무방분으로 정의하는 소립자素粒子, elementary particle와 그 상호작용相互作用, mutual interaction을 통한 결합방식과 비교·고찰함으로써 유부 극미설에 대한 보다 심층적인 이해를 도모하였다.

불교의 원자설의 방대한 체계에 대한 이해를 돕기 위해서는 필자의 저서 『불교의 원자설』씨아이알, 2015의 일독을 권하는 바이다.

1. 들어가기

2. 구유부와 신유부의 극미 결합방식에 대한 해석의 상위

3. 유부 극미설에 대한 제諸비판
    ① 구유부
    ② 신유부

4. 유부 극미설에 대한 현대물리학적 해석

5. 맺기

1. 들어가기

유부有部에 따르면 색법色法은 변이와 장애[變礙]⁸⁰⁾, 곧 변이·파괴되거나 특정 공간을 점유하고 다른 색이 동일 공간에 들어오지 못하게 하는 특징을 가지고 있다.⁸¹⁾ 이렇듯 공간적 점유성[礙性]을 가지는 색법은 연장이나 형상 등에 있어서 더욱 작게 쪼개질 수 있는데, 극미[paramāṇu]는 어원을 통해서도 확인할 수 있듯이⁸²⁾ 색법을 양적으로 극한까지 분석한 최소단위이다.⁸³⁾ 따라서 극미는 긴 모양[長]·청색[靑] 등의 자상自相과 공간적 점유성 내지 부피[方分]를 갖지 않는다[無方分]. 그렇다면 극미를 어떻게 색법이라고 할 수 있으며,⁸⁴⁾ 어떻게 우리들이 구체적으로 경험하는 산하대지와 같은 색법이 형성되는 것일까?

유부에 따르면 극미는 홀로 독립해서 존재할 수 없으며, 그것은 항상 상하, 동서남북 4방으로 6개의 극미와 결합한 상태로 존재한다. 이것을 유부에서는 미취微聚라고 하는데 극미는 미취일 때만 현상하기 때문에 극미의 변이와 장애의 뜻이 성립되며, 미취가 동일한 방법으로 결합해서 금진金塵, 수진水塵, 토모진兎毛塵, 양모진羊毛塵, 우모진牛毛塵, 극유진隙遊塵 등을 형성하고 마침내는 산하대지 등을 형성한다고 주장한다.⁸⁵⁾ 7개의 극미가 모여 하나의 미취를 형성할 때 하나하나의 극미는 다른 극미들과 어떻게 결합할까?

무방분인 극미의 결합방식에 대한 해석은 유부는 물론 불교라는 지평에서도 상당히 논란이 되었던 주제로, 유부의 실재적實在的 극미설이 경부經部와 특히 유식학파唯識學派의 비판[86]을 통해 극미설의 한 가설로 변한 계기가 되었다. 일례로 극미들의 결합방식을 접촉으로 설명할 경우, 접촉의 방법에는 일부가 접촉하는 방법[分觸]과 전부가 접촉하는 방법[遍觸]이 있는데, 무방분인 극미 전부가 접촉한다면 극미들은 서로 뒤섞여 일체一體가 될 것이며, 일부가 접촉한다면 결합의 중심이 되는 중앙의 극미는 6개의 면을 가진 유방분有方分이 되어 유부의 극미 정의에 어긋나게 된다.[87] 결국 극미는 어떠한 접촉도 없이 결합한다는 것이 유부의 정설이지만,[88] 접촉없이 어떻게 극미가 결합하는지에 대해서도 까뜨야야니뿌뜨라 Kātyāyanīputra, B.C.E 2~1로 대변되는 구유부舊有部와 상가바드라Saṅgabhadra, 衆賢, 5C 후반로 대변되는 신유부新有部 사이에 해석상에 차이가 있다.

이 책에서는 무방분인 극미의 결합방식을 중심으로 구유부와 신유부의 해석, 그리고 그 해석을 바수반두Vasubandhu, 世親, 400~480년를 위시한 후대의 논사들이 어떻게 비판하고 있는지 고찰하고, 특히 현대물리학 가운데 물질의 최소단위를 연구하는 소립자 물리학에서 무방분으로 정의하는 소립자素粒子, elemen-tary particle[89]와 그 상호작용相互作用, mutual interaction[90]을 통한 결합방식과 비교·고찰함으로써 유부 극미설에 대한 보다 심층적인 이해를 도모하고자 한다.

2. 구유부와 신유부의
   극미 결합방식에 대한 해석의 상위

   무방분인 극미는 전부가 접촉하든[遍觸] 일부가 접촉하든[分觸] 모두 논리적 오류가 따르기에 어떠한 접촉도 없이 결합한다는 것이 유부의 정설이라는 것을 이미 설명하였다. 그런데 극미들이 서로 접촉하지 않는다는 점에 대해서는 이견異見이 없지만 접촉 없이 극미들이 어떻게 결합하는지에 대해서는 까뜨야야니뿌뜨라로 대변되는 구유부와 상가바드라로 대변되는 신유부 사이에 해석상에 차이가 있다.

   우선, 구유부는 앞서 살펴보았듯이 『대비바사론』에서 극미들의 접촉 불가능성에 대한 논거를 통해 극미들은 접촉하지 않고 일정한 간격을 갖고 서로 근접해서[相近] 결합한다는 설명방식[和合, samyoga[91]]을 채택하고 있다.[92] 그렇다면 신유부는 어떠한 결합방식을 채택하고 있을까?

   신유부 역시 극미들은 서로 접촉하지 않는다는 점에서 구유부와 견해를 함께 한다. 그것은 상가바드라의 다음 언급을 통해서도 확인할 수 있다.

   만약 극미들이 전부[編體]가 서로 접촉하는 것이라면 실물인 [극
   미] 자체가 서로 뒤섞이는 오류가 있게 되며, 만약 일부[一分]가
   접촉하는 것이라면 극미가 부분을 갖게 되는 오류가 있게 된다.[93]

   이는 무방분인 극미들의 접촉을 인정할 경우 발생되는 문제점을 날카롭게 지적하는 구유부와 동일한 견해로, 이 내용을 통해 신유부 역시 구유부

처럼 극미들이 일정한 간격을 갖고 서로 근접해서 결합한다는 설명방식을 채택하고 있음을 유추할 수 있다. 그렇다면 구유부와 신유부의 설명방식은 동일할까?

혜소慧沼의 『성유식론요의등成唯識論了義燈』에는 구유부와 신유부의 결합 방식의 해석에 대한 차이를 설명하는 흥미로운 대목이 있는데, 소개하면 다음과 같다.

> 문
> : 극미가 추대한 색[麤色]을 형성함에 있어 신新·구舊 두 유부의 주
>   장에는 어떠한 차이가 있는가?
>
> 답
> : 먼저, 구유부는 7개의 극미가 그 추대한 색을 형성한다고 주장한
>   다. 그것들은 서로 근접해서[相近] 유사한 하나의 상相을 형성하
>   지만, 실은 7개의 극미 각각이 스스로 추대한 색을 형성한다. [그
>   래서 극미들이] 서로 협력[相資]한다고는 말하지 않는다. 신유부
>   논사의 경우 7개의 극미가 함께 모여, 서로 근접해서 서로 협력하
>   여[相近相資] 힘을 줌으로써 각각 그 추대한 상을 형성한다고 주
>   장한다. 유사하게 결합한 상[合相]이 비로소 추대한 색을 형성하
>   는 것은 아니기 때문이다.[94]

혜소는 추대한 색의 형성을 설명하면서 극미의 결합방식에 대한 두 유부의 차이점을 설명하고 있는데, 추대한 색이 실유實有인지 가유假有인지 대한 두 유부의 이견[95]은 차치하고 극미의 결합방식에 대한 설명만을 보면, 만약 혜소의 진단이 옳다면 두 유부의 차이점은 "相資", 곧 극미들의 결합

에 있어 단일극미[事極微][96]의 협력 여부로 볼 수 있다. 즉 신유부는 결합함에 있어 단일극미들이 서로 자량[相資]이 되어 서로에게 힘을 주는 일종의 극미들의 상호작용을 통해 결합한다고 본다. 이것은 '4장의 유부 극미설에 대한 현대물리학적 해석'에서 살펴보겠지만 유부의 극미설을 현대물리학적 관점에서 해석하는 중요한 개념이다. 왜냐하면 현대물리학 역시 무방분인 소립자와 그 소립자들의 상호작용을 통해 우주의 모든 자연현상을 기술하고자 하기 때문이다.

어쨌든 상기 혜소의 언급을 통해 보면 구유부는 극미들은 접촉하지 않고 일정한 간격을 갖고 서로 근접해서 결합한다는 설명방식和合, samyoga을 채택하고 있는 반면, 신유부는 일정한 간격을 갖고 서로 근접함과 동시에 극미들이 서로 협력하여 결합한다는 설명방식和集, saṃghāta[97]을 채택하고 있다.[98)99)] 하지만 화합이든 화집이든 유부의 극미설은 그 자체에 내포하고 있는 논리적 난점으로 다음과 같이 비판받는다.

3. 유부 극미설에 대한 제講비판

유부의 극미설에 대한 비판은 대부분 무방분인 극미가 결합할 때 발생하는 논리적 난점에 그 초점이 맞추어져 있다. 따라서 그 비판은 구유부와 신유부 모두에 해당되지만, 여기서는 이해의 편의를 위해 구유부와 신유부로 나누어 그 비판을 고찰하도록 하겠다.

① 구유부

먼저 구유부의 극미설에는 다음과 같은 논리적 모순이 따른다. 구유부의 설명대로 화합한 분위[和合位]의 극미들이 단지 임시적으로 근접해 있을 뿐이라면 자상을 갖지 않는 극미가 집합의 상태에서 어떤 성질, 곧 질적 변화를 초래할 수 없을 것이다. 그리고 화합한 분위와 화합하지 않은 분위의 극미들에 아무 변화가 없다면 화합하지 않은 분위에서 인식되지 않은 극미가 화합한 분위에서 인식된다고 하는 것은 설득력이 떨어진다.[100]

각각의 단일극미[事極微]는 인식되지 않으며 단일극미가 결합한 복합극미[聚極微]만이 전5식識에 의해 인식된다.[101] 이것은 구유부와 신유부 모두의 공통된 주장이다. 그런데 구유부에 따르면 안식眼識의 대상을 구성하는 것은 단일극미이다. 하지만 단일극미 그 자체는 너무도 미세하기 때문에 안식의 대상이 될 수 없으며[102], 다수의 단일극미가 취집할 때 비소로 인식된다. 물론 이때 단일극미들의 결합방식은 화합이다.

그런데 구유부 견해의 독특성은 단일극미들의 결합방식에 대한 관점에서 드러난다. 그들은 단일극미들의 상호협력에 의한 결합으로 복합극미가 형성된다고 보는 신유부와 달리 7개의 단일극미들이 화합한다고 한다. 그러니까 7개의 단일극미가 상호협력 없이 임시적으로 서로 근접해서 하나의 유사한 형상을 만들어 낸다고 주장한다.[103] 그럴 경우 7개의 극미에 의해 형성된 복합극미[微聚]는 화합에 의해 형성된 것이므로 실유가 아니며, 오직 실법實法을 인식대상으로 삼는다는 유부의 원칙을 따르면, 안식이 인식하는 대상은 임시적 화합의 미취가 아닌 화합의 차별인 다수의 단일극미가 된다.[104] 하지만 앞서 말하였듯이 단일극미가 인식되지 않는다는 것은 구유부와 신유부 모두의 공통된 주장이므로 화합하지 않았을 때 인식되지 않던 단일극미가 화합할 때 인식된다는 주장에는 논리적 모순이 있다.

② 신유부

유부교학의 새로운 대성자인 상가바드라는 유부의 극미설이 가지는 개념적 모순—예컨대 물질이 형성되기 위해서는 극미들은 상호접촉해서 결합해야 하는데 극미는 무방분이기 때문에 접촉할 수 없으며, 또 단일극미는 자상을 갖지 않는데 극미의 집합체인 복합극미는 긴 모양 등의 자상을 가진다는 모순—을 가극미假極微, 가설적 극미와 실극미實極微, 실제적 극미의 이중구조로 해석함으로써 해소하고자 하였다.[105] 색을 감관으로 더 이상 지각[現量] 할 수 없을 때까지 분석하면 그것은 지地·수水·화火·풍風의 4대종大種과 색色·향香·미味·촉觸의 4대소조색所造色의 8가지가 결합[八事俱生]한 유방분이며 긴 모양 등의 자상을 지닌 실극미이다.

하지만 감관으로 지각할 수 있는 최소단위인 극미는 어쨌든 유방분이기 때문에 그것을 관념적으로 다시 분석하고자 하는 것은 인간의 당연한 지적 욕구일 것이다. 이런 이유에서 극미는 관념적으로 더욱 분석할 수 있으며 무방분이며 긴 모양 등의 자상을 갖지 않는 '더 이상 분석할 수 없는 것[更不可析]' 곧 가극미를 가정할 수 있다. 이러한 가극미를 집적하여 자상을 갖는 실극미를 형성한다.[106] 그런데 여기서 주목해야할 사실은 '더 이상 분석할 수 없는 것'의 상정은 지각[現量]이 아닌 추리[比量]를 통해서만 가능하지만, 사유의 대상도 지각의 대상처럼 실재한다[識有必境]는 유부의 인식론적 전제에 따라 그 실재성을 인정하고 있다는 점이다.[107] 하지만 이러한 상가바드라의 견해 역시 바수반두가 『유십이십론唯識二十論』제11게송~제13게송[108]에서 비판하듯이 무방분의 가극미가 어떻게 결합해서 유방분의 실극미가 될 수 있는가 하는 논리적 난점을 가진다. 바수반두의 말을 들어보자.

> 극미가 6개와 [동시에] 결합한다면 [중앙의] 하나는 마땅히 6부분
> 을 이룰 것이네. [극미가] 6개와 [같은 곳에] 있다면 [극미들의] 취
> 색聚色은 [하나의] 극미와 같을 것이네.(11)[109]

유부에 따르면 구체적인 물질을 형성하기 위해 극미는 반드시 7개—결합의 중심이 되는 중앙의 극미 1개와 상하·동서남북 여섯 방향으로 결합하는 극미 6개—가 결합하여 미취를 형성해야 한다. 신유부의 경우, 단일극미들이 일정한 간격을 갖고 서로 근접함과 동시에 극미들이 서로 협력하여 결합한다는 설명방식[和集]을 채택하고 있다. 그런데 위에 소개한 바수반두의 비판 내용을 보면 일견 유부가 극미들의 결합방식에 있어 극미들의 상호접촉을 인정하고 있는 듯한 인상을 준다. 접촉을 인정할 경우, 구유부

가 이미 『대비바사론』에서 날카롭게 지적하고 있듯이 접촉방법에는 일부가 접촉하는 방법과 전부가 접촉하는 방법이 있을 것이다. 그런데 무방분인 극미 전부가 접촉한다면 물체[聚色]는 서로 뒤섞여 일체가 될 것이며, 일부만 접촉한다면 결합의 중심이 되는 중앙의 극미는 6개의 면을 가지게 되므로 유방분이 되어 극미의 정의에 어긋난다. 그럴 경우 바수반두의 비판은 아주 적절해 보인다.

앞서 말했듯이 구유부와 신유부 두 부파 모두 극미들은 접촉이 아니라 일정한 간격을 두고 서로 근접해서 결합한다는 점에 동의하지만, 구유부는 단일극미들의 상호협력을 인정하고 있지 않은 반면, 신유부는 극미들의 상호협력을 인정한다는 차이점이 있다. 이 경우 상기 바수반두의 비판은 극미들의 접촉에 기반한 비판이 아닌 다른 관점으로 해석할 수 있다. 필자는 『중관장엄론中觀莊嚴論』 제11게송~제13게송에서 단일성과 다양성을 중심으로 극미설을 비판하고 있는 산따락쉬따Śnatarakṣita, 寂護, 725~790년의 비판이 유부의 극미설에 대한 바수반두의 비판을 보다 철저히 했다고 생각한다.[110] 산따락쉬따의 말을 들어보자.

> 접촉하는 [경우], [또는 간격을 두고] 둘러싸이거나 간격 없이 있는 [경우]일지라도 중앙에 있는 극미는 [그 전체를 가지고 어떤] 하나의 극미를 향하는 자성을 [지닌] 어떤 것인데, [다른] 극미를 향하더라도 [그 극미가] 그러한 [상태에] 있다고 말한다면, 그렇다면 [어떻게] 그러한 산과 강 등은 크게 될 수 있겠는가? (11,12)
>
> 다른 극미를 향해 있는 부분이 [서로] 다르다고 인정한다면, 극미는 어떻게 부분이 없는 단일한 것이 될 수 있겠는가?(13)[111]

산따락쉬따는 극미의 결합방식에는 여러 견해—극미들이 접촉한다는 견해[바이쉐시까 학파], 서로 간격을 두고 결합한다는 견해[유부], 서로 접촉하지도 않고 간격도 두지 않은 채로 밀접하게 결합한다는 견해[경부][112] 등—가 있을 수 있지만, 결합할 때 중앙의 있는 극미는 단일성도 다양성도 갖고 있지 않기 때문에 어떠한 형태로 결합한다 하더라도 그 존재는 확립되지 않는다고 말한다. 왜냐하면 극미가 시방十方에서 '접촉하거나', '간격을 두고 둘러싸이거나', '간격 없이 있을 때' 중앙의 극미가 단일성을 가지고 전방의 극미와 마주보고 동시에 같은 단일성을 띤 다른 9개의 극미와 마주대한다면, 10개의 극미는 모두 동일점을 점유하게 되고, 산이나 강과 같은 커다란 사물도 한 개의 크기가 되는 오류가 발생하기 때문이다. 만약 대론자對論者가 이러한 모순을 피하기 위해 "다른 극미를 향해 있는 부분이 만약 서로 다르다고 인정한다면"—가령 중앙의 극미는 10가지 본성, 곧 10가지 부분을 가지고 주위의 극미와 마주보는 것이라고 한다면— 단일하고 더 이상 나눌 수 없는 극미가 다양성을 갖는 셈이 되어 극미의 정의에 어긋난다. 이렇듯 극미는 단일성도 다양성도 지니지 않기 때문에 결합할 수 없다.

바수반두는 『유식이십론』의 제11게송 이하에서 계속해서 유부의 극미설을 비판하는데, 그는 극미들은 무방분이기 때문에 결합하지 않지만 극미들이 집적한 것[聚色]은 유방분이기 때문에 결합한다고 주장한다 해도[113] 논리적 모순은 여전하기 때문에 극미의 결합은 성립될 수 없다고 다음과 같이 비판한다.

> 극미에 이미 결합이 없다면 취색에 결합이 있다는 것은 무슨 의미인가? 혹은 상호간에 결합이 성립되지 않음은 무방분에 기인하는 것이 아니네.(12)[114]

바수반두의 물음은 정당하다. 극미에 결합이 없는데 어떻게 그것의 취색에 결합이 있다고 할 수 있을까? 극미에 결합이 없다면 그것의 취색에도 결합이 있을 수 없다. 만약 바수반두의 질문에 유부의 논사들이 당황하여 취색에 결합의 의미가 없다고 한다면, "극미는 무방분이기 때문에 결합이 없다"고 주장해서는 안 된다. 그 이유는 취색이 형성되려면 극미는 반드시 결합해야 하는데 유부는 취색[가령 미취微聚]의 결합 자체조차도 인정하지 않기 때문이다. 극미에 결합이 없는 것은 무방분에 근거하지 않는다. 따라서 하나의 실재로서 극미는 인정되지 않는다. [115]

바수반두는 제13계송에서 그림자와 장애를 통해 유부의 극미설을 다음과 같이 종합적으로 비판한다.

……[극미가] 무[방분]이라면 그림자와 장애가 없을 것이네. 결합한 것이 [극미와] 다르지 않다면 둘이 없을 것이네.(13)[116]

바수반두는 유부가 주장하듯이 만약 극미가 무방분이라면 취색에는 ⓐ그림자와 ⓑ장애가 없을 것이라고 말하는데, 보다 상세히 설명하면 다음과 같다.

ⓐ유부는 취색의 체體를 극미라고 주장한다. 그런데 만약 극미가 무방분이라면 기둥 동쪽 끝을 비출 때 그 서쪽 끝도 비추는 셈이 되기 때문에 서쪽 끝에는 그림자가 없어야 한다. 하지만 현실에서는 동쪽 끝에 빛을 받고 서쪽 끝에 그림자가 생긴다. 따라서 극미가 무방분이라는 주장은 성립될 수 없다. [117] ⓑ두 손으로 박수를 칠 때 우리는 두 손이 서로 장애되는 것을 경험한다.

만약 손과 같은 구체적인 색이 무방분인 극미의 결합이라면 아무리 많은 극미가 결합하더라도 박수 칠 때와 같은 장애는 없어야 한다. 하지만 현실에서 구체적인 색은 항상 동시에 동일한 장소를 점유할 수 없으며, 또 박수 칠 때의 두 손처럼 서로 장애한다. 이런 이유에서 극미가 무방분이라는 주장은 성립될 수 없다.[118]

지금까지 유부의 극미설에 대한 비판들을 살펴보았다. 이상을 통해 확인할 수 있듯이 유부 극미설에 대한 비판은 대부분 무방분인 극미가 결합할 때 발생되는 논리적 난점, 즉 무방분인 극미는 화합이든 화집이든 어떠한 형태로든 결합할 수 없다는 사실에 그 초점이 맞추어져 있다. 이러한 비판처럼 논리적 모순으로 인해 어떠한 형태로든 무방분인 극미들은 결합할 수 없는 것일까? 그로인해 유부의 극미설은 성립될 수 없으며, 그 논의 자체 역시 무의미한 것일까?

흥미로운 것은 무방분인 극미와 그 극미들의 결합을 중심으로 물질현상을 설명하고자 했던—엄밀하게 말하면 신유부—유부의 방식이 현대물리학의 소립자와 그 상호작용을 통한 결합을 중심으로 우주의 모든 자연현상, 즉 원자原子 이하의 미시세계에서부터 우주적 규모의 거시세계에서 일어나는 모든 현상을 기본적으로 하나의 방정식으로 기술하고자 하는 현대물리학의 입장과 어느 정도 상통한다는 점이다.

4. 유부 극미설에 대한 현대물리학적 해석

현대물리학에서 말하는 소립자는, 유부에서 물질의 최소단위로 규정하는 무방분인 극미에 해당한다고 보아도 무리가 없다. 왜냐하면 양자론에서 소립자는 부피를 가지지 않고 공간상의 한 점에 존재할 수 있는 점입자点粒子, point particle로 정의되기 때문이다.[119)120)] 그렇다면 유부의 극미설이 무방분인 극미의 결합으로 인해 발생되는 논리적 난점 때문에 바수반두 등을 위시한 후대의 논사들에게 끊임없이 받았던 비판이 현대물리학에도 동일하게 적용되리라 유추할 수 있다. 하지만 현대물리학에서는 소립자를 무방분으로 정의해도 그러한 문제점이 발생되지 않는다. 그 이유는 무엇일까?

이것은 현대물리학에서 정의하고 있는 일종의 힘force—보다 엄밀하게 말하면 현대물리학에서는 불확정성 원리 때문에 힘이라는 개념 대신 '작용'이라는 개념을 사용한다.[121)]—곧 상호작용을 이해하면 된다.

고대인들이 물질은 접촉을 통해서만 결합한다고 생각한 것은 힘, 곧 상호작용의 개념을 몰랐기 때문이다. 예컨대 지구와 달은 서로 맞닿아 접촉하지 않지만 중력重力, gravitational force에 의해 결합되어 있으며, 원자原子, atom 내에 있는 원자핵原子核, nuclus과 전자電子, electr-on는 전자기력電磁氣力, electric-magnetic force으로 묶여 안정된 원자를 이룬다. 그리고 지구의 공기 역시 지구의 중력 때문에 우주공간으로 흩어지지 않고 대기권大氣圈을 이룬다. 이렇게 힘에 의한 결합은 물체와 물체간의 직접적인 접촉을 필요로 하지 않는다. 오히려 소립자 물리학의 바탕을 이루는 양자장론量子場論, quantum field theory에서는 소립자 상호간의 접촉을 인정하면 해결되지 않는 문제점이 발생한다. 소립자간의 직접적인 접촉이 있으면 물리량을 계산할 때 이론적으로 해결할 수 없는 무한대의 값이 나타나기 때문이다.

이런 이유에서 현대물리학에서는 소립자간의 접촉을 인정하지 않는다. 이것은 내용적 측면을 차치하더라도 논리적 난점으로 인해 무방분인 물질의 최소단위간의 접촉을 인정하지 않는다는 점에 있어서는 유부의 발상과 유사하다. 물론 혹자는 현대물리학에서 가정하는 소립자는 실험을 통해 확인된 것이지만, 유부가 가정하는 극미는 실험이 아닌 사유를 통한 것이므로 둘은 확연한 차이가 있다고 생각할 수도 있다. 하지만 어떤 물체를 나누어 가장 작은 단위의 구성분자를 찾아내는 계단구조를 설정하여, 그 구조의 맨 끝에 놓여 있는 가장 근본적인 물체를 소립자로 가정하였을 뿐, 가장 근본적인 물체가 반드시 소립자일 필연성은 어디에도 없으며,[122] 따라서 소립자와 극미의 차이를 각각 실험과 사유에 의해 상정되었다는 단순도식만으로 구분하기는 어렵다.

그렇다면 현대물리학에서는 소립자들의 상호작용[123]을 중심으로 어떻게 물질계의 현상을 설명하고 있을까? 예컨대 사람이 만리장성을 뚫고 지나가지 못하는 것은 사람과 만리장성의 벽을 이루고 있는 물질, 엄밀하게 말하면 소립자들의 상호작용[124]은 곧 전기적 반발력 때문이다. 사실 만리장성은 텅텅 비어 있으며,[125] 차 있다고 해도 기껏해야 10-12에 해당하는 부분만 원자핵으로 차 있을 뿐이다. 물론 원자핵 역시 자세히 관찰하면 텅텅 비어 있다. 그래서 전기적으로 중성인 중성미자中性微子, neutrino와 같은 입자는 전기적 상호작용을 하지 않기 때문에 만리장성을 텅 빈 공간처럼 통과한다. 즉 입자 간에 상호작용에 있으면 서로의 존재를 인식하고, 상호작용이 없으면 아무것도 없는 것과 마찬가지이다. 이러한 상호작용으로 인해 현대물리학에서는 소립자를 무방분으로 정의해도 아무런 문제가 발생하지 않는다.

물질 최소단위의 상호작용이라는 측면에서 한 가지 흥미로운 것은 신유부 역시 물질의 최소단위인 극미들간의 상호작용을 인정한다는 점이다. 유부가 현대물리학과 같은 동일한 실험적 방법을 통해 그러한 결론에 도달했다고는 생각하기 어렵지만, 적어도 고도의 사유력專精思惟에 기반해서 극미들의 상호작용을 인정한 것은 유부의 탁월한 발상으로 생각된다. 그리고 만약 신유부가 주장하는 극미들의 상호작용을—신유부 스스로가 그렇게 생각했다고는 보기 어렵지만— 현대물리학의 상호작용과 같은 개념으로 해석한다면 유부의 극미설에 대한 비판, 곧 무방분인 극미의 결합에서 발생되는 논리적 난점에 대한 후대논사들의 비판은 해소될 수 있다. 오히려 유부의 극미설은 불교라는 지평 내에서 소립자와 상호작용을 중심으로 모든 자연현상을 기본적으로 하나의 방정식으로 기술하고자 하는 현대물리학과 가장 밀접한 친연관계를 형성한다고 볼 수 있다.

5. 맺기

 지금까지 무방분인 극미의 결합방식을 중심으로 유부의 극미설에 대해 고찰하였다.

 무방분인 극미의 결합방식에 있어 전부가 접촉하든 일부가 접촉하든 모두 논리적 오류가 뒤따르기에, 어떠한 접촉도 없이 결합한다는 것이 유부의 정설이지만, 구체적인 극미의 결합방식에 대해서는 까뜨야야니뿌뜨라로 대변되는 구유부와 상가바드라로 대변되는 신유부 사이에 해석상에 차이가 있었다.

 구유부는 『대비바사론』에서 극미들의 접촉 불가능성에 대한 논거를 통해 극미들은 접촉하지 않은 채 일정한 간격을 갖고 서로 근접해서[相近] 결합한다는 설명방식[和合, samyoga]을 채택하고 있는 반면, 신유부는 일정한 간격을 갖고 서로 근접함과 동시에 극미들이 서로 협력하여[相近相資] 결합한다는 설명방식[和集, saṃghāta]을 채택하고 있다.

 하지만 '화합'이든 '화집'이든 유부의 극미설은 그 자체에 내포하고 있는 논리적 난점으로 인해 바수반두를 위시한 후대의 논사들에 의해 비판을 받게 된다. 그 비판은 이 책에서 고찰하였듯이 대부분 무방분인 극미가 결합할 때 발생되는 논리적 난점에 집중되어 있었다. 비판은 유부의 실재적 극미설을 가설적 극미설로 변모하게 하는 직접적인 계기가 되었는데, 한 가지 흥미로운 것은 이 책에서 고찰하였듯이 결합방식에 있어 구・신 두 유부의 공통된 주장인 극미들의 상호불접촉설相互不接觸說과 특히 신유부의 단일극미들이 서로 자량이 되어 서로에게 힘을 주는[相資與力] 일종의 극미들의 상호작용으로 결합한다고 보는 관점이 무방분인 소립자와 그 소립자들의 상호작용으로 우주의 모든 자연현상을 하나의 방정식으로 기술하고자 하는 현대물리학과 매우 유사하다는 것이다. 물론 앞서 말하였듯이 유부가 현대물리학과 동일한 실험적 방법으로 그러한 결론에 도달했다고는 생각하기 어렵지만, 적어도 고도의 사유력에 기반해 극미들의 상호작용을 인정한 것은 유부의 탁월한 발상으로 생각된다.

세 번째 산책

불교의 행위론

표업의 본질에 대해
_바수반두와 상가바드라의
해석을 중심으로

산책을 시작하며

2013년 1학기에 나는 동국대학교에서 <현상학과 인지과학의 마음, 불교의 마음>이라는 강의를 하게 되었다. 이 강의는 불교의 핵심 사상을 현상학phenomenology을 통해서 철학의 언어로, 그리고 인지과학cognitive science을 통해서 과학의 언어로 파악하는 일종의 '가로지르기transversality'를 시도한 수업이었다. 강의 가운데 현상학이 인지과학의 과학적 성과를 받아들여 '자연화하기naturalization'를 시도한 핵심 논제인 '행위action와 행위체agency'라는 주제가 있었는데, 나는 이 주제를 불교의 '업業과 업체業體'와 연관지어 두 주제의 상호텍스트성intertexuality의 가능성을 개진하였다.

'업'은 오늘날의 용어로 번역한다면—그 기의적記義的 차이는 있겠지만—'행위'로, '업체'는 '행위체'로 번역할 수 있다. 나는 과학적 실험을 통해 행위와 행위체에 대한 상세히 설명하는 인지과학의 성과와 그 성과를 토대로 매우 치밀한 철학적 사유를 전개하는 현상학의 도움을 받아, 불교의 업설을 철학의 언어와 과학의 언어로 설명하고, 아울러 인지과학과 현상학이 간과한 업의 상속 등과 같은 불교 업설의 핵심 주제에 대해서도 설명하였다.

특히 불교의 업설 가운데 실질적 외부의 표출행위로 설명되는 '표업表業의 본질'에 대한 규정은 불교지평에서도 첨예하게 논의되는 핵심주제 중 하나이다. '표업'은 '외부로 표출된[表] 행위[業]'를 일컫는 것으로 여기에는 3업 가운데 신업과 어업, 즉 신표업과 어표업이 해당된다. 하지만 이 표업의 본질을 어떻게 규정할 것인가에 대해서는 부파들 사이에 이견異見이 있다. 여기서는 그와 같은 이견들 가운데 가장 첨예한 대립을 했던 설일체유부說一切有部와 경량부經量部의 대표적 논사, 상가바드라 Samghabhadra와 바수반두Vasubandhu의 해석을 중심으로 표업의 본질에 대해 고찰해 보았다.

상가바드라는 유부의 입장에 서서, 표업의 본질을 의지[思]로 간주하는 견해에 반대하며 근본업도根本業道가 성취되는 순간의 행위자의 신체적 형태[形色]와 언어적 형태[言聲]를 그 본질로 간주한다. 여기에는 업의 인과상속을 '3세실유三世實有', '무표無表', '득得' 이론을 통해 설명하고자 하는 유부 특유의 관점이 전제되어있다. 하지만 바수반두는 이러한 유부의 표업관에 비판을 전개하는데, 예를 들면 유부가 신표업의 본질로 간주하는 형색形色은 경부 특유의 색법관에 근거할 때 극미極微로서 실재하는 것이 아니며, 그것은 경부가 색의 자상自相으로 인정하고 있는 현색顯色의 배열[安布]의 차별을 가정한 것에 불과하기 때문이다. 하지만 바수반두가 유부의 표업관을 비판하는 보다 적극적인 이유는 표업의 본질을 사로 간주한 터 위에, 업의 인과상속을 '사종자思種子의 상속相續과 전변轉變과 차별差別' 이론을 통해 설명하려는 바수반두의 뚜렷한 목적이 전제되어 있다.

1. 들어가기

설일체유부說一切有部, 이하 '유부'에 따르면, 업의 본질은 사思와 사의 소작思所作이다.[126] 유부의 이러한 정의는 그들이 경증經證으로 제시하는 『중아함경中阿含經』에 등장하는 사업思業과 사이업思已業[127]에 근거한 것으로, 사업은 심소心所인 사 자체를 의미하며 사이업은 사에 의해 조작된 업, 다시 말해 사가 외부로 표출된 업을 말한다. 이것은 다시 소의所依, 자성自性, 등기等起에 근거해서 각각 신업身業, 어업語業, 의업意業의 3업으로 분류될 수 있는데, 여기에서 신업과 어업은 다시 표表[128]와 무표無表를 기준으로 표업表業과 무표업無表業, 즉 신표업・어표업, 신무표업・어무표업으로 세분된다.[129] 이러한 분류방식을 앞서 언급한 『중아함경』의 분류방식에 대입하면 의업은 의지작용이기 때문에 사업에, 신업과 어업, 엄밀하게 말해 신표업과 어표업은 의지작용이 외적으로 표출된 것이므로 사이업에 해당된다. 그럴 경우 표업의 본질은 무엇일까? 의지[思]일까, 아니면 의지작용이 외부로 표출된 행위[思所作]일까?

『중아함경』에서는 의지작용이 외부로 표출된 것이 표업이기 때문에 사가 중요시되었으며, 이런 이유에서 의업이 가장 중요시되었다.[130] 하지만 업의 본질을 사와 사의 소작으로 정의하는 데에서 짐작할 수 있듯이, 유부는 표업의 본질을 사思로만 간주하려는 견해에 반대한다. 왜냐하면 표업이 비록 사로부터 발생할지라도 표업 그 자체가 사는 아니기 때문이다.[131] 이런 이유에서 유부는 특유의 색법관에 근거하여 표업을 구체적인 물질작용으로 파악하고[132], 특히 유위법의 찰나생멸론에 기초해서 일련의 행위전체가 아닌 근본업도根本業道가 성취되는 순간의 행위자의 신체적 형태[形色]와 언어적 형태[言聲]를 그 본질로 간주한다. 유부가 표업의 본질을 이와 같이 규정한 배경에는 업의 인과상속을 '3세실유', '무표', '득' 이론[133]을 통해 설명하고자 하는 유부 특유의 관점이 도사리고 있다. 하지만 교학전반에 걸쳐 유부와 첨예한 대립을 했던 경량부經量部, 이하 '경부'는 유부의 표업관에 반대하며 자파의 특성에 기초해서 비판을 전개한다. 일례로 유부가 신표업의 본질로 간주하는 형색形色은 경부 특유의 색법관에 근거할 때 극미極微로서 실재하는 것이 아니다. 그것은 경부가 색의 자상自相으로 인정하고 있는 현색顯色의 배열[安布]의 차별을 가정한 것에 불과하기 때문이다. 하지만 경부가 유부의 표업관을 비판하는 보다 적극적인 이유에는 표업의 본질을 사로 간주한 터 위에 업의 인과상속을 '사종자의 상속과 전변과 차별'이론[134]을 통해 설명하고자하는 경부의 뚜렷한 목적이 전제되어 있다.

이 책에서는 불교라는 지평 속에서 가장 첨예한 대립을 했던 유부와 경부의 대표적 논사인 상가바드라Saṃghabhadra, 衆賢, 5세기경와 바수반두Vasubandhu, 世親, 400~480의 해석을 중심으로 표업의 본질에 대해 고찰하고자 한다.

2. 신표업身表業의 본질에 대한 해석

표업의 본질을 사에 수렴하려는 견해에 반대했던 유부는, 앞서 말했듯이 신표업의 본질을 근본업도가 성취되는 순간의 극미로 이루어진 행위자의 신체적 형태로 간주한다. 이것은 색의 자상으로서 형색과 현색 모두를 극미로 인정하는 유부 특유의 극미설極微說[135]에 따른 필연적 귀결이다. 하지만 유부와 달리 경부는 형색을, 현색의 배열의 차별로 간주하며 형색극미의 실재성을 인정하지 않는다.[136] 결국 신표업의 본질에 대한 바수반두와 상가바드라의 견해의 차이는 이러한 형색의 실유에 대한 이해의 차이에 기인한다고 볼 수 있다. 따라서 지금부터 이러한 유부의 해석을 바수반두가 어떻게 비판하는지 살펴보고 이어서 상가바드라의 반론을 살펴보도록 하겠다.

1) 유부의 해석에 대한 바수반두의 비판

바수반두는, 만약 유부가 신표업의 본질로 인정하는 '긴 모양[長]' 등의 형색이 실유한다면 그것은 ①극미의 차별, ②극미의 차별이 적집된 것, ③별도의 한 사물로서 색色 등의 적집에 편재하는 것 중 하나라는 가설을 세우고 하나하나를 논파하는 방식으로 유부의 형색실유설形色實有說을 비판한다. 바수반두의 말을 들어보자.

①만약 긴 모양 등[의 형색]이 극미의 차별이라면, 그것은 현색과 같다. 모든 색色의 적집 가운데 하나하나의 미세한 부분에서 긴 모양 등을 파악

할 수 있어야 하기 때문이다. ②만약 [형색이] 극미의 차별이 적집된 것이라면, 이것과 현색의 극미적집은 어떤 차이가 있겠는가? 곧 모든 현색의 적집의 차별로 긴 모양 등을 성립할 것이다. ③만약 [형색이] 별도의 한 사물로서 색 등의 적집에 편재하는 것이라면, 하나이기 때문에, 편재하기 때문에, 하나하나 부분에서 전부를 파악할 수 있을 것이다. 왜냐하면 일체의 부분에서 모두를 갖추고 있기 때문이다. 혹은 모든 부분에서 각각 머물기 때문에 하나가 아닐 것이다. 또 10처處가 모두 극미의 적집이라고 하기 때문에 자기주장을 타파하는 것이다. 또 실제로 부분을 갖는 것[有分]이 모든 부분에 편재한다고 주장하기 때문에 까나다Kaṇāda의 주장을 돕는 것이 된다.[137]

본문에서 바수반두가 제시하고 있는 논증을 하나하나 분석하면 다음과 같다.

①만약 형색이 극미의 차별이라면 그것은 현색과 같이 '극미가 적집된 것'은 물론 '적집된 극미의 차별', 다시 말해 적집의 미세한 부분에서도 현색과 별도로 긴 모양 등의 형색이 파악되어야 한다. 하지만 이것은 불가능하다. 그 이유에 대해 바수반두는 『성업론』에서 형색이 '적집된 극미의 차별'인 경우에 초래되는 모순만을 예로 들고 있지만, 『구사론』에서 제기하는 바수반두의 비판과 후술할 상가바드라의 반론을 고려하면, 이 비판에는 ⓐ'극미가 적집된 경우'와 ⓑ'적집된 극미의 차별일 경우' 두 경우에서 초래되는 모순이 전제되어 있다.[138]

먼저, 만약 형색이 ⓐ극미가 적집된 경우에 현색과 별도로 파악된다면 하나의 색色이 두 근根—안근眼根과 신근身根—에 파악된다는 모순을 초래한다. 왜냐하면 색취色聚에서 긴 모양 등의 차별을 안근이 보는 것과 신근이 감촉하는 것이 함께해서 파악하기 때문이다. 따라서 이 주장은 성립될 수 없다.[139] 또, 본문에서 제기한 것처럼 만약 형색이 ⓑ적집된 극미의 차별일 경우에 현색과 별도로 파악된다면, 그것은 현색처럼 모든 색의 적집 가운데 하나하나의 미세한 부분에서도 파악할 수 있어야 한다. 하지만 이 또한 불가능하다.

이것은 극미의 적집인 유대색有對色, 저항성이 있는 색의 예를 통해 쉽게 이해할 수 있다. 예컨대 유대색이 '푸른색의 장대'인 경우, 만약 그 적집이 아닌, 적집을 이루고 있는 극미의 차별에서 형색이 파악된다면 바수반두의 지적처럼 긴 모양 등의 형색은 현색처럼 장대 하나하나의 미세한 부분에서도 파악되어야 한다. 하지만 현재 장대가 긴 모양의 형색을 지니고 있을지라도 그 장대를 절단하면 장대는 짧은 모양의 형색이 된다. 따라서 장대의 미세한 부분에서 긴 모양 등의 형색은 파악되지 않는다. 반면 푸른색의 색 자체는 절단하더라도 변함이 없다.[140] 이런 이유에서 바수반두는 긴 모양 등의 형색은 그 자체 극미의 자상으로서 실재하는 것이 아니며 단지 현색의 적집의 차별을 가정한 것에 불과하다고 주장하는 것이다.[141] 따라서 첫 번째 주장은 성립될 수 없다.[142]

②만약 형색이 극미의 차별이 적집된 것이라면, 다시 말해 '긴 모양' 등의 형색이 극미들이 적집될 때 비로소 파악되는 것이라면, 그것은 형색극미의 실유하지 않음을 스스로 자인하는 것과 다름없다. 그럴 경우 그것은 현색의 적집의 차별을 형색으로 간주하는 경부의 견해[143]와 차이가 없다. 따라서 두 번째 주장 역시 성립될 수 없다.

③만약 형색이 별도의 한 사물로서 색 등의 적집에 편재하는 것이라면, 형색은 하나이면서 편재하는 것이기 때문에 하나하나의 모든 부분들은 동일하게 인식될 것이다. 이것은 본문에서도 언급하고 있듯이, 전체성[avayavin]만이 유일 실체이며 이 전체성이 모든 부분에 내재한다는 바이세시카Vaiśeṣika 학파의 주장을 겨냥하고 있다. 전체성만이 실재하고 그것이 모든 부분에 내재한다면 편재하는 것[能遍, vyāpaka]과 편재되는 것[所遍, vyāpya], 다시 말해 전체와 부분사이에는 상호 필연적인 주연관계[vyāpti]가 성립하기 때문에 부분은 전체와 항상 동일해야 한다. 하지만 이것은 불가능하다. 따라서 전체성은 실재하지 않는다. 이와 동일하게 만약 형색이 유일 실체로서 색 등의 적집에 편재하는 것이라면, 앞서 살펴본 바이세시카 학파 주장의 모순처럼 부분과 전체, 다시 말해 극미와 형색사이에는 주연관계가 성립하기 때문에 하나하나의 부분들이 동일하게 인식된다는 모순을 초래하게 된다.

만약 유부가 이러한 난점을 해소하기 위해 형색이 하나가 아닌[或應非一] 다수라고 주장한다면, 그것은 형색이 모든 부분에 각각 머물고 있다는 것을 의미하므로[於諸分中各別住故] 형색을 현색의 적집의 차별을 가정한 것으로 보는 경부의 주장과 동일해진다. 뿐만 아니라 이것은 전체성[가령 10處]의 실재를 인정하지 않는 유부 스스로의 주장을 타파하는 결과를 초래하게 되며, 결국 바이세시카 학파[까나다]의 주장을 돕는 꼴이 된다. 따라서 세 번째 주장역시 성립될 수 없다.

바수반두는 이상의 세 가지 가설이 모두 성립될 수 없음을 들어 유부의 형색실유설과 나아가 신표업의 본질을 형색극미로 간주하는 유부의 주장을 비판한다. 그런데 여기서 간과하지 말아야 할 사실이 있다. 그것은 이상에서 고찰한 바수반두의 비판은, 단순히 비판을 위한 비판이 아닌 업에 대한 그의 뚜렷한 관점으로부터 도출되었다는 점이다. 그렇다면 바수반두는 신표업의 본질을 어떻게 보았을까?

우선, 바수반두는 업과 업의 의미를 다음과 같이 정의한다.

> 업은 사思의 차별[144]을 본질[性]로 한다. … 만드는 자[作者]의 의도를 따라 만들어냄이 있는 것이 업의 의미이다.[145)146)]

바수반두가 업과 그 의미를 본문과 같이 정의한 배경에는 업의 인과상속을 사종자의 상속·전변·차별을 통해 설명하고자 하는 바수반두의 뚜렷한 의도가 전제되어있다. 그러한 의도 속에 그는 신업을 다음과 같이 정의한다.

> 몸을 움직이게 하는 사思를 말해서 신업이라고 한다. 사에는 세 종류가 있으니, 첫째는 숙고하는 사[審慮思], 둘째는 결정하는 사[決定思], 셋째는 몸을 움직이고 발화하는 사[動發思]이다. 만약 사가 몸을 움직이게 한다면, 신업이라고 한다. [왜냐하면] 이 사는 몸을 상속해서 다른 장소에 발생하게 하는 원인인 풍계를 일으키기 때문이다. 완전하게 표현하면 '몸을 움직이는 업[動身之業]'이라고 해야 하지만, '움직인다[動]'라는 말을 생략하고 단지 '신업'이라고 한다. 기력을 복 돌아 주는 진액을 '기력진액[力油]'이라고 하고, 먼지를 날리게 하는 바람을 단지 '먼지바람[塵風]'이라고 하듯이, 신업도 이와 동일하다.[147)148)]

본문을 통해 확인할 수 있듯이, 바수반두는 사를 신업의 본질로 간주한다. 다시 말해 신업이라는 것은 단지 '몸을 움직이게 하는 사'를 가정한 것일 뿐, 유부와 같이 근본업도가 성취되는 순간의 물질로 이루어진 신체적 형태[形色]가 아니라는 것이다. 이것은 바수반두가 의업과 표업을 서로 단절된 개별적 사실로 보는 것이 아니라 사의 상속에 의한 차별적 관계로 파악하고 있다는 사실을 알게 해주는 대목인데, 이는 서두에서 언급한 3업 가운데 의업을 가장 중시하는 『중아함경』의 태도와 유사하다. 그리고 여기에서 간과하지 말아야 할 사실은, 세 가지 사가 모두 개별적이며 독립된 실체가 아닌 심소 사의 시간적 상속의 차별에 의해 설정된 것이라는 것이다. 즉, 어떠한 행위든지 하고자 하는 행위에 대해 먼저 숙고하고[審慮思], 어떤 일을 해야겠다고 결정하고[決定思], 그 결정대로 실천하고 말하는 것을 실행[動發思]하게 되는 것이다.[149]

이렇듯 바수반두가 신표업의 본질을 사로 규정한 배경에는 업의 인과상속을 '사종자의 상속과 전변과 차별' 이론을 중심으로 설명하기 위해서인데, 이것은 결국 유부의 실재론적 법체계 비판을 위한 필연적 결과이자 그 대안이었다고 생각된다. 그렇다면 이러한 바수반두의 비판에 대해 상가바드라는 어떠한 반론을 전개했을까?

2) 상가바드라의 반론

상가바드라는 유부의 입장을 옹호하면서 바수반두에 대한 반론을 전개하는데, 바수반두가 유부의 형색실유설을 부정하기 위해 제시한 세 가지 논거 가운데 ①에 초점을 맞추고 있다. 바수반두가 형색에 대한 자신의 주장을 피력한 뒤 그 비판을 시작했던 것처럼 상가바드라 또한 '인식에는 반드시 대응되는 대상이 실재한다[識有必境]'는 유부의 인식론적 관점을 계승하여, '형색이 실유한다'는 자신의 주장을 피력한 뒤 반론을 전개한다.

우선 그의 주장을 논증방식으로 정리하면 다음과 같다.

　　주장[宗]: 형색은 현색과 별도로 실유한다
　　이유[因]: 형색과 현색은 파악되는 상에 차별이 있기 때문에
　　예시[喩]: 동일한 신근에 파악되는 촉의 상의 차별이 그렇듯이[150]

　상가바드라는 이러한 자신의 주장을 기반으로 먼저 ①—ⓐ[151]에 대한 반론을 전개한다. 상가바드라의 반론을 들어보자.

　　ⓐ [긴 모양 등이] 두 근根에 파악된다는 힐난도 역시 성립되지 않는다. 왜냐하면 긴 모양 등은 단지 의식의 경계이기 때문이다. 모든 가유假有가 오직 의식의 대상[所緣]이 되는 경계라는 것은 앞서 설명한 것과 같다. 긴 모양 등을 성립하는 극미가 이와 같이 배열된 것이 형색이다. 이러한 형색은 무분별인 안식에 파악되는 것이지 신근에 파악되는 것은 아니다. 왜냐하면 신근에 의지해 단단함[堅]이나 축축함[濕] 등이 파악되는 것처럼, 긴 모양이나 짧은 모양 등을 파악하는 것은 같지 않기 때문이다. 어둠 속에서 단단함이나 축축함 등은 파악되지만, 바로 그 상태 또는 다음 순간에 곧바로 긴 모양이나 짧은 모양 등의 상을 파악할 수 있는 것은 아니다. 요컨대, 한 면에 많은 촉이 발생할 때 신근의 문에 의지해 [먼저 그와 같은] 촉을 분별한 후, 비로소 추리하고 판단해서 촉과 함께 작용하는 안식이 이끈 의식에 수용된 이러한 형태나 다른 형색을 알게 된다.[152] 불의 색깔을 보거나 꽃의 향기를 맡으면서 함께 작용하는 불의 감촉과 꽃의 색깔을 기억하듯이.[153]

　바수반두의 비판요점은 '만약 형색이 극미의 차별로서 실유한다면 하나

의 색이 두 근에 파악된다는 모순을 초래한다`는 것이었다. 이 비판에 대해 상가바드라는 본문에서 단단함 등의 촉과 긴 모양 등의 형색은 실유로서 하나의 색취 가운데 구기하기 때문에 신근이 촉경을 파악할 때, 안식이 이끈 의식이 추리하여 긴 모양 등의 형색을 파악하는 것이지, 신근이 곧바로 긴 모양 등의 형색을 파악하는 것은 아니라고 반론한다. 그는 그 논거로서 ‘어둠 속에서의 인식’, 즉 어둠 속에서도 신근에 의해 단단함 등의 촉은 발생하지만 어둠 바로 그 상태나 그 다음 순간에서도 긴 모양 등의 형색은 파악되지 않으며, 긴 모양 등의 형색은 앞서 설명하였듯이 안식이 이끈 의식이 촉경의 파악 후 추리와 판단에 의해서 알려진다는 실례를 들고 있다.

이러한 상가바드라의 반론은 『구사론』에서 바수반두 자신이 제시한 ①의 ⓐ—“만약 형색이 실유한다면 하나의 색이 두 근에 파악된다”—비판에 대해 예상되는 유부의 해명—“촉과 형색은 실유로서 하나의 색취 가운데 구기하기 때문에, 신근이 촉경을 파악할 때 의식이 긴 모양 등의 형색을 기억하는 것이지 신근이 직접 긴 모양 등의 형색을 파악하는 것은 아니다”—을 보다 확대한 것이다. 하지만 바수반두는 자신이 임의로 상정한 유부의 해명 또한 비판하고 있는데주석14)참조, 상가바드라는 여기에 대해서도 두 가지 관점에서 그 반론을 전개한다. 반론의 요점을 소개하면 다음과 같다.

첫째, 형색이 비록 촉에 결정적인 형태로 존재하지 않더라도 촉취觸聚 가운데에 존재한다.[154] 일례로 한 면에 다수의 촉이 발생할 때 그곳에는 반드시 긴 모양[長]의 형색이 존재하고, 모든 면에 촉이 두루 발생할 때 그곳에는 반드시 둥근모양[圓]의 형색이 있기 때문이다. 따라서 촉과 형색은 구기하며 그 논거로 제시한 불의 색깔과 감촉 등의 비유[155] 또한 성립한다.

둘째, 바수반두는 촉과 형색은 분리되는 관계로 불의 색깔과 감촉 등은 분리되지 않는 관계로 전제한 가운데 자신의 반론을 전개하는데, 이 전제는 성립되지 않는다. 왜냐하면 그 둘은 모두 분리되는 관계로서 형색이 촉에 존재하지 않는 것처럼, 불의 감촉[따뜻함]은 불의 색깔에 꽃의 색깔은 꽃의 향기에 각각 존재하지 않기 때문이다. 이것은 불의 색깔이나 꽃의 향기를 통해 각각 불의 감촉과 꽃의 색깔을 알수 없다는 실례로 증명된다.[156]

이상의 두 논거를 통해 상가바드라는 바수반두의 비판이 성립되지 않는다고 주장한다. 계속해서 상가바드라는 바수반두의 ①의ⓑ[157]에 대해서도 다음과 같이 반론한다.

ⓑ '형색극미가 이와 같이 배열[安布]된 것으로 안식에 파악된 적집의 차이를 '긴 모양' 등으로 가정한 것이다'고 이미 말하지 않았던가? … [*만약 형색에 현색극미와 같은 별도의 극미가 없기 때문에 실재하지 않는다고 한다면, 이 역시 이치에 맞지 않다. 형색극미도 현색극미처럼 있다는 것이 인정되기 때문에 실유한다. 예컨대, 모든 현색의[158]] 하나하나의 극미는 단독으로 일어나는 일이 없다. 설령 단독으로 일어나는 일이 있을지라도 극히 미세하기 때문에 눈에 파악되지 않고, [그 극미들이] 적집할 때에만 눈에 의해 파악할 수 있기 때문에 반드시 현색극미가 있다는 것을 아는 것이다. 형색극미도 역시 이와 같다고 해야 하는데, 어찌 유독 [형색극미의] 자상에 대해서만 극히 잘 성립한다는 것을 인정하지 않는 것인가?[159] 유대색들이 적집된 모든 곳에서 반드시 극미가 있어 파악할 수 있으니, 이미 취색聚色이 차별되어 발생한 것 중에서 여타의 현색에 의지하지 않고 여타의 현색의 지각이 발생하듯이, 현색에 근

89

거하지 않고서도 형색의 지각이 생겨난다. 따라서 긴 모양 등을 성
취하는 종자와 같은 형색극미가 별도로 존재한다고 해야 한다.[160]

바수반두의 비판 요점은 '유대색은 극미로 이루어진 것이지만 그 극미 자
체에 긴 모양 등이 있다고 말하는 것은 모순이다'는 것이었다. 이 비판에 대
해 상가바드라는 유부의 극미설에 기반해서 다음과 같은 반론을 전개한다.

우선, 현색의 배열의 차별을 가정해서 형색이라고 간주하는 것처럼 왜
형색극미의 적집의 차별을 긴 모양 등의 형색이라고 간주할 수 없는지 바
수반두에게 질문을 던짐으로써 반론을 시작한다. 이 질문에는 '긴 모양 등
을 성립하는 별도의 형색극미가 있고 그러한 형색극미들이 적집될 때 비로
소 긴 모양 등의 유대색이 성립된다'는 상가바드라의 주장이 전제되어있
는데, 그는 유부의 색법관—'어떠한 경우라 할지라도 단일한 극미 자체로
서는 존재하지 않으며 오로지 다수의 극미가 적집할 때[微聚], 다시 말해 8
사구기할 때만 현상한다'—에 기초해서 자신의 주장을 증명한다. 반론의
골자는, 바수반두가 실유로 인정하는 현색극미 또한 단독으로 일어날지라
도 지극히 미세해서 눈에 파악되지 않고 그러한 극미들이 적집될 때 비로
소 눈에 파악될 수 있기에 현색극미의 실유를 증명할 수 있는 것처럼, 형색
극미 또한 현색극미와 동일한 근거에서 증명될 수 있다는 것이다. 상가바
드라는 자신의 주장을 다음과 같이 제시한다.

주장[宗]: 모든 유대색이 적집된 곳, 어느 곳이든 반드시 형색극미를 파
　　　　악할 수 있다
이유[因]: 이미 취색聚色이 차별되어 발생한 것 중에서 현색에 의거하지
　　　　않는 형색의 지각이 있기 때문에

예시[喩]: 여타의 현색에 의지하지 않고 여타의 현색의 지각이 발생하듯이

이외에도 상가바드라는 정통유부의 입장에서 형색실유설을 뒷받침하는 논거들을 제시하지만, 바수반두의 비판에 대한 반론은 이상에서 제시한 것들이 그 주축이다.

지금까지 신표업의 본질에 대한 해석을 바수반두와 상가바드라의 논쟁을 중심으로 고찰하였다. 이상에서 살펴보았듯이 논쟁의 핵심은 근본적으로 형색의 실유에 대한 이해의 차이에 기인하며, 이것은 결국 업의 인과상속을 '3세실유', '무표', '득' 이론으로 설명하고자 했던 유부와 '사종자의 상속과 전변과 차별' 이론을 통해 설명하고자 했던 경부의 근본적 차이에서 기인한 것이다.

이것은 이하에서 고찰할 어표업의 본질에 대한 해석에도 그대로 투영되어 있다. 한 가지 특이한 점은, 신표업의 본질에 대해서는 두 논사 모두 저서에서 상당량의 지면을 할애하며 열띤 논쟁을 벌이고 있는 반면, 어표업의 본질에 대해서는 두 논사의 근본적인 차이점[161] 외에 주목할 만한 어떠한 논쟁의 흔적도 보이지 않는다는 사실이다. 두 논사의 어표업관을 고찰하기 위해서 반드시 해명해야할 언어의 본질名·句·文에 대해서는 열띤 논쟁을 벌이고 있기 때문에, 두 논사의 언어관을 고찰한 후 어표업관을 해석하는 것이 합리적일 것이라 생각된다. 따라서 먼저 바수반두와 상가바드라의 언어관을 고찰한 뒤 그것에 기초해서 각각의 어표업관을 검토하도록 하겠다.

3. 어표업語表業의 본질에 대한 해석

바수반두와 상가바드라는 언어[名·句·文[162]]를 두고도 역시 첨예한 의견
대립을 보인다. 바수반두는 유부가 개별적인 실재로 간주하여 심불상응행
법心不相應行法에 포섭시키고 있는 名·句·文을, 현현된 말이 다른 모습으로
나타나는 일시적 현상으로 간주할 뿐 그 자체가 일정한 자성을 가지는 실재
는 아니라고 주장함으로써 名·句·文의 실재설을 부정한다. 즉, 名·句·文은
'음성을 본질로 하는 말'의 일시적 현상이므로 심불상응행법이 아닌 색법에
포섭되어야 한다는 것이 바수반두의 기본관점이다. 반면 상가바드라는 정
통유부의 입장에 서서 여러 경증經證과 이증理證을 통해 名·句·文의 실재설
을 옹호하는데, 이러한 상가바드라의 기본관점은 개인에 따라 음량, 고저,
장단의 차이를 갖는 물리적 음성은 그 특성상 의미의 담지체가 될 수 없으
며 물리적 음성과는 구분되는 名·句·文이라는 언어적 존재가 있어야 어떠
한 의미체계를 이해할 수 있다는 것이다. 두 논사의 이러한 의견대립은 결
국 언어의 정의에 대한 두 논사의 상위에 기인한다.

1) 언어에 대한 두 논사의 정의

전술하였듯이, 바수반두는 음성을 말의 본질로 본다. 하지만 음성이라
고 해서 모두 말이 되는 것은 아니며 "그것 때문에 의미를 이해할 수 있는
이와 같은 음성[由此義可了知如是音聲]", 곧 "표현하고자 하는 의미의 한
계를 정한[能詮定量] 음성"만이 말이다.[163] 음성은 예컨대, 태초의 현성

들이 그 의미의 한계를 정해 방위[方], 짐승[獸], 땅[地], 빛[光] 등 9가지 의미를 현현시킬 수 있는 작용을 갖춘 산스크리트어 'go'와 같은 음성이다.[164]

바수반두의 이러한 정의는 『성업론』에서 '어업語業, vākkarman'이란 복합어의 한 요소인 '어語, vāc'를 해석할 때도 동일하게 사용되는데,[165] 따라서 이를 바수반두의 말에 대한 의미론적 정의로 보아도 좋을 것이다. 여기에서 한 가지 주의해야할 사실은, 다키무라 마키오竹村牧南가 지적하고 있듯이,[166] 바수반두가 말하는 음성이 단순한 물리적 음성[자연음]이 아니라는 점이다. 그것은 그 자신이 名·句·文 가운데 실재로 인정하는 文[167], 즉 현대 구조주의 음운론音韻論, phonology에서 다루는 음소에 해당하는 개념이다. 따라서 그가 말하는 음성은 그 자신이 주장하듯 성처聲處에 포섭될 수 있는 개념이 아니다.

바수반두가 의미체계가 약속된 특별한 음성을 말로 보았던 것과 달리 상가바드라는 유부의 입장[168]을 계승하여 의미의 담지체로서 名·句·文과 음성을 엄격하게 구분한다. 이것은 상가바드라의 다음 언급에 잘 나타나있다.

> 그러므로 소리는 다만 말소리일 뿐 특징에는 차이가 없다. 그 가운데 음의 높·낮이는[屈曲] 반드시 ka·ca·ta·da·pa 등에 의지해야 한다.[169]

유부에 있어 문文, 음소은 개인에 따라 음량, 장단, 고저의 차이를 갖는 소리를 동일한 의미를 가진 소리로 지각하게 해주는 일종의 추상단위의 존재[힘]이다. 따라서 상가바드라가 음소와 음성을 엄격하게 구분하고 있다는 사실은, 상가바드라 또한 정통유부의 입장과 동일하게 물리적 음성은 그 특성상 의미의 담지체가 될 수 없으며 어떠한 의미체계의 전달은 名·句·文이라는 언어적 존재에 의해서만 가능한 것으로 본다는 것을 의미한다.[170] 즉, 그에게 있어서도 말은 의미를 드러내기 위한 매개에 불과한 것이다.[171]

이상에서 살펴보았듯이, 바수반두와 상가바드라는 언어의 본질에 대해서 뚜렷한 차이점을 견지하고 있다. 어표업을 자신의 심心을 다른 이에게 말로서 표현하는 것이라 정의할 때, 두 논사의 상이한 언어관이 어표업의 해석에도 그대로 투영되어 있으리라 쉽게 상상 할 수 있다. 하지만 상상은 곧 좌절되고 만다. 왜냐하면 앞서 언급하였듯이 신표업을 둘러싼 두 논사의 열띤 논쟁과 달리 어표업의 본질에 대해서는 어떠한 이견異見 없이 짤막한 기술만으로 그 해석을 대신하고 있기 때문이다. 앞서 고찰한 두 논사의 상이한 언어관을 고려했을 때 쉽게 납득할 수 없는 점이다. 따라서 이하에서는 두 논사의 어표업에 대한 해석을 앞서 검토한 두 논사의 언어관과 비교하면서 비판적으로 고찰하고자 한다.

2) 바수반두의 해석

바수반두는 『구사론』에서 어표업의 본질을 다음과 같이 기술한다.

어표업의 본질은 바로 말소리이다.[172]

"[비바사사와 동일하게] 형색을 설정하여 신표업이라 하지만 그것은 다만 가설적인 것으로 실재하는 것이 아니다"[173]는 진술과 함께 유부의 신표업관에 대해 상세한 비판을 가했던 것과 달리, 바수반두는 위의 짤막한 기술 후 어떠한 해석이나 부연설명 없이 어표업의 본질에 대한 해석을 마친다. 이는 업의 본질을 사로 간주하는 그의 관점을 고려했을 때, 쉽사리 이해되지 않는다. 물론 앞서 검토한 바수반두의 언어관을 고려하면 바수반두가 어표업의 본질을 '말소리'로 규정하는 유부의 해석에 일면 동의하기 때문이라고 생각할 수도 있다. 지금 소개할『성업론』에서도 그는 업의 본질에 대한 그의 관점처럼 어표업의 본질을 '발화發話하는 사'로 규정하고 있다.

> [어업의] 말은 말의 음성을 본질로 한다. 이것은 말하고자 하는 의미를 표현하기 때문에 '말'이라고 하는데, [이] 말을 발하는 사를 어업이라고 한다. 혹은, 또 말은 음소[字] 등을 의지하는 것이며 음소 등을 꿰차고 의미를 표현[詮表]하기 때문에 '말'이라고 한다. 완전하게 표현하면 '말을 발하는 업'이라고 해야 하지만, '발하는' 이라는 말을 생략하고 단지 어업이라고 한다. 비유는 앞서 말한 것과 동일하다.[174]

위의 기술에서 주목해야할 부분은 바로 말에 대반 바수반두의 정의이다. 본문에서 바수반두는 "말은 말의 음성을 본질로 하며 말하고자 하는 의미를 표현하기 때문에, 그리고 음소 등에 의지해서 그것들을 꿰차고 의미를 표현하기 때문에 말이라고 한다"고 정의한다. 여기에는 앞서 검토한 바수반두의 언어관이 그대로 투영되어 있다. 하지만 바수반두는 어표업의 본질을 발화하는 사[動發勝思]로 규정한다. 왜냐하면 비록 말의 본질이 음성이라 할지라도 말하고자 하는 의미를 표현하도록 추동推動하는 것은 바로 사이기 때문이다. 따라서 신표업과 동일하게 어표업의 본질 역시 사이다. 그렇다면 상가바드라는 어표업의 본질을 어떻게 해석하고 있을까?

3) 상가바드라의 해석

상가바드라는 정통유부의 입장을 계승하면서 어표업의 본질을 다음과 같이 정의한다.

> 어표업이란 무엇인가? [어표업은] 말소리를 본질로 한다. 왜냐하
> 면 말은 소리를 배제하고 별도로 표현할 수 없기 때문이다.[175]

본문을 통해서도 확인할 수 있듯이 약간의 부연설명을 제외하고 상가바드라의 어표업의 본질에 대한 해석은 상기 『구사론』의 기술과 동일하다. 그런데 상가바드라의 기술 가운데 주의 깊게 살펴보아야 할 부분은 바로 어표업의 정의에 대한 이유문에 해당하는 "말은 소리를 배제하고 별도로 표현할 수 없다"는 진술이다. 왜냐하면 이것은 앞서 고찰한 그의 언어관은 물론 유부의 언어관과 사뭇 다른 진술이기 때문이다.

유부에 따르면 개인에 따라 음량, 고저, 장단의 차이를 갖는 음성은 그 특성상 의미의 담지체가 될 수 없으며, 어떠한 의미체계를 이해하기 위해서는 名・句・文이라는 언어적 존재가 필요하다. 다시 말해 말은 단지 의미를 드러내는 매개에 불과한 것이다. 이렇게 볼 때 말이 비록 소리로 이루어져 있다 할지라도 말의 본질은 어디까지나 의미[176]에 있기 때문에, 상기 상가바드라의 진술은 쉽사리 이해되지 않는다. 이러한 의혹은 名・句・文의 실재를 주장하기 위해 상가바드라가 제시하고 있는 이증理證의 실례를 고찰했을 때 더욱 가중된다.

> '어느 때 음소는 얻더라도 소리는 얻지 못하는 [경우]'란, 소리를
> 듣지 않고서 의미를 이해할 수 있는 경우이다. [우리는] 어떤 사람

이 다른 사람의 말을 듣지 않고 입술 등의 움직임[만]을 보고[도]
그가 말하는 것을 이해하는 [경우를] 보는데, 이러한 사람은 소리
를 듣지 않고 의미를 이해할 수 있는 자로서 모두 [말에] 의해 생
겨난 文을 알았기 때문이다.[177]

　본문에서 상가바드라는 청자聽者가 소리를 듣지 않고 입술 등의 움직임
만을 보고도 화자話者의 말뜻을 이해하는 예를 통해 문文의 실재를 주장한
다. 하지만 그럴 경우 우리는 '그 실례에 있어서 어표업의 본질은 무엇인
가?'라는 지극히 당연한 의문에 봉착한다. 왜냐하면 상기의 예는 어표업의
본질을 입술 등의 형색으로 볼 수 있게끔 해주기 때문이다. 만약 그렇게 되
면 유부 스스로 경계하고 있듯[178] 어표업과 신표업의 구분은 모호해진다.
말의 본질을 의미로 보았을 때, 이러한 난점은 의미의 담지체로서 名·句·
文과 소리를 엄격히 구분하는 유부 언어관로부터 파생되는 지극히 당연한
결과이다. 이것은 10업도業道 가운데 어업에 해당하는 내용을 해석하는 가
운데에서도 나타난다.

　　허광어 등의 3가지[179] [업도는] 명신名身 등의 처소에서 일어난다.
　　왜냐하면 말 자체는 반드시 명名 등에 의지해서 일어나기 때문이
　　다. 말은 비록 유정에 의탁해서 발생할지라도 직접적으로는 명신
　　名身 등에 의지해서 일어난다.[180]

　그렇다면 상가바드라는 물론 유부는 어떤 이유에서 자파의 언어관에 모
순되는 듯한 진술로 어표업의 본질을 성처에 포섭되는 말소리로 규정하였
던 것일까?

　필자는 그 이유를 업의 인과상속을 해명하는 유부의 '3세실유', '무표',

'득' 이론 가운데 핵심개념인 무표색의 실유를 주장하기 위한 유부의 방법적 전략이 아니었을까 생각한다. 왜냐하면 표업의 본질이 색법이어야 무표업의 세력인 무표색도 색법에 포섭될 수 있기 때문이다. 여기에는 물론 3업의 분류방식에서 결점을 발견한 유부가 자파의 제법분류체계 속에 그것을 통합해서 보완하고자 했던 뚜렷한 동기가 전제되어 있다.

4. 맺기

아비달마불교에 이르러 본격화된 표업의 본질에 대한 논의는 자파의 교학적 특성에 기초해서 업의 인과상속을 규명하려는 태도와 밀접하게 연결되어 있었다. 실재론적 법체계에 기초해서 '3세실유', '무표', '득' 이론으로 업의 인과상속을 설명하고자 했던 유부의 경우, 표업의 본질을 의지작용[思=意業]으로 간주하는 견해에 반대하며 근본업도가 성취되는 순간의 행위자의 신체적[形色]·언어적 형태[言聲]를 표업의 본질로 파악했다. 반면, 유부의 실재론적 법체계에 반대하며 업의 인과상속을 '사종자의 상속과 전변과 차별' 이론으로 설명하고자 했던 경부는, 표업의 본질을 구체적 물질작용이 아닌 의지작용으로 파악했다. 이상에서 고찰하였듯이, 바수반두와 상가바드라는 기본적으로 이러한 자파의 표업관에 근거해서 자신들의 해석을 전개한다.

바수반두는 신표업의 본질을 형색으로 간주하는 유부의 견해를 경부 특유의 색법관에 근거해서 비판한다. 왜냐하면 유부가 색의 자상으로서 현색과 함께 인정하는 형색은 현색만을 실유로 인정하는 경부의 색법관에 의거할 때 단지 현색의 배열의 차별을 가정한 것에 불과하기 때문이다. 비판의 요점은 '형색이 만약 현색과 별도로 실유한다면 그것은 ①극미의 차별, ②극미의 차별이 적집된 것, ③별도의 한 사물로서 색 등의 적집에 편재하는 것 가운데 하나여야 하는데 어떤 것도 성립하지 않는다'는 것이다. 특히 ①의 논거로서 제시하고 있는 '③하나의 색이 두 근에 파악된다', 'ⓑ모든 색의 적집 가운데 하나하나의 미세한 부분에서도 형색을 파악할 수 있어야 한다'는 상가바드라 반론의 직접적 대상이 된다.

상가바드라는 유부의 입장에 서서 형색실유설을 옹호하는데, 그 초석은 '인식에는 반드시 대응되는 대상이 실재한다[識有必境]'는 유부의 인식론적 전제이다. 그는 형색과 현색의 파악되는 상에 차별이 있기 때문에 형색은 현색과 별도로 실유한다고 주장한다. 이 주장을 기반으로 상가바드라는 바두반두의 주장 ⓐ와 ⓑ에 대해서 각각, ⓐ'예컨대 촉과 형색은 구기하기 때문에 신근이 촉경을 파악할 때 안식이 이끈 의식이 추리하고 판단해서 형색을 파악하는 것이지 신근이 곧바로 긴 모양 등의 형색을 파악하는 것은 아니다', ⓑ'취색이 차별되어 발생한 것 중에서 현색에 의거하지 않는 형색의 지각이 있기 때문에 모든 유대색이 적집된 곳 어느 곳이든 반드시 형색극미를 파악할 수 있다'고 반론한다.

한편, 신표업과는 달리 어표업의 본질에 대해서 두 논사는 어떠한 논쟁도 벌이지 않는다. 하지만 '의미를 드러내는 음성'을 말로 규정하는 바수반두와 '의미의 현현은 음성이 아닌 오직 명·구·문名·句·文에 의해 이루어진다'는 상가바드라의 상이한 언어관을 고려했을 때, 두 논사 사이에 어떠한 이견도 없었다는 것은 쉽게 이해되지 않는다.

바수반두의 경우, 어표업의 본질 역시 의지작용으로 보았다. 바수반두의 해석에서 눈여겨 볼 점은 어표업의 해석에 자신의 언어관이 그대로 투영되어 있다는 점이다. 하지만 표업을 구체적인 물질작용으로 파악하고 어표업의 본질을 말소리로 규정하는 상가바드라의 경우, 자신의 언어관과 어표업의 해석이 일치하지 않는다. 왜냐하면 그는 유부의 입장을 따라 말소리는 의미의 담지체가 될 수 없으며 의미의 현현은 오직 名·句·文에 의해 이루어진다고 주장하고 있기 때문이다. 이것은 그가 문文의 실재를 증명하기 위해 제시하고 있는 '소리를 듣지 않고 입모양을 보고 의미를 파악할 수 있다'는 이증의 실례와 10업도 가운데 어업에 해당하는 내용을 해석하면서 '말은 반드시 名에 의지해서 일어나기 때문에 허광어 등은 명신名身 등의 처소에서 일어난다'는 주장을 통해서도 증명될 수 있다. 상가바드라가 이렇듯 자신의 언어관과 일면 모순되는 듯한 태도임에도 불구하고 어표업의 본질을 말소리로 규정한 데에는, 앞서 말하였듯이 무표색을 중심으로 업의 인과상속을 설명하기 위한 어쩔 수 없는 대안이었으리라 생각한다.

네 번째 산책
불교의 죽음관

산책을 시작하며

최근 안락사安樂死문제를 계기로 '웰빙well being'과 함께 '웰다잉well dying'에 대한 사회적 관심이 촉발되어 인간 죽음의 존엄성에 대한 중요한 담론으로 대두되고 있다. 웰다잉은 그 어의대로 '좋은 죽음'을 의미하며, 통상적으로 '준비된 죽음', '품위 있는 죽음', '아름다운 죽음'을 지칭한다.

1963년 미네소타 대학의 로버트 풀턴Robert Fulton 교수가 '죽음학 thanatology' 강의를 개설한 이래, 전위훈傳偉勳의 언급대로 "'사람은 평등하게 태어난다'는 명제는 죽음학의 사실적 기점이고, '사람은 반드시 죽음을 극복해야 한다'는 명제는 죽음의 이상적인 종점"이 되었다. 왜냐하면 죽음은 인간이 원해서 얻은 숙명이 아닌, 타당한 이유 없이 인간 존재에게 주어진 것이기 때문이다. 그동안 인간이 대면해야 하는 불가피한 '죽음'이라는 사태를 극복하고 '좋은 죽음'을 맞이하기 위해 종교는 물론 철학에서도 많은 이론들과 그 대안들이 강구되어 왔다.

여기에서 필자는 '죽음'을 교학의 출발점으로 그리고 '죽음의 극복'을 교학의 종착점으로 삼고 있는 불교의 죽음관이 웰다잉에 대한 담론에 어떠한 기여를 할 수 있는지 다루었다. 불교의 죽음에 대한 태도와 해석, 그리고 그 극복 과정은 웰다잉에 대한 풍부한 담론을 형성하는 단초가 된다. 특히 죽음의 극복을 육체적·생리적 영생으로서가 아닌 정신적·심리적 현상으로 해석하고, 정신적·심리적 변화를 통한 사물의 진실상眞實相에 대한 깨달음[正覺]을 통해서 죽음을 극복하는 불교의 견해는 죽음에 대한 불안 극복 및 교육에 많은 기여를 할 수 있다.

1. 들어가기

안락사安樂死 문제를 계기로 '웰빙well being'과 함께 최근 '웰다잉well dying'에 대한 사회적 관심이 촉발되어 인간 죽음의 존엄성에 대한 중요한 담론으로 대두되고 있다. 특히 지난 반세기 동안 급격한 경제성장을 이루어 세계 14위의 경제대국이 되었지만, 자살률은 경제협력개발기구OECD 국가 가운데 불명예스럽게도 1위를 한 우리나라의 안타까운 현실은 이러한 웰다잉에 대한 사회적 관심을 불러일으키는 동인動因이 되고 있다. '웰다잉'은 그 어의대로 '좋은 죽음'을 의미하며, 이런 의미적 연장선상에서 통상적으로 '준비된 죽음', '품위 있는 죽음', '아름다운 죽음'을 지칭한다.[181] 죽음은 철학을 '죽음의 연습'이라고 말한 플라톤Platon 이래로 철학의 중심 주제였으며, 철학은 '죽음과의 대결'이라고까지 말할 수 있을 만큼 중요한 화두話頭였다.[182]

이러한 흐름 속에 1963년 미네소타 대학의 로버트 풀턴Robert Fulton 교수가 '죽음학thanatology'강의를 개설한 이래, 전위훈傳偉動의 언급대로 "'사람은 평등하게 태어난다'는 명제는 죽음학의 사실적 기점이고, '사람은 반드시 죽음을 극복해야한다'는 명제는 죽음의 이상적인 종점"[183]이 되었다. 왜냐하면 죽음은 인간이 원해서 얻은 숙명이 아닌, 타당한 이유 없이 인간에게 주어진 것이기 때문이다. 그동안 인간이 대면해야 하는 불가피한 '죽음'이라는 사태를 극복하고 '좋은 죽음'을 맞이하기 위해 종교는 물론 철학에서도 많은 이론들과 그 대안들이 강구되어왔다. 이 책에서 그러한 이론들 가운데 '죽음'을 교학의 출발점으로, '죽음의 극복'을 교학의 종착점으로 삼고 있는 불교의 죽음관을 고찰함으로써 웰다잉에 대한 보다 풍부한 담론의 단초를 마련하고자 한다.

2. 죽음에 대한 태도

죽음은 단순히 상태나 상황을 의미하는 것이 아니다. 죽음은 '죽어감의 과정'과 '죽음'이라는 사건이 가지는 영향 등을 모두 포함하는 포괄적 개념이다.[184] 볼테르Voltaire의 언급처럼 인간은 자신이 죽어가고 있다는 것을 아는 유일한 동물이기 때문에, 이러한 죽음에 대해 인간은 혐오aversion, 강한 미움strong dislike, 불편uneasiness 등의 불안anxiety의 감정을 느낀다.[185] 석존釋尊은 4문유관門遊觀[186]을 통해 이러한 죽음死을 포함하여 늙음老·병듦病 등의 인간의 실존적 번뇌를 해결하기 위해 출가하였다. 즉 늙고 병들어 마침내 죽음에 이르는 인간의 실상實相에 대한 명확한 인식이 석존으로 하여금 '세속적 안락安樂'을 버리고 '영원한 안락'을 찾아 출가하도록 했던 것이다. 인간은 태어난 이상 죽을 수밖에 없으며, 따라서 죽음은 인간의 피할 수 없는 운명이다. 죽음에 대한 이러한 현실적 인식은 석존의 첫 말씀을 모아 엮어놓은 것[經集]으로 평가되는 『숫따니빠따Suttanipāta, 經集』에 다음과 같이 기술되어있다.

> 진실로 태어난 것들은 죽음을 면할 길이 없다. 늙으면 죽음이 온
> 다. 진실로 생명 있는 자의 운명은 이러하다.(575) 잘 익은 과일은
> 빨리 떨어질 우려가 있다. 이와 같이 생명을 가지고 태어난 자들
> 은 죽지 않을 수 없다. 또 그들은 언제나 죽음에 대한 두려움이 있
> 다.(576) 청년도 장년도 어리석은 자도 지혜로운 자도 모두 죽음에
> 는 굴복해 버린다. 모든 사람은 반드시 죽는다.(578) 그들은 죽음에

붙들려 저 세상으로 가지만, 아버지도 그 자식을 구하지 못하고, 친척도 그 친척을 구하지 못한다.(579) 보라, 친척들이 비통한 마음에 잠겨 있지만 한 사람 한 사람 도살장에 끌려가는 소처럼 사라져 간다.(580)[187]

경문을 통해서 확인할 수 있듯 죽음은 인간을 포함해 태어난 일체 중생들의 피할 수 없는 운명이다. 잘 익은 과일이 나무에서 떨어질 우려가 있듯 생명을 가지고 태어난 것들은 죽지 않을 수 없으며, 언제나 죽음의 두려움 속에 떨고 있다. 이것은 그 기의적 차이는 있겠지만 하이데거M. Heidegger, 1989~1976가 인간 존재에 대한 고찰 끝에 인간을 '죽음에의 존재'로 정의하고, 존재가 무無로 돌아가는 기분을 '불안不安'으로 정의한 것과 일맥상통한다. 석존의 출가는 인간이 마주하는 죽음에 대한 괴로움을 명확하게 판단한 것에 그 이유가 있었다. 따라서 그의 출가는 이러한 인간의 실존적 번뇌로부터의 해탈解脫, mokṣa에 그 목적을 두고 있다. 이것은 석존의 성도成道 후 초전법륜初轉法輪으로 명명되는 녹야원의 첫 설법 가운데 하나인 4성제聖諦가 죽음에 기초한 '괴로움苦, dukha'을 중심으로 성립되어 있다는 사실[188]과 불교의 근본교설인 3법인法印에 '제행무상諸行無常', '제법무아諸法無我'의 테제와 함께 죽음에 기초한 인간 존재의 모든 현상을 괴로움으로 파악하는 '일체개고一切皆苦'[189]의 테제가 포함되어 있다는 사실을 통해서도 확인할 수 있다. 이러한 일면만 강조한다면 불교는 마치 '죽음'을 불가피한 숙명으로 전제하고 그 죽음에 순응·순종하는 삶을 강요하는 것처럼 보일 수도 있다. 불교의 죽음에 대한 인식이 비록 감상적이고 허무적인 것처럼 보일수도 있지만, 이러한 인식은 그 자체의 종결형이 아닌 죽음의 극복이라는 불교 특유의 인식으로 연결된다.

109

이렇듯 세상 사람들은 죽음과 늙음으로 인해서 해를 입는다. 그러
나 슬기로운 자는 세상의 참모습을 알고서 슬퍼하지 않는다.(581)
그대는 온 사람의 길을 모르고, 또 간 사람의 길을 모른다. 그대는
태어남과 죽음의 양극을 보지 않고 부질없이 슬퍼운다.(582) 울고
슬퍼하는 것으로서는 마음의 평안을 얻을 수 없다. 다만 그에게는
더욱 더 괴로움이 생기고 몸만 여월 뿐이다.(584)[190]

　상기 경문은 앞서 소개한 『숫따니빠따』의 경문 다음에 이어지는 내용이
다. 앞선 경문에서 석존이 죽음에 대한 불가피한 현실을 읊조렸다면, 상기
경문에서 석존은 태어남과 죽음의 양극단의 현실만을 보고 부질없이 슬퍼
하는 것만으로는 마음의 평안을 얻을 수 없으며, 오히려 죽음과 늙음의 참
다운 실상을 알고 태어남과 죽음의 근본 원인에 대해 궁구하면 죽음을 극복
할 수 있다는 암시를 준다. 이것은 일종의 죽음에 대한 석존의 이중적 태도
로 볼 수 있는데, 『잡아함경』 제12권에도 유사한 내용이 등장한다.

옛날에 내가 아직 정각正覺을 성취하지 못하였을 때를 기억하고
있는데, 홀로 어느 고요한 곳에서 골똘히 선정에 들어 사유하다
가 이렇게 생각했다. '이 세상은 고난 속에 빠져있다. 태어나고 늙
고 병들고 죽으로 옮겨가고 다시 태어난다. 그런데 중생들은 태
어남·늙음·병듦·죽음과 그것이 의지하는 바를 사실 그대로 알지
못한다.'[191] … 옛날에 내가 아직 정각正覺을 성취하지 못하였을 때
를 기억하고 있는데, 홀로 어느 고요한 곳에서 골똘히 선정에 들
어 사유하다가 이렇게 생각했다. "어떤 법이 있기 때문에 늙음과
죽음이 있으며, 어떤 법을 인연하기 때문에 늙음과 죽음이 있는
것일까?" 곧바로 바른 사유에 의해 바른 [해답이] 연이어 일어났

다. '태어남이 있기 때문에 늙음과 죽음이 있고, 태어남을 인연하기 때문에 늙음과 죽음이 있다.'[192] … 나는 그 때 다시 이렇게 생각하였다. '어떤 법이 없기 때문에 이 늙음·병듦·죽음이 없으며, 어떤 법이 소멸하기 때문에 늙음·병듦·죽음이 소멸하는가?' 곧바로 바른 사유에 의해 바른 [해답이] 연이어 일어났다. '태어남이 없으면 늙음·병듦·죽음이 없고, 태어남이 소멸하면 늙음·병듦·죽음이 소멸한다.'[193]

석존에 따르면 정각을 성취하지 못했을 때 죽음은 불가피한 운명이다. 그러나 올바른 사유와 지혜의 힘에 의해 죽음의 실상에 대해 골똘히 사유하면[專精禪思] 죽음은 고정불변의 실체가 아닌 '태어남生'이라는 조건에 의해 연기緣起된 인연소생법因緣所生法이다. 즉 죽음은 죽음 그 자체로써 존재하는 실유實有가 아닌 반드시 태어남이라는 조건을 반연攀緣하여 존재하는 가유假有인 것이다.[194] 따라서 죽음은 태어남이 없으면 소멸될 수 있는, 다시 말해 '불가피한 대상'이 아닌 '극복될 수 있는 대상'이다. 즉 미혹한 중생들에게 죽음은 '필사必死'이지만 정각을 성취한 성자에게 죽음은 '불사不死'인 것이다.

이것은 4성제에서 괴로움과 괴로움의 원인에 대한 분석인 고성제와 집성제 이후, 괴로움의 소멸과 그 방법을 의미하는 멸성제와 도성제가 제시되는 사실을 통해서도 확인할 수 있다. 즉 불교에서는 '죽음'이라는 기표記表에 '불가피한 대상'과 '극복될 수 있는 대상'이라는 이중적인 기의記義를 부여하고, 미혹한 중생으로 하여금 육체적인 영생으로서가 아닌 죽음에 대한 심리적 인식의 전환을 통해 깨달음의 길을 제시한다. 다시 말해 석존은 자신의 구도求道의 동인이자 성도成道의 근본내용이었던 '죽음'을, 미혹한 중생

들로 하여금 괴로움의 세계에서 깨달음의 세계로 인도하기 위한 대기설법
對機說法의 핵심으로 삼고 있다. 이런 이유에서 죽음은 불교 교학의 출발점
이자 종착점이다.

3. 죽음에 대한 해석

　생명체의 끝 '죽음'의 정의에 대해는 인문학적·사회학적·종교학적·의
학적으로 다양한 지평들로부터 각기 다른 해석이 있다. 하지만 모든 지평
이 완벽하게 공감하고 동의하는 해석은 아직까지 존재하지 않는다. 세계
보건기구WHO에서는 생명체의 죽음을 "소생할 수 없는 삶의 영원한 종말"
이라는 다소 포괄적 의미에서 정의 내리고 있다. 이러한 해석을 토대로 21
세기 근대과학의 한 분야로 우리의 삶에서 그 권위와 지위를 인정받고 있
는 현대의학[195]은 임상병리학의 다양한 사례를 근거로 죽음을 '심폐기능사
心肺機能死', '뇌사腦死', '세포사설細胞死說' 등으로 대별하여 그 정의를 내린
다.[196] 그러나 죽음에 대한 이러한 의학의 유물론적 이해는 결코 죽음의 참
된 의미를 말해주지 못하며, 오히려 우리들의 시선으로부터 죽음을 가리
는 상황을 만든다. 즉 개인의 죽음을 사회적으로 변형시킴으로써 이를 통
해 권력을 발휘하는 것은, 마치 서구사회에서 이성이 광기를 억압하며 이
를 병원 안에 가두어버림으로써 광기에 대한 권력관계가 등장한 것과 유사
하다.[197] 이토록 죽음에 대해 합의된 정의를 내릴 수 없는 것은 죽음이 개인
의 실존적 문제에서 촉발되며, 특히 죽음이 지닌 비가역성非可逆性의 특징
을 포함해 '죽음'이라는 이름에는 복합적이고 중층적인 의미가 함축되어
있기 때문이다. 그렇다면 불교에서는 이러한 죽음을 어떻게 해석하고 있을
까? 『잡아함경』 제21권에서는 죽음에 대해 다음과 같이 기술하고 있다.

　목숨[壽]과 체온[暖]과 의식[識]은 육신이 사라질 때 함께 사라진

다. 그 육신은 흙더미 속에 버려져 목석木石처럼 마음이 없다. … 목
숨과 체온이 사라지고 모든 근根들이 파괴되어 육신과 목숨이 분
리되는 것을 '죽음'이라고 한다.[198]

상기 경문은 불교에서 다양한 해석의 경증經證으로 사용되는 석존의 죽
음에 대한 최초 언급이다. 경문에 따르면 죽음은 목숨과 체온과 의식이 육
신과 분리되는 것을 지칭한다. 그런데 이러한 죽음의 정의에서 눈여겨 볼
것은 그 정의에 체온[暖]·감각기관[根] 등의 '신체기능body function'과 함
께 의식[識]이라는 고차원적인 '인지기능person function'이 포함되어 있다
는 것이다. 이것은 셸리 케이건Shelly Kagan이 죽음의 순간을 인간의 기능을
신체기능과 인지기능의 두 축으로 대별한 뒤 '나의 존재', '나의 죽음', '나
의 육체의 존재', '나의 육체의 죽음' 등의 다양한 변수를 나열하면서 죽음
에 대해 심층적인 논의를 한 내용과 비교해볼 만하다.[199] 셸리 케이건의 논
의를 석존이 내린 죽음에 대한 정의와 연계해보면, 석존은 인지기능과 신
체기능 모두의 소멸, 곧 '나[我]'와 '나의 육체[我所]' 모두의 소멸을 죽음
으로 해석하고 있다. 이러한 석존의 해석은 '석존의 교설에 대한 해석'을
교학의 일차적 과제로 삼았던 아비달마불교abhidharma buddhism에 이르면
보다 심층적·입체적인 해석으로 확장되는데, 아비달마불교의 대표적 부파
인 설일체유부說一切有部는 『구사론俱舍論』에서 상기 경문을 전거典據로, 다
음과 같이 죽음에 대한 실재론적인 분석한다. 분석은 불교 내에서 그들의
강력한 대론자對論者였던 경량부經量部와의 대론 형태로 기술되고 있다.

　유부
　: 명근命根의 본질은 목숨[壽]이다. 그러므로 대법對法에서 "무엇을
　　명근이라고 하는가? 3계界의 목숨을 말한다."라고 하였던 것이다.

경부

: 이 또한 잘 알지 못하겠다. 어떤 법을 목숨이라고 하는가?

유부

: 이를테면 어떤 별도의 법[別法]이 체온과 의식을 유지하는 것을 목숨이라고 한다. 그러므로 세존께서도 "목숨, 체온, 의식 이 3가지 법이 몸을 버리게 될 때, 버려진 몸은 쓰러져 아무 생각도 없는 목석木石과 같다."고 말씀하셨던 것이다. 그러므로 어떤 별도의 법이 있어 체온과 의식을 유지하여 상속하게 하고 지속하게 하는 근거를 설하여 '목숨'이라고 한다.

경부

: 만약 그렇다면 이러한 목숨은 어떤 법에 의해 유지되는가?

유부

: 바로 체온과 의식이 다시 이러한 목숨을 유지시킨다.

경부

: 만약 그렇다면 이 3가지 법은 [마치 3개의 발이 있는 솥이 넘어지지 않듯이] 서로가 서로를 유지시켜 상속相續·전생轉生하게 하기 때문에 어떠한 법이 먼저 소멸해야 이것의 소멸로 말미암아 나머지 두 법도 따라 소멸하겠는가? 즉 이 3가지 법은 마땅히 항상하여 낙사落謝함이 없어야 하는 것이다.

유부

: 이미 그렇다고 한다면 이러한 목숨은 업業이 유지하게 한다고 해

야 할 것이다. 왜냐하면 업에 따라 인기引起되어 상속·전생하기
때문이다.[200]

유부에 따르면, '명근命根, jīvitva'이란 업에 의해 인기되어 안처眼處·이처
耳處·비처鼻處·설처舌處·신처身處·의처意處 등의 6처處 등을 끊임없이 상속
하게 함으로써 모든 유정有情들로 하여금 일생동안 그들의 생존을 가능하
게 하는 원리로서 '목숨壽, āyus'을 지칭한다. 그리고 이러한 목숨은 체온과
의식으로 구성되어 있는데, 유부는 목숨이라는 별도의 법[別法]이 실재하
기 때문에 체온과 의식을 유지하여 상속·지속하게 한다고 생각했다. 상식
적으로 목숨·체온·의식은 마치 3개의 발이 있는 솥이 넘어지지 않듯이 서
로를 유지시켜 상속·전생하지만, 유부의 교학 체계에 따르면 일체의 모든
의식들은 처음부터 끝까지 항상 업의 이숙異熟이 아니기 때문에 업에 의해
유지될 수 없고, 또 의식이 무색계無色界 중에 있을 때는 체온이 존재하지
않기 때문에 의식은 유지될 수 없다.[201] 따라서 유부는 한결같지 않은 의식
의 흐름을 가능하게 하는 힘으로서 '목숨命根'이라는 별도의 법을 상정해야
했다. 그리고 이를 색법色法도 심법心法도 아닌 일종의 생멸生滅·변천變遷하
는 개별적인 힘[원리]으로 정의되는 '심불상응행법心不相應行法'[202]이라는
범주에 포섭시켰다. 다시 말해 인간의 생명을 유지하게 하는 것은 '목숨'이
라는 일종의 힘[원리]이며, 이러한 목숨은 체온과 의식으로 이루어지기 때
문에 체온과 의식이 육신으로부터 사라질 때 목숨 역시 파괴되며, 그리고
이러한 때를 '죽음'이라고 정의한다.[203]

이처럼 불교에서 규정하는 죽음은 인간 존재의 신체기능의 파괴뿐만 아
니라 인지기능, 곧 의식의 파괴까지 포함하는 넓은 개념으로, 이것은 앞서
현대의학에서 정의하는 심장사·세포사와 함께 뇌사까지도 포함하는 포괄

적 개념으로 볼 수 있다. 따라서 불교에서의 죽음은 생리적 현상뿐만 아니라 정신적 현상으로 이해해야 한다. 즉 죽음은 신체기능 뿐만 아니라 인지기능에 의해 유지되는 목숨을 지닌 생명체가 전변轉變하는 과정 가운데 하나인 것이다. 결국 목숨의 지속·유지·파괴가 삶과 죽음을 결정하는 것인데, 앞서 경문을 통해서 확인하였듯이 유부에 따르면 이러한 목숨은 업에 의해 인기되어 상속·전생하기 때문에 업의 세력[業力]이 존속하는 동안은 그 업의 세력의 변화에 따라 삶과 죽음도 변화의 과정에 있을 수밖에 없다. 이러한 생명체의 전변과정은 인간 존재를 일종의 신체기능[色]과 인지기능[受·想·行·識]을 의미하는 5온蘊의 취합[蘊]으로 규정하고 인간 존재의 생사유전을 생유生有·본유本有·사유死有·중유中有의 4가지 존재형태로 설명하는 '4유설有說'로 제시되었다. 여기에서 생유는 유정의 생명이 모태에서 수태受胎되는 찰나를 말하며, 본유는 생명이 수태된 후 발육·성장하여 임종 직전까지의 삶을 말하고, 사유는 임종의 순간을, 중유는 이 사유로부터 다시 생명이 결성되는 생유 사이를 말한다.[204] 그리고 다음 생의 생유의 수태는 『중아함경』에 따르면 ①부모의 회합會合과 ②어머니의 월경[배란], 그리고 ③중유[香音]의 3가지[事]가 합해져서 이루어진다.[205] 이러한 4유설은 앞서 고찰하였듯이 초기불교에서 태동되어 아비달마불교 시대에 확립된 이론으로, 티벳불교의 환생설還生說을 비롯한 불교 윤회설의 기본 패턴이 되었다. 일체 유정은 이러한 4가지 존재양태에 의해 3세에 걸쳐 생사유전을 거듭하며, 그 밑바탕에는 석존의 깨달음으로 평가되는 12연기緣起가 있다.

생명체가 생성生되고 소멸死하는 것은 시간적으로 연속적인 윤회의 흐름 속에 전개되며, 이런 이유에서 불교의 죽음에 대한 해석도 연기적 존재론의 맥락에서 파악해야 한다. 그리고 12연기설緣起說은 3세에 걸친 연속적 현상으로 해석할 수도 있고 인간의 마음에서 찰나에 전개되는 심리적 현상으로 해석할 수도 있는데, 이런 이유에서 죽음에 대한 불교의 해석은 결국 마음의 문제로 귀결되며 그 해결과 극복 역시 마음에 의해 이루어진다고 할 수 있다.

4. 죽음의 극복

플라톤Platon, B.C.E 427~347은, "철학한다는 것은 곧 죽음의 훈련이며 죽음을 배우는 길이다."라고 하였으며, 전위훈은 앞서 소개하였듯이 "'사람은 평등하게 태어난다'는 명제는 죽음학의 사실적 기점이고, '사람은 반드시 죽음을 극복해야한다'는 명제는 죽음의 이상적인 종점이다"라고 하였다. 인간 존재가 불가피하게 대면해야 하는 '죽음'을 극복하기 위해 그 동안 종교는 물론 철학에서도 많은 이론과 그 대안이 강구되어 왔다. 예컨대 인간 존재를 '죽음에의 존재'로 규정한 하이데거는 죽음은 인간이 원해서 얻은 숙명이 아닌, 이유도 없이 인간에게 주어진 것이기 때문에 죽음은 인간을 인간이게끔 만드는 가장 독특한 현실이며, 이러한 죽음을 어떻게 맞이하는가에 따라 '진정한 삶authetic existence'과 '거짓된 삶inauthentic existence'으로 대별된다고 말한다. 그에 따르면 인간 존재는 결코 죽음을 회피할 수 없으며, 정면으로 대면하여 그것을 수용하고 인정할 때만이 니체가 말하는 '자유로운 죽음'을 맞이하는 '진정한 삶'을 갖게 된다.[206] 이렇게 볼 때 죽음은 인생에서 의미있는 부분이고, 성장을 촉진시키는 단계이다. 따라서 죽음에 대해 연구하고 체험하는 것은 이 세상에서의 삶을 풍요롭고 의미있게 하는데 도움을 줄 수 있다. 또한 죽음을 인생의 완전체를 이룩하는데 절대 필요한 구성요소로써 이해하고 받아들이기 위해서는 그것을 직시할 필요가 있다.[207]

죽음을 교학의 출발점이자 종착점으로 삼고 있는 불교 역시 죽음의 극복에 대한 방법을 제시한다. 앞서 말하였듯이 석존은 인간 실존의 궁극의 괴로움인 죽음을 극복하기 위해 출가하였으며, 반드시 금생에 죽음을 극복하여 더 이상 윤회하지 않고 해탈하겠다는 굳은 바람으로 6년간 수행을 통해 인간 존재의 실존적 번뇌인 죽음을 완전히 해결하고 붓다buddha, 覺者가 되었다. '불교佛敎'는 '붓다[佛]의 가르침[敎]'인 동시에 '붓다[佛]가 되는 가르침[敎]'이며, 따라서 그의 가르침의 중심에는 출가의 동기이자 목적인 죽음의 극복이 기초한다. 석존의 깨달음의 근본이라 여겨지는 '연기법緣起法, pratīytasamupāda dharma', 특히 초기불교에서 연기법의 정형화된 형태로 제시된 '12연기설緣起說'에는 이러한 죽음의 극복에 대한 과정과 그 방법이 함축적으로 표명되어있다.

> 이것이 있기 때문에 저것이 있고, 이것이 생하기 때문에 저것이 생한다. 무명無明을 반연하여 행行이 있고, 행을 반연하여 식識이 있으며, 식을 반연하여 명색名色이 있다. 명색을 반연하여 6처處가 있고, 6처를 반연하여 촉觸이 있고, 촉을 반연하여 수受가 있으며, 수를 반연하여 애愛가 있고, 애를 반연하여 취取가 있으며, 취를 반연하여 유有가 있다. 유를 반연하여 생生이 있으며, 생을 반연하여 늙음[老]·죽음[死]·근심[憂]·슬픔[悲]·고통[苦]·번뇌[惱]의 고온苦蘊의 집集이 있게 된다.[208]

상기 경문은 불교에서 통상적으로 '순관順觀' 혹은 '유전문流轉門'이라 명명하는 내관內觀인데, 죽음 그 자체는 고정불변의 독자적인 실체[實有]가 아닌 근본적으로 무명에 그 원인을 두고 있는 인연소생법[假有]임을 확인케 해준다. 무명은 경전에 따르면 고苦·집集·멸滅·도道의 4성제와 무상無常·고苦·무아無我 등의 3법인法印, 그리고 석존 깨달음의 근본인 연기법 등에 대한 무지를 말하는데, 이러한 무명에 의해 행→식→명색 등을 거쳐 궁극에는 죽음에 이르는 현실의 괴로운 세계가 전개되고 영겁永劫의 윤회가 일어나게 된다.[209] 따라서 죽음을 극복하기 위해서는 그것의 인因과 연緣에 대한 소멸이 필요하다.

> 이것이 없기 때문에 저것이 없고, 이것이 멸하기 때문에 저것도 멸한다. 무명이 멸함으로써 행이 멸하고, [행이 멸함으로써 식이 멸하며, 식이 멸함으로써 명색이 멸한다. 명색이 멸함으로써 6처가 멸하고, 6처가 멸함으로써 촉이 멸하며, 촉이 멸함으로써 수가 멸하고, 수가 멸함으로써 취가 멸한다. 취가 멸함으로써 유가 멸하고, 유가 멸함으로써 생이 멸하며,] 생이 멸함으로써 늙음·죽음·근심·슬픔·고통·번뇌의 고온苦蘊의 멸滅이 있게 된다.[210]

무명에 의해 행→식→명색…생→노사가 있기 때문에 죽음을 극복하기 위해서는 근인近因으로는 생의 소멸을, 원인遠因으로는 무명의 소멸이 필요하다. 12연기의 출발이 번뇌의 근본인 무명에 의해 촉발되기 때문에 죽음에 기초한 현실세계의 괴로움은 결국 무명의 소멸에 의해 이루어지며, 따라서 무명에 의해 행→식→명색…생→노사의 소멸이 있게 된다.

불교에서는 이러한 내관을 통상적으로 '역관逆觀' 혹은 '환멸문還滅門'이라 명명하는데, 석존의 성도는 일반적으로 이러한 '역관' 혹은 '환멸문'을 통해 이루어진 것이라고 간주된다. 그런데 여기에서 유의할 사실은 12연기를 통해 이루어진 죽음의 극복이 육체적 불사不死·영생永生을 의미하지는 않는다는 것이다. 이것은 인간 존재의 본질을 신체기능과 인지기능을 의미하는 5취온으로 간주하고 있는 경증과 특히 성도를 통해 죽음을 극복한 석존 자신도 중생 교화의 전도여행 중 80세에 쌍림雙林에서 열반하였다는 사실을 통해서 확인할 수 있다. 따라서 무명의 소멸을 통해 이루어지는 죽음의 극복은 육체적·생리적 현상이 아닌 정신적·심리적 현상이며, 결국 죽음의 문제는 정신적·심리적 변화를 통한 사물의 진실상眞實相에 대한 깨달음[正覺]을 통해서만 해결될 수 있다. 우리가 두려워하고 불안해하는 죽음은 우리의 내부에 있는 것이며 '죽음'이라는 사건 자체에 있는 것이 아니다. 죽음은 '생'을 조건으로, 궁극에는 '무명'을 조건으로 생기한 인연소생법에 불과할 뿐이다. 그런데 우리에게 죽음이 공포와 불안으로 다가와 괴로운 것은 무상無常, anicca한 세계를 영원으로 붙잡으려는 우리의 집착과,[211] 모든 존재法에는 고정불변의 실체가 없다는 무아無我, anattā의 원리를 모르는 그릇된 세계관을 갖고 있기 때문이다.

> 비구들이여! 색色은 무상無常하다. 무상한 것은 괴로움[苦]이다. 괴로움인 것은 '무아無我'이다. 무아인 것은 또한 '나의 것[我所]'이 아니다. [이것은 '내'가 아니고, 이것은 '나의 것'이 아니다.] 이와 같이 관찰하는 것을 '진실정관眞實正觀'이라고 한다.[212]

석존은 모든 현상적 존재의 영원불변성을 철저하게 부정했다. 색을 포함해 인연因緣에 의해 지어진 모든 존재[有爲法]들은 무상하며, 모든 존재들은 그저 끊임없이 변화하고 흘러갈 뿐이다. 그러나 이러한 실상實相을 망각한 채 영원에 대해 집착할 때, 우리는 스스로 괴로움의 사슬에 결박되고 만다. 그런데 '괴로움인 것'은 무자성無自性·무실체성無實體性의 '무아'이며, 따라서 그것은 '나의 것'이 아니다. 그런데 우리는 '나의 것'이 아님에도 마치 '나의 것'인 것 마냥 전도顚倒하여 망상하고 집착한다. 불교에서 말하는 현실의 실상에 기초하면 인생의 모든 괴로움은, 실제로는 변화하지 않는 것이 없음에도 고정된 실체가 있는 양 그 실체에 집착하는데서 기인한다. 그러므로 변화하지 않는 고정된 실체가 없음을 스스로 깨닫고, 무상을 현상세계의 본래 모습으로 진지하게 인식하면 괴로움은 불식된다. 죽음 역시 변화의 한 과정일 뿐이며, 죽음에 대한 괴로움은 사실 실재의 영원성에 대한 집착에서 비롯된다. 그리고 그 원인은 바로 무명이다.

따라서 불교에서 제시하는 죽음에 대한 극복은 육체적 불사·영생으로서가 아닌 무명의 제거를 통한 정신적·심리적 전환을 통해서이다. 석존은 제법의 실상에 대해 여실하게 올바르게 관찰[眞實正觀]함으로써 죽음에 대한 모든 사견邪見들을 물리치는 길을 제시한다. 특히 삶being의 상대적인 개념으로서의 죽음dying을 소멸하는 것으로 불사不死를 얻으려는 것이 아닌, 태어남生과 죽음死을 모두 소멸함으로써 불생불멸不生不滅을 성취하려는 불교의 관점은 오늘날 웰빙과 웰다잉문화 활성화에 중요한 단초를 제공할 것이라 생각된다.

5. 웰다잉에 대한 불교적 해석과 제언

'웰다잉'은 최근 안락사 문제를 통해 대두된 인간 죽음의 존엄성에 대한 논의와 함께 등장하였다. 2009년 2월 선종善終한 故김수환 추기경은 2008년 말부터 인공호흡기 같은 기계적 치료로 무의미한 연명치료를 거부하고 자연스럽고 존엄한 죽음을 몸소 실천함으로써 우리에게 참된 죽음true dying의 의미를 되새기게 했다. 또한 2009년 2월, 환자 김모씨의 가족이 세브란스 병원을 상대로 낸 연명치료 중단 민사소송에서 서울고등법원이 환자의 연명치료를 중단하라는 판결을 내림으로써 존엄사尊嚴死와 안락사에 대한 사회적 공론을 일으켰다. '웰다잉'[213]은 그 어의대로 '좋은 죽음'을 의미하며, 이런 맥락의 연장선상에서 통상 '준비된 죽음', '품위 있는 죽음', '아름다운 죽음'을 지칭한다. 그렇다면 '좋은 죽음'을 맞이하기 위해서 우리는 무엇을 해야 할까?

현재 웰다잉을 위한 대부분의 교육은 주로 죽음교육에 초점 맞추어져 있다. ①임사체험, ②사전의료의향서Advance Directives[214] 작성, ③죽음관련 법률의 이해와 유언장 작성, ④자신의 장례계획 세우기 등 죽음의 본질적인 의미보다는 주로 지엽적인 방법에 그 무게중심을 두고 있다.[215] 그러나 '좋은 죽음'을 맞이하기 위해서는 '죽음'에 대한 명확한 이해가 선행되어야 한다. 이런 맥락에서 '죽음'을 그 출발점으로 그리고 '죽음의 극복'을 그 종착점인 종교적 이상으로 삼고 있는 불교의 죽음관은 웰다잉의 담론에 많은 시사점을 제시한다. 불교는 특히 현재 웰다잉을 위한 죽음교육의 핵심인 '죽음불안death anxiety'의 극복에 대해서도 많은 영감과 시사점을 제시한다. 현재 죽음불안에 대한 논의는 주로 죽음불안의 유형을 분석하는 것에 초점이 맞추어져 있다. 예컨대 알폰스 데켄Alfons Deeken은 죽음불안을 '고통에 대한 불안'을 포함한 6가지로 설명한다.[216] 톨슨Thorson과 파웰Powell은 죽음불안을 '소멸과 불확실성에 대한 공포'를 포함하여 7가지로 설명하고 있고,[217] 또 템플러Templer는 '죽음불안척도Death Anxiety Scale'를 구성하면서 죽음불안을 '죽음상태에 대한 두려움'과 '죽어가는 과정에 대한 두려움'을 포함하는 것으로 보고 있다.[218] 그러나 우리가 궁극적으로 죽음불안을 경험하는 것은 로마의 철학자 에픽테토스Epictetus의 "죽음이 두려운 것이 아니라 죽음에 관한 관념이 두려울 뿐이다."[219]는 언급처럼, 바로 죽음에 대한 우리의 잘못된 관념 때문이다.

누구나 언젠가 죽음에 이르지만, 실제로 자기 자신의 죽음을 체험할 수 있는 사람은 없다. 왜냐하면 죽음은 삶의 끝으로, 반복될 수 없기 때문이다. 따라서 결국 우리가 체험하는 것은 자기 자신의 죽음이 아닌 다른 사람의 죽음 뿐이며, 이와 같이 다른 사람의 죽음으로 체험하는 죽음의 의미는 대부분 이별의 아픔과 분노·공포·절망 등으로 남아, 사랑하는 사람과의 영원한 이별·자신의 완전한 소멸에 대한 공포 등 심리적인 고통과 함께 죽음을 두려워하게 하는 주된 원인이다.[220] 불교는 이러한 죽음불안의 본질을 일찍이 간파했기 때문에 앞서 고찰하였듯이 죽음의 극복은 육체적·생리적인 영생으로서가 아닌 무명의 소멸을 통한 죽음의 진실상眞實相에 대한 깨달음[正覺]을 통해서만 가능하다고 본다. 따라서 죽음불안은 우리 내부의 정신적·심리적 현상일 뿐, '죽음'이라는 사건 자체에 있는 것이 아니며, 죽음불안의 근본원인인 무명의 소멸을 통해서만 가능하다.

특히 불교에서는 죽음불안의 극복을 위한 그 구체적인 방법으로 고집멸 도성제에서 8정도正道를 제시하는데, 주지하듯 8정도는 정견正見: 올바른 견 해·정사유正思惟: 올바른 사유·정어正語: 올바른 말·정업正業, 올바른 행위·정명正命: 올바른 생활·정정진正精進: 올바른 정진·정념正念: 올바른 기억·정정正定: 올바른 선정 을 말한다. 이것은 죽음을 궁극으로 하고 있는 인간 괴로움은 무명에 기초 해서 탐貪·진瞋·치癡의 3독毒이라든가 욕애欲愛·유애有愛·비유애非有愛와 같 은 맹목적인 번뇌에 의해 일어나므로, 석존의 깨달음의 근본인 연기법을 기초로 성립된 3법인 등의 진리를 중심으로 정견을 비롯한 8가지의 방법 으로 올바른 삶을 살아갈 때 비로소 번뇌가 단멸斷滅되고 죽음 등의 괴로움 을 극복할 수 있다. 다시 말해 8정도는 '좋은 죽음well dying'을 위해서는 역 설적으로 반드시 '좋은 삶well being'이 선행되어야 함을 말해주고 있다.

종종 서양에서는 'well dying'을 'defining wellness through the end of life[죽음을 통한 좋은 삶 찾기]'로 이해하고 'dying well'이라는 표현을 사용하기도 하는데, 이것은 웰다잉의 기본개념인 '죽음교육death education'의 목적과 그 의미가 맞닿아 있다. '죽음교육'은 죽음을 올바르게 이해함으로써 보다 의미 있는 삶을 살도록 하고 죽음을 편안하게 맞이할 수 있도록 돕는 삶의 준비교육으로, 삶의 완성을 위한 선택과목이 아닌 필 수과목이다.[221] 죽음은 바로 삶의 문제이다. 죽음 뒤를 궁금해 하기보다는 지금 내 삶이 어떠한지 내 자신에게 되물어야 한다. 왜냐하면 인간 누구나 자신이 살아왔던 방식 그대로 죽기 때문이다. 따라서 역설적이지만 죽음준 비는 삶을 준비하는 것 이외에 다른 것일 수 없으며, 잘 사는[well being] 사람만이 잘 죽을 수 있고[well dying] 반대로 잘 죽기 위해서는 잘 살아야 한다.[222] 앞서 고찰하였듯이 불교에서는 삶being과의 상대적인 개념으로서의 죽음dying을 소멸하는 것으로 불사不死를 얻는 것이 아닌, 삶生과 죽음死을 모두 소멸함으로써 불생불멸不生不滅을 성취하려고 하고 있다. 물론 여기에서의 삶과 죽음은 무명에 의해 전도된 삶과 죽음을 말하며, 불교는 8정도를 통해 무명을 소멸하고 명明을 밝혀 삶과 죽음에 대한 진실상을 깨달음으로써 생사 모두를 해탈하기를 끊임없이 독려하고 있다.

삶과 죽음은 독립된 실체가 아니다. 삶과 죽음은 연기된 상호의존적인 것이다. 삶은 죽음을 내포하고 있기 때문에[生卽死] 죽음을 내포하고 있는 이 삶의 진실을 명확하게 이해하는 것은 곧 죽음을 극복하는 것이 된다[死卽生]. 즉 죽음이 필연적일 수밖에 없는 삶의 실상을 알면 곧 영원히 사는 것이 된다는 '생즉사 사즉생生卽死 死卽生'의 논리가 성립된다. 이 '생즉사 사즉생' 논리에서의 핵심은 동일성인데, 이 동일성이 중요한 이유는 죽음 하나만을 개념화하지 않기 때문이다. 즉 죽음을 삶에서 떼어내어 특수화하지 않는 것. 심리적으로 죽음을 극복하기 위해서는 죽음을 개념화하지 않는 것이 가장 중요한데, 그 이유는 죽음에 대한 공포의 원인이 죽음의 개념화에 있기 때문이다. 이러한 동일성은 절대적으로 비객체非客體이고 절대적으로 객체화시킬 수 없다. 어떤 관점에서 그것을 객체의 영역으로 받아들인다면, 그것은 곧바로 절대적 동일성을 상실하고 개념적 사고의 대상이 된다. '생生'과 '사死'처럼 본질적으로 대립되는 요소의 본질적인 '불가분리성不可分離性', 곧 '절대적 동일성'은 그들의 비객체적 성격에 주의를 기울이지 않고서는 이해할 수 없다. 이해는 인간 존재 내에서 즉각적인 경험을 통해 실존적으로만 가능하다. 그리고 기본적으로 종교의 영역에서 이루어진 경험을 통해 가능하다. 이는 곧 죽음의 극복이 각자의 내적체험에 달려 있음을 뜻한다.[223) 불교에서는 이러한 내적체험에 의해 동일시된 '생生'

과 '사死'를 '열반涅槃'이라고 표현하기도 하는데, 이것은 객관적 현상세계를 말하는 것이 아닌 인간 내면에 인식된 진실세계, 곧 죽음이 극복된 세계를 말한다. 이런 이유에서 불교에서 '불사不死'는 '열반涅槃'과 동일한 의미로 이해된다.[224]

불교에서 열반은 불교가 지향하는 이상적 경지이다. 열반은 불사, 곧 죽음의 극복을 의미하기 때문에 열반을 지향하는 모든 수행은 직접적 또는 간접적으로 죽음의 극복을 위한 수행이 된다. 4성제에서 죽음을 포함한 괴로움을 소멸하는 방법으로 제시된 8정도를 포함해 초기불교의 대표적인 수행방법으로 손꼽히는 '37조도품助道品'—4념처念處·4정근正勤·4여의족如意足·5근根·5력力·7각지覺支·8정도正道—모두 죽음의 극복, 곧 웰다잉을 위한 수행법이 될 수 있다. 특히 이외에도 '죽음'을 직접적인 주제로 삼는 수행법으로 죽은 시체를 관찰하는 방법인 '부정관不淨觀'[225], 죽음에 대한 명상인 '염사念死' 혹은 '사념死念'[226], 그리고 죽음을 상기想起하는 수행인 '사상死想'[227] 등이 있는데, 이러한 수행법들은 특히 임사체험·사전의료의향서 작성 등을 포함해 현재 웰다잉을 위해 행해지는 지엽적인 방법들이 간과하는 웰다잉의 핵심인 죽음의 본질적인 의미 탐구와 죽음불안을 해소하는데 일조할 수 있다. 아울러 불교 죽음관의 종교 교육적 의미는 향후 한국에서 웰다잉 문화형성을 위해 본격적으로 시행해야할 죽음교육에 상당한 시사점을 제공해 주리라 생각한다.[228]

서구에서는 1960년대부터 죽음을 교육과정화하여 대학의 주요 교양과목으로 <Death and Dying> 등의 교과목을 개설하였으며, 최근 일본에서도 공교육의 위기를 극복하기 위해 죽음교육을 공식 교육과정으로 채택하기 시작했다. 학교에서의 죽음교육은 삶의 본질에 대한 사유와 삶의 의미를 재발견하는 종교적 교육의 주요주제가 될 수 있다. 지금까지 죽음은 임종의학이나 생리학의 일부, 또는 예술과 인류학의 분야로 다루어져 왔으나, 이제는 공교육에서는 물론 평생교육의 일환으로 교육과정화 해야 할 것이다. 이런 맥락에서 '생사해탈生死解脱'이라는 어려운 수행이 요구되기는 하지만 3세에 걸친 인과因果의 논리와 죽음에 대한 철저한 인식, 생사를 초월한 완전한 현실 긍정의 삶을 추구하는 하는 불교의 죽음관은 불교를 넘어 보편적인 '종교적 교육education of the religious'의 지평을 제시해 줄 수 있을 것이다.[229]

6. 맺기

지금까지 최근 인간 죽음의 존엄성에 대한 관심과 함께 대두된 웰다잉의 담론에 '죽음'을 교학의 출발점으로, 그리고 '죽음의 극복'을 교학의 종착점으로 삼고 있는 불교의 죽음관이 어떠한 기여를 할 수 있을지 면밀히 고찰하였다. '좋은 죽음well dying'을 맞이하기 위해서는 무엇보다 죽음에 대한 명확한 이해가 선행되어야 하며, 이런 맥락에서 무명의 소멸을 통해 죽음의 실상에 대한 명확한 통찰을 요구하는 불교의 죽음관은 웰다잉의 담론에 많은 시사점을 제시해 주었다.

특히 죽음의 극복을 육체적·생리적 영생으로서가 아닌 정신적·심리적 현상으로 해석하고, 죽음의 문제는 정신적·심리적 변화를 통한 사물의 진실상眞實相에 대한 깨달음[正覺]을 통해서만 해결된다고 본 불교의 견해는 오늘날 죽음교육의 핵심인 죽음불안의 극복에서도 많은 시사점을 제시해 준다. 특히 '삶'의 상대적인 개념으로서 '죽음'을 소멸하는 것으로 불사를 얻으려는 것이 아닌, '삶'과 '죽음'을 모두 소멸함으로써 '불생불멸不生不滅'을 성취한다는 불교의 견해는 대부분의 종교나 철학의 영생론永生論에는 없는 불교만의 독특성을 나타낸다. 아울러 '불사不死'를 '열반涅槃'과 동일한 의미로 이해하는 불교에서 열반을 향한 모든 수행법은 직접 또는 간접적으로 죽음의 극복을 위한 수행법이 될 수 있다. 특히 '죽음'을 직접적인 주제로 삼는 부정관不淨觀·염사念死·사상死想 등의 수행법은 임사체험·사전의료의향서 작성 등 오늘날 웰다잉을 위해 행해지는 지엽적인 방법이 간과하는 웰다잉의 핵심, '죽음'이 함축하고 있는 본질적인 의미 탐구와 죽음교육의 핵심인 죽음불안을 해소하는데 일조할 수 있다고 생각한다. 나아가 불교의 죽음관이 지닌 종교 교육적 의미는 향후 한국에서 웰다잉 문화형성을 위해 본격적으로 시행해야할 죽음교육에 상당히 많은 시사점을 제공한다. 물론 '생사해탈'이라는 어려운 수행이 요구되기는 하지만 3세에 걸친 인과의 논리와 죽음에 대한 철저한 인식, 생사를 초월한 완전한 현실 긍정의 삶을 추구하는 하는 불교의 죽음관은 불교를 넘어 보편적인 '종교적 교육'의 지평을 제시해 줄 수 있으리라 생각된다.

다섯 번째 산책
유교의 인성론

산책을 시작하며

　인간의 본성에 대한 물음은 철학은 물론 종교지평에 있어서도 매우 중요한 주제 가운데 하나이다. 왜냐하면 그 답변에 따라 인간 자체는 물론 인간이 구성하는 공동체에 대한 규정과 운영 방식이 결정되기 때문이다. 그런 관점에서 철학을 비롯해 기독교, 불교, 유교 등 모든 종교지평에서는 저마다 인간의 본성에 대한 이론체계를 가지고 있다.

　이 가운데 '인성론人性論'은 인간의 본질과 속성에 관한 유가의 대표적인 이론 체계이다. 유가의 인성론은 공자의 "성性은 서로 가깝지만 습習에 따라 서로 멀어진다."는 언급으로부터 출발된 이래 선·악의 문제를 주축으로 비교적 다양한 관점으로 그 논의가 전개되었는데, 여기에서는 그중 가장 첨예하게 대립했던 맹자의 성선설과 순자의 성악설에 대해 고찰하였다.

　맹자는 인간의 본성을 생물학적인 본능이 배제된, 본래부터 갖추어진 도덕성으로 여기는 성선설을 주장하였던데 반해 순자는 고자의 '성무선무불선설性無善無不善說'을 부분적으로 흡수하여 생물학적인 본능을 인간의 본성으로 여기는 성악설을 정초하였는데, 이러한 두 이론의 차이와 대립은 성에 대한 해석의 차이와 각각 덕치와 예치를 통해 선한 공동체를 이루고자 하는 방법의 차이에서 기인한다.

1. 들어가기

　인성론人性論은 인간의 본질과 속성에 관한 유가의 대표적인 이론 체계이다. 유가의 인성론은 춘추시대 '애인愛人'혹은 '중민重民'사상 등을 배경으로 점차 이론화되기 시작했는데, 본격적인 논의를 촉발시킨 것은 공자孔子, B.C.E 551~479년의 "성性은 서로 가깝지만 습習에 따라 서로 멀어진다."[230)231)]는 구절이다. 공자 이후 유가의 인성론은 인간이 공통적으로 가지고 있는 선천적 '본성本性'과 사람마다 서로 다르게 형성된 후천적인 '습속習俗'이 화두가 되어 비교적 다양한 관점으로 전개되었는데, 이러한 관점은 주로 인간의 선·악의 문제를 주축으로 전개되었다. 이를 정리하면 크게 ①성에는 선도 불선도 없다는 이론[性無善無不善說], ②성은 선을 행할 수도 불선을 행할 수도 있다는 이론[性可以爲善可以爲不善說], ③성에 선함도 악함도 있다는 이론[有性善有性不善說], ④성은 선하다는 이론[性善說][232)], ⑤성은 악하다는 이론[性惡說] 등으로 대략 5가지로 대별될 수 있다.[233)] 이러한 유가의 인성론은 전국시대 맹자孟子, B.C.E 372~289년(?)와 순자荀子, B.C.E 298~238년(?)에 의해 더욱 체계적으로 정리된 이후 수천 년 동안 중국에서 강력한 영향력을 유지하였다.

　맹자는 인간의 본성을 생물학적인 본능이 배제된, 본래부터 갖추어진 도덕성으로 여기는 성선설을 주장하였는데, 이는 내면적인 인격 수양을 강조하는 성리학과 양명학 등 이후의 유가철학에 상당한 영향을 미쳤다. 반면 순자는 고자의 '성무선무불선설'을 부분적으로 흡수하며 내면세계가 아닌 생물학적인 본능을 인간의 본성으로 여기는 성악설을 정초하였다. 순자는 식욕이나 색욕 등 인간의 기본적인 욕망에 대해 통제하는 수단을 마련하지 않으면 이기적인 방향으로 흘러 사회혼란으로 확장될 수밖에 없다고 생각했는데, 이러한 문제를 사회적인 제도를 통해 해결하고자 했다.

두 사람 모두 인간 본성을 규명하여 사회의 제반 문제를 근원적으로 해결하고자 하였지만, 실질적으로 인간 본성에 대한 규정과 선악 기준에 있어서 뚜렷한 시각차를 드러내고 있다. 한 가지 주목할 사실은 맹자와 순자 이후 유가 인성론의 본격적인 이론화가 '성선'과 '성악'이라는 대립적인 두 관점으로 크게 양분되었다는 것이다.[234] 즉 맹자가 '성상근性相近'을 발전시켜 성선설을 주장했다면, 순자는 '습상원習相遠'을 발전시켜 성악설을 주장한 것이다.[235] 이 책에서는 외견상 중국사상사 지평에서 인간 본성에 대해 가장 첨예한 대립했던 맹자의 성선설과 순자의 성악설에 대한 보다 심층적인 이해를 도모하고자 한다.

2. 맹자와 순자의 성性에 대한 해석의 상위

맹자의 성선설과 순자의 성악설은 근본적으로 '성'에 대한 해석의 상위에서 기인한다. 따라서 맹자와 순자가 말하는 '성'이 의미하는 바가 무엇인지를 명확하게 규정한다면, 성선설과 성악설의 논쟁은 비교적 쉽게 해결할 수 있을 것이라 생각한다. 따라서 본장에서는 성선설과 성악설을 보다 심층적으로 이해하기 위해 맹자와 순자의 '성'에 대한 해석을 살펴보도록 하겠다.

1) 성의 일반적 의미

'성性'은 심心과 생生이 결합된 글자로 '성품'·'성질'·'바탕'·'남녀의 구별' 등의 의미하는데,[236] 일반적으로 '성性'을 넓게 정의하면 "성性은 X가 X되는 소이所以이다."[237] 여기서 X는 변수이므로 이에 임의의 한 종류 또는 개체를 대입할 수 있다. 예컨대 소[牛]가 소되는 소이는 소성[牛性]이고, 인간[人]이 인간 되는 소이는 인성[人性]이다. 이 정의에는 형성形性, 物의 형색상태·질성質性, 物의 본질구조·체성體性, 物의 형이상학적 근거·개성個性, 物의 특수 존재성등등 여러 가지 의미가 내포될 수 있다. 또한 이 정의에서 보면 '성'이라는 일물이 존재하는 근거를 가리키는 것이고, 사람들은 그 '성'에 따라 일물의 존재자를 확정 혹은 인식한다. 이렇게 볼 때, 사람들은 주시하는 초점에 따라, 즉 어느 한 면이나 어느 한 곳에 치우쳐 확인된다거나 또는 사람이 존재하는 형이상학적 근거에 주시한다거나, 그 면모와 체재의 특지에 주시한다거나 하는 이유로 여러 가지 다른 성설이 만연한 것은 당연한 일이다. 따라서 맹자와 순자가 각각 주시하는 초점이 서로 달랐기에 성설 또한 서로 다르다고 할 수 있다.

2) 맹자 "인의예지仁義禮智의 뿌리를 갖춘 심心이 성이다"

'성性'자는 고문에서 '생生'자와 같을 글자였으므로 사람들은 성을 사람이 태어나면서부터 갖추고 있는[生以具有] 생리적 특성으로 간주하였다. 이것은 중국 인성론의 전통적 입장이었다. 그러나 맹자에 이르러 인성론은 전통과 반反전통으로 갈라지게 되는데, 전통적 입장에 섰던 고자는 여전히 생리적 측면에서 성을 규정하여 '생위지성生謂之性'을 주장했던 반면 반전통적 입장이 된 맹자는 처음으로 심리적인 면에서 성을 설명하여 성선설을 세우게 된다.[238] 일반적으로 맹자의 성선을 유가의 전통으로 보지만 인성론사人性論史에서는 그야말로 반反전통론자였다.[239] 맹자는 일체사물의 성은 각각이 독특하게 가지고 있는 특성에 찾아야 한다고 보았다. 즉 소는 소만의 특성에서 '소성'을 찾아야 하고, 인간은 인간만의 특성에서 '인성'을 찾아야 한다고 보았다. 물론 맹자 역시 인간에게 감각적·생리적 욕구가 선천적으로 갖추어져 있음을 인정한다. 그러나 이는 모든 동물이 함께 가지고 있는 것이고, 그 총족 여부는 외부환경 조건에 달려 있으므로, 이를 인간의 본성으로 볼 수는 없다는 것이다. 그 대신 인간에게는 다른 동물과는 달리 인의예지의 뿌리를 갖춘 심이 있고, 이는 인간만이 독특하게 갖추고 있는 것이므로 이를 인간의 본성으로 보아야 한다는 것이다. 맹자의 말을 들어보자.

입의 맛에 관한 것, 눈의 색에 관한 것, 귀의 소리에 관한 것, 코의

냄새에 관한 것, 사지의 안일에 관한 것은 성性이지만 [거기에는] 명命이 있어, 군자는 이를 성이라 일컫지 않는다. 인仁은 부자에 관한 것, 의義는 군신에 관한 것, 예禮는 손님과 주인에 관한 것, 지智의 현명한 자에 관한 것, 성인의 천도에 관한 것은 명이지만 [거기에는] 성이 있어, 군자는 이를 명이라 일컫지 않는다.[240]

본래 "성즉명, 명즉성性卽命, 命卽性"이기 때문에 "성명性命"이라 병칭하였다. 그러나 상기 맹자의 언급을 통해서 확인할 수 있듯이 그는 '성'과 '명'을 구분하여, 귀·눈·입·코·사지 등의 감관작용은 소리·색·맛·냄새·편안함 등의 외재적인 존재에서 추구하는 것이므로 비자유적이고 비자주적이며 유한적이기에 특별히 '명'이라 명명하고, 반면에 인의예지는 심의 선택활동에 속하는 것이므로 자유적이고 자주적이며 무한적이기에 특별히 '성'이라 명명한다고 말한다. 이를 "군자가 사람의 성으로 삼는 바는 인의예지로서 이는 심에 뿌리를 두고 있는 것이다."[241]는 지적과 결부시켜보면 맹자의 '성' 개념은 명확해진다. 즉, 그는 인간의 본성을 인간만이 독특하게 갖추고 있는 인의예지의 뿌리를 둔 '심'으로 간주하고 있는 것이다. 부언하면, 맹자는 당시 사람들이 말하는 '성'을 '명'이라 명명하고, 주동적이고 능동적인 성질을 갖춘 심령의 활동, 곧 인의예지만을 제한하여 '성'이라고 명명했다.

3) 순자 "감관적 본능·생리적 욕구·심리적 반응이 성이다"

순자에게 있어 인간의 본성은 태어나면서부터 자연스럽게 가지고 있는 본능을 의미한다. 그러므로 '성'이라는 것은 후천적인 환경의 영향과 인위적인 학습에 의해 변화된 모습이 아닌 선천적으로 가지고 나온 인간의 본래 모습을 가리키는 개념이다. 이러한 그의 개념은 인간의 본성을 생물학적인 면으로 간주하는 고자의 이론[生謂之性]을 부분적으로 계승하고 발전시킨 것인데, 그는 『정명正名』편에서 다음과 같이 말하고 있다.

> 타고나는바 그러한 것을 일러 '성性'이라고 한다. 성의 조화된 상태가 내외의 정묘한 감응을 받아 힘쓰지 않고도 스스로 그러한 것을 일러 '성'이라고 한다.[242]

상기 인용문을 통해서도 확인할 수 있듯이 순자는 고자와 유사하게 '생生'을 통해 '성性'을 정의한다. 즉 순자는 고자와 마찬가지로 성을 어떤 윤리적 방향성을 내재한 개념으로서가 아닌 '생물학적인 삶을 가능케 하는 일반적 성질'로 정의하는 것이다. 그런데 상기 인용문에서 주목할 사실은 순자가 성을 "힘쓰지 않고도 스스로 그러한 것[不事而自然]"으로 정의하는 대목이다. 이것은 순자가 '천天'을 묘사할 때의 방식과 흡사한데, 주지하듯 순자의 천天 개념은 인격적 요소가 배제된 자연천自然天에 가깝다.[243)244)] "천은 하지 않으면서도 이루며, 구하지 않아도 얻으며"[245)], "요 임금을 위해 존재하는 것도 아니고 걸왕 때문에 얻어지는 것도 아니다."[246)] 이러한 천은 '힘쓰지 않고도 스스로 그러한 것'의 원형이다. 우리는 이것을 순자가 직접적으로 '천'과 '성'을 연결 짓는 다음의 언급을 통해서도 확인할 수 있다.

> 무릇 '성'이란 '천'으로부터 주어진 것으로 배울 수 있는 것도, 힘쓴다고 되는 것도 아니다.[247)]

만물의 근원인 천과 인간의 타고난 성질 간의 일정한 유사성을 가진다는 것은 그다지 놀라운 일이 아닐지도 모른다. 중요한 것은 이러한 성질들이 인간을 인간답게 만드는 것은 아니라는 점이다. 다시 말해 순자에게 있어 성은 인간의 타고난 기본적인 생물학적 성질들을 가리키는 것일 뿐, 맹자처럼 인간을 다른 존재들과 구분짓는 본질적 요소는 아니다. 순자는 "성이라는 것은 본래적이며 시발적인 것이며 가공되지 않은 재료이다."[248]라는 언급을 통해 이 점을 명확히 하고 있다. 이처럼 순자에게 있어 천에 의해 주어진 가공되지 않은 재료와 바탕으로서의 성은 감각기관뿐만 아니라 인간의 기본적인 욕구를 포괄하는 개념인데, 이는 순자의 다음의 언급을 통해서도 확인할 수 있다.

> 사람은 태어나면서부터 질투하고 미워하는데, … 사람은 태어나면서부터 귀와 눈 [등의 감각기관의] 욕구가 있어 아름다운 소리와 색을 좋아하는데 …[249]

> 무릇 사람에게는 한 가지 공통점을 가지고 있다. 배고프면 먹고자 하고, 추우면 [몸을] 따뜻하게 하고자 하고, 피곤하면 쉬고자 하고, 이익을 좋아하고 손해 보는 것을 싫어한다. 이것은 사람이 태어나면서부터 갖추고 있는 것으로 그렇게 되기를 기다려 그런 것이 아니다. 이것은 [성왕인] 우임금이나 [폭군인] 걸왕이나 [모두] 똑같다. 눈으로는 흑백과 미추를 가려내고, 귀로는 소리의 맑고 탁함을 가려내고, 입으로는 짠 맛, 단 맛, 쓴 맛을 가려내고, 코로는 향내, 누린내, 비린내를 가려내고, 몸과 피부로는 춥고 덥고 아프고 가려운 것을 가려낸다. 이것은 사람이 태어나면서부터 갖추고 있는 것으로 그렇게 되기를 기다려 그런 것이 아니다. 이는 [성왕인] 우임금이나 [폭군인] 걸왕이나 [모두] 똑같다.[250]

채인후蔡仁厚는 이러한 순자의 성에 대한 언급을 정리하여 순자가 말하는 성은 감관적 본능[5관의 변별작용], 생리적 욕구[식욕·성욕 등의 욕구], 심리적 반응[好利·惡害·喜怒哀樂 등의 감정]의 세 가지 내용으로 이루어져 있다고 보면서[251], 이들은 "모두 생물체의 생명적인 내용으로서 사람에게 남아 있는 동물적 본성을 말하는 것이다. 말하자면 여기서는 '사람이 동물인 근거[人之所以爲動物]'로서 자연 생명적인 징표만을 볼 수 있을 뿐 '사람이 사람 된 근거[人之所以爲人]'로서의 도덕가치의 내용은 볼 수 없다"고 서술하고 있는데,[252] 상기 인용문을 통해서도 확인할 수 있듯이 이는 순자의 성 개념을 명확하게 정리한 것으로 상당히 설득력이 있다고 생각된다.

3. 맹자의 성선설

맹자 사상의 핵심은 전술하였듯이 인간은 태어날 때부터 인의예지 4덕德의 기초를 가지고 있다는 성선설에 있다.[253] 그의 성선설은 남송南宋 시대 신유학에 의해 『맹자』가 『논어』, 『대학』, 『중용』과 함께 4서의 하나로 격상됨에 따라 자연히 유학의 정통 인성론으로 인정되었다.[254] 이러한 성선설은 그의 사상 전체의 뿌리이며, 맹자의 사상을 이해하기 위해서는 성선설을 우선 이해하여야 한다. 그의 성선설은 다음의 성선에 대한 저 유명한 예증 '유자입정孺子入井'을 통해 설명되는 4단설을 근거로 하고 있다.

> 사람은 누구나 참지 못하는 마음을 가지고 있다. … 사람이 누구나 남에게 참지 못하는 마음을 가지고 있다는 것은, 이제 [어떤] 사람이 [한] 어린아이가 우물에 빠지는 것을 문득 보았다면, 누구나 깜짝 놀라 측은하게 여기는 마음을 가지게 된다는 데서 드러난다. 이는 아이의 부모와 사귀려고 하기 때문도 아니고, 동네 친구들에게 칭찬을 받으려 하기 때문도 아니며, [아이를 구해주지 않았을 때 듣게 될 비난의] 소리를 싫어하기 때문도 아니다. 이로 보건대, 측은하게 여기는 마음이 없으면 사람이 아니요, 부끄러하고 미워하는 마음이 없으면 사람이 아니요, 사양하는 마음이 없으면 사람이 아니요, 옳고 그름을 가리려는 마음이 없으면 사람이 아니다. 측은하게 여기는 마음은 인仁의 단서요, 부끄러워하고 미워하는 마음은 의義의 단서요, 사양하는 마음은 예禮의 단서요, 옳고 그름을 가

리려는 마음은 지智의 단서이다. 사람이 이 4단端을 가지고 있는 것은 마치 사람에게 사지가 있는 것과 같다.[255]

'유자입정孺子入井'의 비유는 서양철학사에서 절대적인 영향력을 미친 플라톤의 『국가론』에 나오는 <동굴의 비유>에 비견될 만큼[256] 유가사상에서 획기적인 장을 마련한 것으로 평가되는데,[257] 맹자는 이 비유를 통해 인간은 누구나 4단을 갖추고, 그렇기 때문에 사람의 본성은 착하다고 주장한다. 그렇다면 맹자가 이러한 성선설을 통해 말하고자 한 의도는 무엇이었을까? 우선 맹자가 제시하려고 한 것은 2장에서 말하였듯이 인의예지는 인간 본성에 내재되어 있는 자연적인 것이지, 외부로부터 주어지는 인위적인 것이 아니라는 사실이다. 상기 인용문을 통해서도 확인할 수 있듯이 어린아이가 우물에 빠지려하는 것을 보았을 때 측은하게 여기는 마음을 갖는 것은 그 아이의 부모와 사귀려 하거나, 동네 친구들에게서 칭찬을 받으려 하거나, 구해주지 않았을 때 듣게 될 비난의 소리가 싫어서 그런 것이 아니라 자연스러운 인간본성의 발로이다. 즉 측은지심은 어떤 외적인 목적을 달성하기 위해 인위적인 수단으로 발동되는 것이 아니다. 이는 마치 사람이 사지를 갖추고 태어나는 것처럼 본유적으로 갖추어져 있는 인간의 본성이다. 그렇다면 인간에게 본유적으로 내재해 있는 본성 모두가 선한 것인가? 그렇지 않다. 2장에서 고찰하였듯이, 맹자에게 있어 선한 것은 동물과 구별하여 인간만이 가지는 특성이다. 하지만 맹자가 정의한 이러한 인성은 감관을 통해 경험적으로 관찰된 것이 아니라 일종의 선험적인 방식으로 정리된 것이다. 그렇다면 맹자는 이러한 선험적·직관적 인식을 어떻게 증명하고 있을까?

맹자는 '기류지변杞柳之辯'『고자상告子上 1』, '단수지변湍水之辯'『고자상告

子上 2』, '인내의외지변仁內義外之辯'『고자상告子上 4,5』등을 들어 증명하고 있는데, 여기서는 '동류사성관同類似性觀'의 증명만을 간략하게 살펴보도록 하겠다. 맹자는 같은 종류는 본성도 같다는 입장에서 범인과 성인의 동연성同然性과 인간의 감각이 지닌 공통적인 기호로부터 마음도 같이 그러한 바를 유비적 논증 방법으로 성선을 다음과 같이 입증하고 있다.

> 그러므로 무릇 같은 종류의 것은 서로 유사하니, 어찌 오직 사람만이 그렇지 않다고 의심할 수 있겠는가. ①성인도 나와 같은 종류의 사람이다. … ②입은 맛에 대하여 같은 기호를 가지고 있으며, 귀는 소리에 대하여 같은 청각을 가지고 있으며, 눈은 색깔에 대하여 같은 미감을 가지고 있는데, 마음만 오직 똑같이 그러한 바가 없겠는가. 마음이 함께 그러한 바는 무엇인가? 그것을 '이理', '의義'라 한다. 성인은 나보다 먼저 마음의 다 같이 그러한 바를 얻었을 뿐이다. 그러므로 이와 의가 내 마음을 기쁘게 하는 것은 마치 맛있는 고기 요리가 내 입을 즐겁게 해주는 것과 같다.[258][259]

이외에도 맹자는 인간이 선천적으로 가진 양지良知와 양능良能를 고유 선성善性의 근거로 보았는데, 여기서는 자세한 설명은 줄이기로 한다.[260] 이렇듯 맹자는 인간의 본성은 선천적으로 선한 것이라고 생각했다. 그런데 인간의 본성이 맹자의 주장처럼 선한 것이라면 어떤 이유에서 사람들은 불선을 행하며 악해지는 것일까? 맹자는 ①환경의 영향과 ②감각기관의 감각적·생물적 욕구에 가려짐으로 불선해 진다고 보았다.[261] 그런데 맹자의 인간이 불선해지는 요인에 대한 설명에는 특이한 대목이 있다. 바로 맹자의 악에 대한 관념이다. "맹자는 선의 결핍으로서 악을 설명하고 악 그 자체의 실상은 인정하지 않았다. 선의 실현이 불충분한 것이 혹은 방해된 것이 악이며, 선의 실현을 방해하는 것이 없으면 악은 존재할 수 없다고 보았다. 선은 인성에 본래 갖추어져 있는 것이지만, 악은 인위人爲에서 오는 것이기 때문이다."[262)

4. 순자의 성선설 비판과 성악설

성악설은 인간의 본성을 도덕적 존재로 간주하는 맹자의 성선설을 직접적으로 비판하며 인간의 본성을 생물학적인 면으로 취급하는 순자에 의해 정초된 이론이다. 순자는 인간의 본성을 생물학적인 면으로 간주하는 고자의 이론[生謂之性]을 부분적으로 계승하고 발전시켰다. 그는 이 전제를 중심으로 사람의 특성을 자연적인 것과 인위적인 것으로 구분하고 전자를 '성性', 후자를 '위僞'라 명명하였는데[性僞之分], 여기서 '위'는 거짓이나 꾸밈의 아닌 '인위人僞'를 의미한다.[263] 순자 인성론의 핵심은 이러한 성위지분性僞之分을 근거로 인위의 소산인 예의를 배우고 익힘으로써 성위지합性僞之合을 이루는 것을 사람의 고유 직분이라 보는 것이다. 순자는 이러한 자신의 뚜렷한 관점을 중심으로 『순자荀子』<성악性惡>편에서 네 차례에 걸쳐 맹자의 주장을 인용하고, 비판하며 자신의 성악설을 정초하고 있다. 따라서 여기서는 맹자에 대한 순자의 비판을 따라가며 순자 성악설에 대해 고찰하도록 하겠다.

비판 ①
"사람이 배우는 것은 그 본성이 선하기 때문이다"는 맹자의 주장은 본성과 인위의 잘못된 구분에 기초한다

순자는 맹자의 "사람이 배우는 것은 그 본성이 선하기 때문이다."는 주장에 대해 맹자가 본성을 제대로 이해하지 못했고, 주어진 것에 불과한 '성'

과 사려 깊은 행위와 그 결과라 할 수 있는 '위'를 제대로 구분하지 못했다고 비판한다. 순자의 말을 들어보자.

맹자
: 사람이 배우는 것은 그 본성이 선하기 때문이다

순자
: 이 주장은 옳지 않다. 이것은 사람의 본성이 무엇인가를 확실히 알지 못해서 하는 말이요, 또 사람의 본성[性]과 인위[僞]의 구별을 잘 알지 못해서 하는 말이다. 무릇 본성이라고 하는 것은 하늘로부터 타고난 것이어서 배우거나 노력에 의해 이루어질 수 있는 것이 아니다. 예의는 성인이 만들어낸 것으로, [이것은] 사람이 배우면 할 수 있고 노력하면 이루어질 수 있는 것이다. 배우거나 노력에 의해 이루어질 수 있는 것이 아닌데도 사람에게 갖추어져 있는 것을 일러 '본성'이라고 하고, 배우면 할 수 있고 노력하면 이루어질 수 있는 것을 사람이 가지고 있는 것을 '인위'라고 한다. 이것이 본성과 인위의 구별이다.[264]

사실 상기 인용문에서 순자가 맹자의 주장으로 인용하고 있는 "사람이 배우는 것은 그 본성이 선하기 때문이다."는 구절은 『맹자』의 어디에서도 찾아볼 수 없을 뿐 아니라 무엇을 의미하는지도 명확하지 않다. 하지만 이 구절에 대한 해석과 무관하게, 맹자의 '성' 개념에 대한 순자의 비판의 초점이 본성과 인위의 구분[性僞之分]에 있음은 확인할 수 있다. 2장에서 고찰하였듯이 맹자는 측은지심과 같이 사물이나 사태에 대한 인간의 즉각적이고 본능적인 정서적·감정적 반응을 근거로 성의 선함을 논증하려 했다.

하지만 순자는 이러한 맹자의 시도는 본성과 인위의 구분을 제대로 이해하지 못하는데서 초래된 결과로 보았다.

　내적 경향의 자연스런 외부적 발현으로 성의 선함을 논증하는 방식은 인간 개개인의 주체적 노력보다 외부적 환경을 성을 제대로 발현하는 관건으로 이해할 수 있는 여지를 준다. 사실 맹자 역시 물의 비유에서 '아래로 흐르는' 자연스런 성질을 막는 것은 물을 거꾸로 흐르게 하는 매우 인위적인 왜곡을 통해서 가능하다고 했다. 인간에게 주어진 선천적 경향이 선한 것이라면 도처에 목격되는 악한 것은 외부적인 환경과 여건의 탓으로 돌려질 가능성이 짙다. 맹자도 이를 의식하여 인간과 금수禽獸의 차이는 희소하며 인간의 주체적 노력없이는 성이 제대로 된 발현될 수 없다고 여러 대목에서 강조하고 있다. 하지만 이는 순자가 보기에 주어진 것으로서의 '성性'과 주체적 노력으로서의 '위僞'를 명쾌하게 구분하지 못한 맹자가 스스로 초래한 혼란에 불과하다.[265] 배우거나 노력한 것도 아닌데 사람에게 존재하는 '성'과 배우면 할 수 있고 노력하면 이룰 수 있는 '위'의 구분을 전제하면 "사람의 본성은 악한 것이고 그 선함은 인위에 의한 것이다."[266]는 극명한 대조도 가능하다. 왜냐하면 앞서 말하였듯이 사람에게 주어진 본성은 나면서부터 이익을 좋아하고 질투하고 미워하여 쟁탈이 일어나고 큰 사회적 혼란을 불러일으킬 수 있기 때문에 이에 반해 인간을 교화시켜 선한 방향으로 이끄는 것은 성인의 오랜 숙고 끝에 만들어낸 인위의 집적물이라 할 수 있는 예의와 법도를 통해서이기 때문이다.[267]

비판 ②
"사람의 본성은 선하지만 모두 그 본성을 잃기 때문에 악한 것이다"는

맹자의 주장은 사람의 본성에 대한 잘못된 경험적 이해에 기초한다

두 번째 비판에서 순자는 "사람의 본성은 선하지만 모두 그 본성을 잃기 때문에 악해진다."는 맹자의 주장을 순자가 관찰한 경험적 사실에 기초하여 비판한다. 순자의 말을 들어보자.

> 맹자
> : 사람의 본성은 선하지만, 모두 그 본성을 잃기 때문에 악해지는 것이다.

> 순자
> : 만약 이렇게 주장한다면 오류가 있다. 사람의 본성을 타고난 [그대로 내버려 두면] 그 질박함[朴]과 그 자질[資]이 사라져 [나중에는] 반드시 그것을 잃게 된다. 이러한 사실을 미루어볼 때 사람의 본성은 악한 것이 분명하다.[268]

맹자는 사람의 본성은 선하지만 외부적 환경이나 여건 등에 의해 그 본성을 잃기 때문에 악해진다고 주장한다. 순자는 맹자의 주장대로 인간의 본성이 선한 자질[朴資]을 갖고 있음을 임시적으로 인정한다 하더라도 타고난 그대로 내버려 두면 그 선한 자질이 저절로 사라지기 때문에 인간의 본성은 악하다고 주장한다. 날카로운 통찰이다. 그러나 순자의 비판을 곱씹어보면 한 가지 의문이 드는데, 그것은 사람의 본성을 타고난 그대로 방치하면 인간의 선한 자질이 사라진다는 경험적 사실을 통해 인간의 본성이 악하다는 결론은 도출되지는 않는다는 것이다. 차라리 상기 순자의 비판에 이어지는 다음의 언급이 논거로서 보다 설득력 있다고 생각된다.

사람의 본성은 배고프면 먹고자 하고 추우면 [몸을] 따뜻하게 하고
자 하고, 피곤하면 쉬고자 하는데, 이것이 사람의 감정[情]과 본성
[性]이다. 사람이 배고파도 먼저 먹지 않는 것은 연장자에게 양보
함이 있는 것이고, 피곤해도 휴식을 구하지 않는 것은 대신 수고할
생각이 있기 때문이다. 대저 자식이 아버지에게 사양하고 아우가
형에게 사양하며, 또 자식이 아버지 대신 일하고, 아우가 형 대신
일하는 것 등은 모두 본성에 반하는 것이며, 감정과 어긋나는 것이
다. 그런데 이 둘은 바로 효자의 도리요, 예의의 마땅한 모습인 것
이다. 따라서 본성과 감정대로만 하며 사양하지 않을 것이며, 사양
한다면 그것은 본성과 감정에 어긋나는 것이다. 이러한 사실을 미
루어볼 때 사람의 본성은 악하고 그 선함은 인위에 의한 것이다.[269]

맹자의 주장처럼 사람의 본성은 선하지만 악해지는 것은 그 본성을 잃기
때문이 아닌 인간의 본성[性]과 그 바탕인 감정[情] 자체가 악한 것이다.
사람의 본성과 감정은 배고프면 먹고자 하고, 추우면 몸을 따뜻하게 하고
자 하고, 피곤하면 쉬고자 하는 것이다. 그러나 배고프더라도 연장자가 있
을 경우 먼저 먹지 않는 것을 포함해 자식이 아버지에게, 아우가 형에게 사
양하고 대신 일하고자 하는 것은 본성과 감정이 어긋나는 것이다. 이런 경
험적 사실을 미루어볼 때 인간의 본성은 악하다.

비판 ③
"사람의 본성은 선하다"는 맹자의 주장은 선·악에 대한 잘못된 이해에 기초한다

세 번째 비판에서 순자는 맹자의 "사람의 본성은 선하다."는 근본 명제를

순자 자신의 선악의 기준을 중심으로 다음과 같이 비판한다.

> 맹자
>
> : 사람의 본성은 선하다.

> 순자
>
> : 이 주장 [역시] 옳지 않다. 무릇 예로부터 지금에 이르기까지 천하
>   에서 말하는 선은 이치가 바르게 되고 평화롭게 다스려지는 상태
>   [正理平治]를 말하며, 악은 편벽되고 위험하며 어그러지고 혼란
>   스러운 상태[偏險悖亂]를 말한다. 이것이 선과 악의 구분이다.[270]

순자에게 성은 맹자와 달리 악이며, 이러한 악한 성은 인위적인 가르침
을 통해 선으로 이끌어야 하는데, 이 인위적인 가르침의 내용이 순자에게
있어 바로 성인이 제정한 '예의'이다. 순자는 인간의 본래 자연스러운 본성
은 그 자연스러운 상태로 긍정하지만 그것을 보다 잘 충족시키고 길러주는
방법으로 오히려 인위적인 노력을 제시한다. 즉, 악한 성을 변화시켜 선한
위를 일으킴으로써[化性起僞] 인간은 사회 속에서 타인들과 더불어 원만
하게 공존할 수 있게 되는 것이다.[271] 여기서 우리는 순자가 생각하는 선·
악의 기준을 알 수 있다. 순자는 선·악의 기준을 시·공간을 초월하여 절대
불변의 고정적 상태로 설정한 것이 아닌 사회 환경의 영향을 받는 경험의
상태로 설정하였다. 즉, 그는 인간 본성에는 사회를 혼란시킬 수 있는 요소
가 있지만 그 본성을 따르지 않고 인위적인 노력을 통해 사회 질서를 만들
수 있다고 생각했으며, 이러한 인간 노력에 의해 확립된 사회질서를 선으
로 보았다. 다시 말해 순자는 맹자와 같이 인간에게 본래 존재하는 것으로
생각하는 인의예지 자체를 선의 근거로 설정하지 않고, 인간 노력에 의해

예의[272]가 실현되는[正理平治] 사회를 선의 근거로 설정하고, 인간 본성에 따른 결과로 드러나는 혼란된 사회[偏險悖亂]를 악의 근거로 설정함으로써 선·악의 기준을 모두 경험적인 사회현상에 두었다.

순자는 이렇듯 악의 근거조차도 경험적인 면에 비중을 둠으로써 도덕의 선험성을 부정하고 구체적인 역사의 역동성을 중시했다. 그는 인간이 본성에 따를 경우 사회문제가 확산되기 때문에 이러한 사회문제를 해결하고자 성인이 예의를 만들었음을 지적하고, 성인에 의해 만들어진 예의를 배우고 익혀 성을 변화시켜 위를 일으킴으로써[化性起僞] 성과 위의 합치[性僞之合]를 통해 선한 사회를 이루어야 한다고 생각했다.[273][274]

비판 ④
맹자의 주장처럼 사람의 본성이 선하면, 성왕과 예의는 필요 없게 된다

네 번째 비판에서 순자는 맹자의 성선에 대한 논증의 형식과 내용을 중심으로 맹자의 주장의 논리적 모순에 대해 비판하는데, 순자는 비판에 앞서 논증의 형식과 내용에 대한 자신의 생각을 다음과 같이 피력한다.

> 그러므로 옛일을 잘 말하는 사람은 반드시 현재에도 그 증거[節]를 찾을 수 있어야 하며, 하늘에 관해서 말하는 사람은 반드시 사람에게서 그 징험[徵]을 찾을 수 있어야 한다. 일반적인 논증[凡論]은 변합辨合[275]과 부험符驗[276]을 중시한다. 그러므로 앉아서 말한 그것을 일어나서 실천할 수 있으며, [그 이치를 전개하면] 바로 시행할 수 있다.[277]

순자의 위와 같은 생각을 중심으로 맹자의 "사람의 본성은 선하다."는 주장을 다음과 같이 비판한다.

맹자
: 사람의 본성은 선하다.

순자
: 이 주장은 변합과 부험이 없다. [이런 이유에서] 앉아서 말한 그
것을 일어나서 실천할 수 없고, 그 이치를 전개해도 바로 시행할
수 없으니 이 얼마나 잘못된 주장인가! 그러므로 사람의 본성이
선하면 성왕은 사라지게 되고 예의도 없어질 것이다. 사람의 본
성이 악하기에 성왕이 필요하고 예의가 귀중한 것이다. 그러므로
댈 나무[檃栝]가 생겨난 것은 굽은 나무[枸木]가 있기 때문이며,
먹줄[繩墨]이 생겨난 것은 곧지 않은 것이 있기 때문이며, 임금
을 세우고 예의를 밝히는 것은 사람의 본성이 악하기 때문이다.
이러한 사실을 미루어 볼 때 사람의 본성이 악한 것은 분명하며,
그 선함은 인위에 의한 것이다.[278]

상기 인용문을 통해 확인할 수 있듯이 순자는 성선설의 논리적 모순을
지적한 뒤 성악설이 옳음을 주장하고 있다. 곧은 나무에는 이를 바로잡기
위한 댈 나무가 필요 없듯이, 사람의 본성이 선하다면 성왕이나 성인들이
제정한 예의는 필요가 없다. 성인이 사람들을 교화하고 예로써 사람들의
행동을 규제하는 것은 바로 사람의 본성이 악하기 때문이다. 순자는 보다
극단적인 사례를 통해 이것을 증명하는데, 소개하면 다음과 같다.

지금 실로 사람의 본성을 따르면 본래부터 이치가 바르게 되고 평
화롭게 다스려지겠는가. 만약 그렇다면 성왕이 무슨 소용이 있으

며 예의는 무슨 소용이 있겠는가. 비록 성왕과 예의가 있을지라도 이치가 바르게 되고 평화롭게 다스려진 상황에서 무엇을 더할 수 있겠는가. 그러나 그렇지 않다. 사람의 본성은 악하다. 그러므로 옛 성인은 사람의 본성이 편벽되고 위험하여 바르지 못하며, 어그러지고 혼란스러워 다스려지지 않는다고 생각했기 때문에, 그들을 위해 군주의 권세를 세워 그들 위에 군림하고, 예의를 밝혀 그들을 교화하고, 올바른 법도를 만들어 그들을 다스렸으며, 형벌을 무겁게 해 그들의 악한 행동을 금하여, 천하가 모두 잘 다스려지도록 하였다. 이는 선의 요구에 부합되는 것이다. 이것이 성왕의 다스림이며 예의의 교화이다. 지금 시험 삼아 임금의 권세를 없애고 예의를 통한 교화를 없애고, 올바른 법도의 다스림을 없애고 형벌에 의한 금지를 없애고서, 천하의 만민들이 어떻게 어울려 사는가를 살펴보기로 하자. 그렇게 되면 곧 강자는 약자를 해치며 그들의 것을 빼앗고, 무리가 많은 자들은 적은 자들에게 난폭하게 굴면서 이들을 짓밟을 것이다. 세상의 이치를 어기고 어지러워져 한참동안 기다릴 것도 없이 망할 것이다. 이러한 사실을 미루어볼 때 사람의 본성은 악한 것이 분명하며, 그 선함은 인위에 의한 것이다.[279]

맹자의 주장대로 사람의 본성이 선하면 성왕이나 예의가 필요 없다. 그렇다면 시험 삼아 임금의 권세를 없애고, 예의를 통한 교화를 없애고, 올바른 법도의 다스림을 없애고, 형벌에 의한 금지를 없애고, 천하의 만민들이 어떻게 어울려 사는가를 살펴보자고 제안한다. 순자의 배짱이 돋보이는 대목이다. 순자는 그렇게 되면 서양 근대정치사의 개조인 홉스Hobbes가 말하는 "만인에 대한 만인의 투쟁"의 상태가 벌어질 것이라 단정하며, 인간 본성의 악함을 논증한다. 그렇다면 순자는 어떤 이유에서 인간의 본성을 악으로 규정하였을까?

첫째, 당시의 사회적 혼란을 설명하기 위해서다. 인간의 본성이 선한 것이라면 당시와 같은 극심한 혼란이 지속되는 이유를 설명할 수 없다. 또 맹자와 같이, 본성은 원래 선하지만 외부환경이나 이기적인 욕심에 가려져서 선한 본성을 드러내지 못한다 해도 현실과는 너무도 거리가 먼 공허한 소리로 들리니 설득력이 약할 수밖에 없었을 것이다. 따라서 순자는 인간은 누구나 악한 본성을 가지고 있는 것으로 인정하고, 이 악한 본성이 당시의 사회적 혼란을 가져온 근본적인 이유라고 설명한다. 이러한 설명은 맹자의 성선설에 비해 보다 현실적인 설득력을 가질 수 있었을 것이다.

둘째, 사회적 효용성의 문제와 연관되어 있다. 순자의 궁극적인 목표는 사회적 안정을 이루기 위한 정치철학의 건립에 있다. 순자에게 있어서 정치란 결국 백성을 잘 통치하는 것이다. 인간의 본성이 악하다는 주장은 백성을 관리의 대상으로 만들기 위한 통치의 시각에 아주 유용한 것이었다. 즉 통치의 시각에서 보면 성선설 보다 성악설이 사회적 효용성을 가지는 것이다.[280]

인간을 악하다고 규정하면 인간은 통제해야 하는 존재가 된다. 그리고 통제의 수단과 주체가 있어야 한다. 순자는 통제의 수단을 '예의'로 보고 통제의 주체를 성인[현실적으로 군왕]으로 보았다. 이러한 이론적 구조에 의해 백성들을 통제하고 관리할 수 있는 방법이 확립되는 것이다. 따라서 순자가 말하는 성인도 도덕적 측면보다는 사회적 유용성이라는 측면에서 더욱 절실히 요구된 것이라고 볼 수 있다.

5. 성선설과 성악설의 종합적 검토

맹자의 성선설과 순자의 성악설로 대표되는 유가의 인성론은 중국사회에서 2,000여 년 동안 강력한 영향력을 행사하며 인간의 문제와 인간이 모여 사는 공동체의 문제에 대해 궁구하게 했다. 인간 본성에 대한 규정과 선악 기준에서 뚜렷한 시각차를 드러냈음에도 불구하고 두 인성론 모두 공동체에서 발생하는 문제를 본질적으로 해결하여 선한 공동체를 구성하고자 하는 목적은 같았다.[281] 그러나 목적이 유사할지라도 원인에 대한 진단이 다르기에 해결방법 역시 다를 수밖에 없다. 원인에 대한 진단과 해결방법의 차이는 결국 그들의 이론이 실천의 현장으로 옮겨질 때 선명하게 드러날 수밖에 없기에 그들의 인성론으로부터 영향을 받은 후대인들의 관점 역시 서로 상이하게 드러난다. 즉, 맹자의 인성론은 도덕적 형이상학의 존재론을 구축하여 중국의 강력한 이데올로기를 담당했던 성리학의 이론적 기초가 되었다. 순자의 인성론은 천인합일의 도덕주의를 비판하며 자연에 대한 인간의 능동적 역할과 과학적 사유를 중시하는 사람들의 이론적 기초가 되었다. 필자는 두 이론 모두 사실과 당위의 선후 문제 혹은 그 관계에 대해서는 좀 더 분석의 여지가 있다고 생각한다. 분석을 위해서는 맹자가 주장하는 것처럼 당위가 선험적으로 존재하는가에 관해 바르게 규명하는 것으로 시작해야 한다.

맹자는 유자입정孺子入井의 예를 통해 측은지심을 인간이면 누구나 갖추고 있는 공통된 본성이라 생각했다. 여기에는 구체적인 사실에 앞서 도덕적·윤리적 당위가 모든 사람에게 선험적으로 존재한다는 생각이 전제되어 있다. 그런데 이러한 관점에 반대하는 의견은 맹자의 생각처럼 모든 사람들이 우물에 빠진 어린 아이를 구하는 것은 아니라고 본다. 어떤 이들은 어린 아이를 구하지 않고 그 상황을 외면하거나, 119 등에 전화하는 것으로 자신의 역할을 다했다고 생각하거나, 또는 어린아이를 구하러 가다가 중도에 포기하는 등 다양한 행위가 나올 수 있다. 이에 대해 선험적인 도덕성의 존재를 옹호하는 사람들은 어린아이를 구하지 않는 사람에게 도덕성이 없어서가 아니라, 도덕성이 내재하고 있지만 후천적인 환경의 영향을 받아 도덕성이 드러나지 않았을 뿐이라고 한다. 따라서 그들이 잃어버린 마음을 찾으면 이 문제도 해결될 수 있다고 생각한다.

그러나 이에 반대하는 사람들은 어린아이를 구하고자 하는 마음이 본래 존재한다는 이론에 대해, 선험적으로 존재하는 도덕적인 당위가 우물에 빠지려하는 어린아이의 모습을 보고 발동하는 것이 아니라, 자신이 태어난 이후부터 받아온 교육과 환경의 영향으로 내부에 형성된 도덕성이 발현되는 것이라고 반론한다. 이와 같은 반론을 제기하는 후자의 관점은 도덕적 이상인 선을 인류 역사 과정에 등장하는 후천적인 가치로 여기는 것이다. 이러한 관점은 선의 내용도 시공간의 영향을 받기에 상황에 따라 내용이 달라질 수 있다고 하는 성악설과 같은 이론으로, 형이상학적인 도덕의 보편성을 주장하는 성선설과 차이를 드러낸다.

이러한 이론 차이는 상대적 가치관의 충돌이 빚어내는 다양화의 만연으로 인해 사회가 더욱 혼란해질 것이라 생각하는 절대주의적 윤리설과 절대주의적 윤리설의 획일화가 빚어내는 몰개성주의의 만연으로 인해 개인의 자유와 특수문화가 축소될 것이라 보는 상대적 윤리설의 차이로 드러난다.

절대주의적 윤리설은 목적을 실현하는 과정에서 강력한 카리스마가 있을지라도 비도덕적 상황에 대한 실질적인 대안을 찾기가 쉽지 않다. 또한 상대적인 윤리설은 개인과 특수 등 다양성이 존중되지만, 질적으로 다양한 문화를 통해 형성되는 공속 의식을 추출하기가 쉽지 않다. 이와 같이 절대주의적 윤리설과 상대적 윤리설은 각각의 문제점을 가지고 있다. 절대주의적 윤리설에 해당하는 맹자의 성선설은 시간과 공간을 초월하면서도 보편적으로 존재하는 것으로 생각하는 형이상학적인 당위에 대해 기대치가 아니라 실증적으로 증명해야한다는 문제가 남아 있다. 그리고 상대적 윤리설에 해당하는 순자의 성악설은 공동의 지향점을 추구하는 사회에서 다양한 가치가 합의되지 못하면서 드러나는 문제를 합리적으로 해결할 수 있는 대안이 필요하다. 결국 성선설과 성악설의 문제점은 두 이론이 완벽한 이론 체계가 아닌 인간의 본성과 사회 문제를 해결하기 위한 하나의 사상임을 반증해 준다. 즉 어느 한 사상이 일정한 역사 기간 동안 일정한 장소에서 의미를 확보했을지라도, 그 사상은 역사의 제약을 받을 수밖에 없음을 보여 준다.

인류의 역사에는 끊임없이 새로운 문제가 발생하고, 그 문제를 해결하기 위해 새로운 대안이 형성된다. 문제와 대안의 내용에 따라 수명이 긴 경우도 있고 짧은 경우도 있지만, 역사를 초월하여 처음과 같은 생명력을 유지하는 절대적 이론 체계가 존재하기는 쉽지 않다.

성선설은 실증적인 문제점이 있음에도 불구하고 '모두가 성인이 될 수 있다'는 보편주의적 목적의식을 현실에 투영하여 태평성세의 도덕정치를 이루고자 한 점에서 인간과 인간에 의해 조성되는 사회를 낙관적으로 조망했다. 그러나 이러한 당위적인 신념 체계는 신자유주의의 이념을 수용한 미국을 비롯한 경제선진국들이 주도하는 오늘날의 실리주의적인 국제관계의 흐름에서 소외되는 많은 나라의 사람들에게 실질적인 위안이 되기에는 제한적이다. 이들에게 실질적인 희망이 되기 위해 당위적인 주장을 현실화할 수 있는 방안이 필요하다. 성악설은 인간의 본성을 좇을 경우 드러나는 각종 문제에 대해 성선설과 같이 심리적인 도덕성이 아닌 인위적인 제도와 같은 실질적인 방법으로 예의와 질서가 실현되는 공동체를 이루고자 했지만, 가치상대주의로 인해 드러나는 양성론이나 양비론 혹은 냉소적 태도를 극복할 수 있는 방안이 필요하다.[282]

6. 맺기

　지금까지 맹자의 성선설과 순자의 성악설에 대해 고찰하였다. 맹자의 '성선설'과 순자의 '성악설'은 그 명칭을 통해서도 알 수 있듯 유가의 인성론 가운데 가장 첨예하게 대립했던 대표적인 이론체계였다. 그러나 이러한 차이와 대립은 성에 대한 맹자와 순자의 해석의 차이와 선한 공동체를 이루고자 하는 방법의 차이에서 기인한다.

　맹자가 인의예지의 뿌리를 갖춘 심을 성으로 간주하고 '유자입정孺子入井'의 유명한 예증과 함께 '기류지변杞柳之辯'『고자상告子上 1』, '단수지변湍水之辯'『고자상告子上 2』, '인내의외지변仁內義外之辯'『고자상告子上 4,5』 등 논증을 통해 인간 본성의 선함을 주장하였다. 여기에는 인간 본성의 선함에 기초한 덕치를 통해 선한 공동체를 이루고자 한 맹자의 뚜렷한 목적이 전제되어 있다. 반면 순자는 감관적 본능·생리적 욕구·심리적 반응을 성으로 간주하며 인간 본성의 악함을 주장하였다. 특히 그는 네 가지 관점, ①"사람이 배우는 것은 그 본성이 선하기 때문이다."는 주장은 본성과 인위의 잘못된 구분에 기초한다, ②"사람의 본성은 선하지만 모두 그 본성을 잃기 때문에 악한 것이다."는 주장은 사람의 본성에 대한 잘못된 경험적 이해에 기초한다, ③"사람의 본성은 선하다."는 주장은 선·악에 대한 잘못된 이해에 기초한다, ④사람의 본성이 선하면 성왕과 예의는 필요 없게 된다는 것을 중심으로 맹자의 성선설을 일방적으로 비판하였는데, 여기에는 예치를 통해 선한 공동체를 이루고자 했던 순자의 뚜렷한 목적이 역시 전제되어 있다.

맹자와 순자의 인성론은 인간 본성에 대한 규정과 선악 기준에서 뚜렷한 시각차를 드러냈음에도 불구하고 두 이론 모두 공동체에서 발생하는 문제를 해결하여 선한 공동체를 구성하고자 하는 같은 목적을 공유하고 있다. 이것은 맹자와 순자의 인성론, 나아가 유가의 인성론이 인간 본성의 사실에 기초한 탐구보다는 선한 공동체를 성취함에 있어 필요조건인 당위를 구축하기 위한 방편으로 촉발되었음을 증명해준다.

맹자는 성선설을 통해, 순자는 성악설을 통해 자신들의 시대가 안고 있는 문제의 해결 방법을 진지하게 모색했다. 두 이론 모두 단순한 학문적 유희가 아닌 현실적으로 시급했던 선한 공동체 성취를 위한 진지한 시대적 담론으로써 진중히 각자의 역할을 묵묵히 수행했다고 생각된다. 두 이론에 대한 옳고 그름, 뛰어남과 열등함에 대한 판단보다는 맹자와 순자가 자신들이 껴안고 고민했던 화두話頭를 해결하고자 노력했던 진지한 자세를 존중하고 배워야 한다.

여섯 번째 산책

유교와 이단지학

산책을 시작하며

이단 논쟁은 한 종교가 정착·정립되어 가는 과정에서 나타나는 보편적 현상이다. 기독교 시대의 초기에는 영지주의와 이단 논쟁을 통해 교리의 정립과 성경의 정경화 작업이 이루어졌고, 불교 시대 초기에는 석가모니 붓다의 입멸 후 교리의 해석에 따라 분열되어 첨예하게 논쟁을 벌였던 부파불교 시대가 있었고, 무슬림에서도 시아파와 수니파의 치열한 대립과 논쟁이 있었다. 모두 이단 논쟁이 보편적 현상임을 입증하는 중요한 이증理證의 사례이다. 유교에서도 역시 이러한 이단 논쟁에 대한 논의가 있었다.

여기서는 그 논쟁 가운데 퇴계를 중심한 이단지학異端之學 [양명학陽明學·불학佛學·노장학老莊學]에 대한 비판 가운데 양명학에 대한 비판을 다루었다. 중국에서는 왕양명이 심학사상을 수립하고 주자학을 전방위적으로 비판했다면, 조선에서는 주자학을 계승한 퇴계가 공孔-맹孟-정程-주朱로 전수된 유학계통만을 정학으로 인정하고 이러한 도통론에 입각, 정주학을 원본으로 삼아 파사현정破邪顯正의 확고한 입장에서 양명학·불학·노장학을 모두 이단으로 간주하며 철저하게 배격하였다. 특히 퇴계는 양명학에 대해서『백사시교전습록초전인서기후白沙詩敎傳習錄抄傳因書其後』에서는 총론적으로,『전습록논변傳習錄論辯』에서는 각론적으로 비판하고 있다. 총론적인 비판이 주로 양명학의 원류에 대한 비판이었다면, 각론적인 비판은 선험적 정리定理를 부정하고 궁리窮理를 무시하는 양명의 '심즉리설心卽理說', 도덕적 차원의 지행知行을 감각적 차원[形氣]의 지행합일知行合一과 동일한 것으로 간주하는 양명의 '지행관知行觀', 그리고 이理에 대한 배움과 교육의 신민新民을 친민親民으로 규정한 양명의 '친민설親民說'에 대한 전방위적인 비판을 통해 주자의 격물궁리설格物窮理說·선지후행설先知

後行說·신민설新民說의 타당성을 강력하게 옹호·변론함으로써 주자학 수호의 목적을 달성하고 있다.

그러나 퇴계의 양명학 비판은 도학의 정립과 순수성을 지키고 조선의 독자적 특성을 형성하는데에는 긍정적 역할을 했을지 모르지만, 정통의식에 입각한 이단비판론으로 인해 학문 발전의 초석인 다양성을 저해했다는 점에서는 부정적 영향 역시 컸다. 이러한 양면의 날을 모두 이해할 때야 비로소 퇴계의 양명학 비판에 대한 온전한 평가를 할 수 있을 것이다.

1. 들어가기

2. 조선의 양명학 수용과 퇴계의 양명학 파악의 배경
   1) 조선의 양명학 수용
   2) 퇴계의 양명학 파악의 배경

3. 퇴계의 양명학 비판
   1) 양명학 원류에 대한 비판
   2) 퇴계의 양명학 인식과 비판논리
      ① 신민설新民說에 입각한 친민설親民說에 대한 비판
      ② 궁리설窮理說에 입각한 심즉리설心卽理說에 대한 비판
      ③ 도학의 주객통일적 진리관을 부정하는 양명의 주관주의적
        유심론에 대한 비판
      ④ 선지후행설先知後行說에 입각한 지행합일설知行合一說에 대한
        비판

4. 퇴계의 양명학 비판 의의

5. 맺기

1. 들어가기

조선시대의 도학道學은 주자朱子를 기준으로 삼은 통치이념으로서, 그 정통성을 확립하기 위해 한편으로는 성리학性理學의 형이상학적 근거를 정밀하게 규명하고, 다른 한편으로는 이단[異端之學]에 대한 비판을 강화해갔다. 조선초기 권근權近이 『입학도설入學圖說』의 첫머리에서 천인天人·심성心性을 분석했었다는 것에서 성리학의 정립을 추구하고 있음을 확인할 수 있다면, 정도전鄭道傳이 『불씨잡변佛氏雜辨』 등에서 이단비판 작업의 일환으로 철저한 불교비판을 수행했던 사실을 찾아볼 수 있다. 조선중기 이러한 도학의 정통을 정립하기 위한 작업을 한 차원 심화시켜 본격적으로 진행했던 대표적 인물이 바로 퇴계 이황退溪 李滉, 1501~1570년이었다. '조선성리학의 최고봉'[283]으로 인정받는 퇴계는 주자를 조술祖述하여 도학이념을 모범으로 확고하게 정립시켰다. 그 방법으로 '성리설性理說'에 대한 엄밀한 분석을 통해 '주리설主理說'의 정당성을 확인하고 수양방법을 철저히 추구함으로써 '경敬'의 수양론을 확립하였다. 나아가 그는 나흠순羅欽順의 '이기일물설理氣一物說'과 화담花潭학맥의 '주기론主氣論'을 비판하였으며 육상산陸象山·왕양명王陽明의 심학心學[284] 학풍을 주자의 정통에 어긋나는 것으로 규정하는 이단비판론을 제기하였다.[285][286] 특히 퇴계는 『전습록논변傳習錄論辯』을 통해 왕양명의 '친민설親民說'·'심리즉설心卽理說'·'지행합일설知行合一說' 등 양명학을 총체적으로 비판하면서 주자학을 옹호하고, 나아가 『초의려선생집부백사양명초후부서기말抄醫閭先生集附白沙陽明抄後復書其末』 등에서는 양명학을 선학禪學이라 비판하거나 또는 선학보다 못한 이단으로 배척하며 양명학이 조선사회에 뿌리내리는 것을 저지했다.

이러한 퇴계의 양명학 비판은 '조선의 주자' 혹은 '조선유학의 제1인 자'[287)라는 그의 학문사적 위치와 결합되어 그 어떤 엄밀한 검토없이 무비 판적으로 답습되며 양명학 비판의 단초가 되었다.[288) 여기에서는 양명학 비판의 결정판이자 지침서였던 퇴계의『전습록논변(傳習錄論辯)』을 중심으로 퇴계의 양명학 비판논리와 그 의의 등에 대해 입체적으로 고찰함으로써 심 층적 이해를 도모하고자 한다.

2. 조선의 양명학 수용과 퇴계의 양명학 파악의 배경

1) 조선의 양명학 수용

조선시대 양명학이 전래된 시기에 대해서는 학자마다 의견이 분분하다. 장지연1864~1921년은 『조선유학연원朝鮮儒學淵源』[1922년 刊]에서 "퇴계시절에 양명의 학문이 처음으로 조선에 들어왔다."며 양명학의 전래를 퇴계의 생존시기로 보고 있으며, 이능화1869~1943년는 『조선유계지양명학파朝鮮儒界之陽明學派』[1937년 刊]에서 "가정嘉靖 이후 상산象山 계통의 진백사 및 왕양명의 학설이 처음으로 우리나라에 들어왔다."고 하여 중국 명 가정 [1521년] 이후를 전래시기로 보고 있다. 고교형은 선조 27년 갑오甲午 7월에 선조와 이요李瑤와의 문답을 근거로 양명학의 전래를 간접적으로 시사하고 있으며, 윤남한은 『치제유고恥齊遺稿』와 『퇴계집退溪集』을 인용하여 퇴계와 홍인우가 명종 8년[1553년]에 이미 『전습록傳習錄』을 읽고 이를 비판하였다는 사실을 고증함으로써 그 전래시기를 앞당겼다. 그리고 오종일은 중종 16년[1521년]에 박상과 김세필이 양명의 『전습록傳習錄』을 시로써 회답하여 변척하였던 사실을 통해 양명학의 전래시기는 중국의 『전습록傳習錄』 초간 시기인 명 무종 13년[1518년]과 불과 3년 차이밖에 보이지 않는다고 밝혔다. 이러한 선행연구를 종합하면 대략 다음의 네 가지로 정리할 수 있다.

① 홍인우의 『청제일기聽齊日記』중 계축癸丑 6월 18일조를 근거로 한 명종 8년[1553년] 설_윤남한

② 『서애집西厓集』의 『양명집후陽明集後』를 근거로 한 명종 13년[1558년] 설_유명종

③ 퇴계 53세 명종 8년[1553년]의 『초의려선생집부백사양명초후부서기말抄醫閭先生集附白沙陽明抄後復書其末』 등을 근거로 퇴계 생존 당시라는 설_장지연

④ 중종 16년[1521년] 이전이라는 설_오종일

이상의 네 가지 학설을 종합하면 조선의 양명학 전래는 대략 1521년 이전부터 1550년대 전후로 볼 수 있는데, 이것은 『전습록傳習錄』[289]의 조선 전래 시기에 맞추거나 혹은 『전습록傳習錄』에 대한 퇴계의 비판서인 『전습록논변傳習錄論辯』의 저술시기를 근거로 하여 도출된 것이다.

조선의 양명학 수용태도는 퇴계의 『전습록논변傳習錄論辯』[1566년]을 기점으로 크게 달라진다. 1566년 이전 조선에서는 비교적 자연스럽게 육상산과 왕양명의 학풍이 연구되었으며, 이단으로 여기지도 않았다. 이러한 분위기에는 당시 사회적 배경이 있었다. 1520년대를 전후로 연산군의 폭정과 중종 반정을 거치면서, 문란한 왕정과 거듭되는 사화로 선비들의 사기는 땅에 떨어졌으며 사화를 피해 산 속으로 은닉하는 처사들이 많아졌다. 이러한 분위기는 학문적 특색으로 그대로 연결되어, 주자학의 심학화 현상이 대두되었다.[290] 이러한 분위기에서 1566년 이전의 양명학은 비교적 자연스럽게 전래·수용되었다. 그러나 이러한 분위기는 당시의 정치적 상황에 따라 주자의 정통성을 회복하기 위해 양명학을 이단사설로 배척한 『전습록논변傳習錄論辯』[1566년]이 출현하면서 완전히 반전되었다. 특히 『전습록논변傳習錄論

辯』의 출현에 즈음하여 조선 관부에서는 일반 지식인에게 양명학을 전수시키기 전, 양명학 비판서적을 먼저 간행함으로써 斥양명학·反양명학의 분위기를 더욱 부채질하였다.[291] 어쨌든 퇴계의 비판 이후로 조선에서의 양명학은 철저히 배척되었고, 주자 신봉자들의 배척을 능가할 정도로 학계를 강력하게 풍미하지도 못하였다. 따라서 현재까지도 우리 학계는 조선조의 양명학이 매우 미미한 전파에 머문 것으로 이해하고 있으며,[292] 한국의 유학사가 주자학 일변도였다는 통념까지 생겼다.[293] 이는 퇴계가 급선봉의 위치에서 양명학을 비판하기 시작한 이후로는 조선의 학자들에게 의식적이든 무의식적이든 이러한 개념이 전승되었음을 알 수 있다.[294]

2) 퇴계의 양명학 파악의 배경

조선시대 양명학을 이단사설로 배척한 그 원조를 퇴계로 보는 것은 학계의 정설이다. 그러나 퇴계가 양명학[넓게는 육왕학]을 '이학異學'으로 비판하는 관점과 논리에는 그의 독자적 사색이 아닌 넓게는 송학[程朱]의 이학설異學觀까지[295][296] 좁게는 퇴계 당시 유통되던 반反양명학적인 저서로부터 얻은 정보가 바탕이 되었다.[297] 이 두 요소 가운데 양명학이 조선에 전래·수용된 시기[1521년 이전부터 1550년대 전후]와 퇴계1501~1570년의 왕성한 활동시기가 겹치는 점, 당시 명과 조선 모두 정주학에 입각한 관학체계라는 동일한 지평을 공유한 점을 고려할 때, 퇴계의 양명학 비판에 대해 고찰하기 전, 우선적으로 검토해야 할 것은 퇴계의 양명학 인식의 기초가 되었던 양명학의 배경일 것이다.

퇴계는 ①『백사시교변白沙詩教辯』, ②『전습록논변傳習錄論辯』, ③『백사시교전습록초전인서기후白沙詩教傳習錄抄傳因書其後』, ④『초의려선생집부백사

양명초후부서기말抄醫閭先生集附白沙陽明抄後復書其末』 등의 저서와 이담李湛,
남언경南彦經, 정유일鄭惟一, 이이李珥 등에게 보낸 편지를 통해 직·간접적으
로 육왕학을 비판하고 이에 감염되지 않도록 경고하였는데,[298] 이 가운데
퇴계가 양명학을 본격적으로 비판한 것은 ②,③이다. 흥미로운 것은 퇴계
가 양명학을 정식으로 비판한 1553~1566년에는 이미아래 표 참조 명의 양명
학 비판서적이 조선 관부에 의해 출간되어 세간에 유포되고 있었다는 사실
이다.

	저서명	저작년도
1	초의려선생집부백사양명초후부서기말 抄醫閭先生集附白沙陽明抄後復書其末	53세 (명종 8년, 1553년)
2	백사시교변 白沙詩敎辯	53세경
3	백사시교전습록초전인서기후 白沙詩敎傳習錄抄傳因書其後	53세경으로 추정 (명종 8년, 1553년)
4	전습록논변 傳習錄論辯	66세 (명종 21년, 1556년)
5	심경후론 心經後論	66세 (명종 21년, 1556년)

당시 명의 조정에서는 가정嘉靖1년[1522년] · 가정嘉靖8년[1529년] · 가
정嘉靖16년[1537년]의 세 차례에 걸쳐 양명학과 『전습록傳習錄』에 대한 금
지령이 내려졌으며, 또한 이 시기 관학파官學派에 의해 첨능詹陵의 『이단변
정異端辨正』[1525년 刊]·나흠순羅欽順의 『인지기困知記』[1534년 初刊·1535

년 重刊·1537년 三刊]·진건陳建의『학부통변學蔀通辨』등의 양명학 비판
서가 간행되었다. 이러한 비판서적들은 1528년 왕양명이 죽은 뒤 양명학
이 세력을 잃은 틈을 타 세간에 널리 유포되었는데, 조선에도 유입되어 관
부에 의해 출간되었다. 1551년에 전래된『이단변정異端辨正』은 1552년에,
1553년에 전래된『인지기困知記』는 1560년에 각각 조선에서 간행되었으
며,[299]『학부통변學蔀通辨』는 언제 조선에 전래되고 또 간행되었는지 불확
실하지만 당시 조선 최고의 박람가로서 중국의 희귀한 신간도서를 신속하
게 입수하던 류희춘柳希春의『미암집眉巖集』제16권에『학부통변學蔀通辨』
에 대한 언급이 수록되어 있기 때문에 대략 1573년에 간행된 것으로 추정
하고 있다.

　퇴계가 생을 마감한 것이 1570년인 점을 고려할 때 퇴계가『학부통변學
蔀通辨』을 직접 보지 못했으리라 추정할 수 있는데, 이것은 퇴계가 1562년
에 문인 이정李楨에게 보낸 편지 등에서 명대의 정민정程敏政의『도일편道一
編』[300]과 진건의『학부통변學蔀通辨』[301]을 보지 못했음을 매우 한스럽게 여
겼던 내용을 통해서도 확인할 수 있다.[302] 이러한 내용을 통해 우리는 퇴계
에게 양명학 비판의 단초를 제공했던 것이 당시 유통되었던 反양명학적인
저서였음을 간접적이나마 유추할 수 있다. 나아가 조선 관부에서는 일반
지식인들에게 양명학을 온전히 전수시키지 않은 상태에서 이미 양명학 비
판론을 먼저 보급시켰는데, 이것은 조선사회에서 양명학을 수용하기 전에
斥양명학·反양명학의 분위기 존재하고 있었음을 보여준다. 퇴계를 전후로
한 명과 조선의 斥양명학·反양명학 서적출간 및 유포상황은 퇴계의 양명
학 이해는 反양명학적 저서를 토대로 출발하였으며, 또한 그것이 그의 심
학 확립의 주요한 바탕이 되었음을 알게 해준다.

3. 퇴계의 양명학 비판

중국에서는 왕양명이 심학사상을 수립하고 주자학을 전방위적으로 비판했다면, 조선에서는 주자학을 계승한 퇴계가 공孔—맹孟—정程—주朱로 전수된 유학계통만을 정학으로 인정하고 이러한 도통론에 입각, 정주학을 원본으로 삼아 파사현정의 확고한 입장에서 양명학·불학·노장학 모두를 이단으로 간주하며 철저하게 배격하였다. 특히 퇴계는 양명학에 대해서는『백사시교전습록초전인서기후白沙詩教傳習錄抄傳因書其後』에서는 총론적으로,『전습록논변傳習錄論辯』에서는 각론적으로 비판하였는데, 본장에서는 퇴계의 양명학 원류에 대한 비판을 개요적으로 살펴보고『전습록논변傳習錄論辯』을 중심으로 퇴계의 양명학 비판논리를 구체적으로 검토하고자 한다.

1) 양명학 원류에 대한 비판

퇴계의 양명학 비판의 초점은 주로 왕양명의『전습록傳習錄』에 맞추어져 있었는데, 그 비판작업의 결실이 바로 16세기 양명학 비판의 결정판이자, 퇴계이후 양명학 비판의 지침이 되었던『전습록논변傳習錄論辯』이다. 퇴계의 양명학 비판은 심학의 원류인 남송의 육상산에 대한 비판에서 출발하여 원대의 '주朱·육陸 조화론자'인 오징吳澄에 대한 비판으로 내려와 명대 심학의 선구적 인물인 진헌장陳獻章과 그의 제자인 하흠賀欽을 왕양명과 연결시켜 전개한다. 이것은 그의 양명학 비판작업이 심학의 뿌리부터 캐내는 연속된 추적과정임을 보여준다. 퇴계는 우선 육상산의 심학을 "한번에 뛰어넘고 단박에 깨닫는 학문일 뿐이며, 궁리窮理는 정신을 피로케 하는 것으로 여겨 문학공부問學工夫를 하지 않으니 선불교[釋氏]의 불립문자不立文字·견성성불見性成佛과 무엇이 다르겠는가."[303]라고 비판한다. '유교와 불교의 경계가 털끝 같은 차이에서 갈라진다'는 언급처럼 퇴계는 미세한 차이를 분석하여 엄밀한 배척의 태도를 취하고 있다. 또한 그는 깨달음의 문제에 대해서도 오징의 "귀를 잡고 가르쳐 주면 한 글자도 모르는 범부도 이 신묘한 경지에 나아가게 할 수 있다."라는 언급과 진헌장이 이 말을 근거로 한 "스승의 입으로 전수해 주는 것을 얻지 못하면 끝내 스스로 깨달을 이치가 없다."는 한 마디에서 깨달음을 강조한 사실에 주목한다. 퇴계는 오징과 진헌장이 공부의 지속적 축적없이 말씀을 통한 직접적 깨달음을 제시한 것은 바로 선가禪家의 돈오頓悟하는 기틀일 뿐 유교에는 이러한 법이 없다고 강하게 거부했다. 나아가 퇴계는 정좌靜坐에 대해서도 검토하였는데, 그는 정좌가 정자程子에서 비롯되어 이동李侗과 주자에 의해 도학적 수양법이 되었음을 인정하지만 진헌장과 하흠의 정좌는 사물을 싫어하여 선학으로 들어가는 것이라 지적한다. 특히 왕양명에 대해서는 "선학과 같으면서 선학도 아니요, 또한 오로지 정좌만을 주장하지도 아니하여 그 올바름을 해침이 심하다."[304]며 다른 양명학—심학계통의 학자들에 대해서와는 달리 전면적인 비판을 가하고 있다. 곧 "그 마음은 억세고 삐뚤어져 제멋대로 하고, 그 변론이 장황하고 휘황찬란하여 사람들로 하여금 현혹하여 지키는 바를 잃게 하니 인의仁義를 해치고 천하를 어지럽히는 것은 이 사람이 아닐 수 없다."[305]고 강경하게 배척함으로써 왕양명을, 학자들을 현혹하고 진리를 왜곡하며 천하를 어지럽히는 이단사설의 주범으로 규정하고 있다.

이상에서 살펴보았듯 퇴계의 양명학—심학에 대한 비판은 한 마디로 왕양명을 불교와 같은 이단으로 규정하여 배척하는 것이었다. 퇴계는 심학이 육상산—진백사—왕양명으로 일관되게 계승되어온 학파임을 명백히 인식하였으며, 몇 편의 변론을 저술하여 육상산·왕양명의 심학을 비판하고 있다. 그의 비판논변의 초점은 결국 육상산에서 왕양명으로 이어지는 일련의 심학 전통이 모두 본심을 종지로 하는 것이며, 아무리 스스로 불교를 비판한다하더라도 결국 불교[선학]와 동일한 것이라는데 맞추어져 있다. 따라서 퇴계는 성리학의 성립과 더불어 체계화되었던 불교비판의 이론을 그대로 양명학에 대한 비판으로 적용시키고 있다.

2) 퇴계의 양명학 인식과 비판논리

퇴계는 『전습록논변傳習錄論辯』에서 『전습록傳習錄』 1권의 첫머리 서애[306)]가 기록한 <서애록徐愛錄> 가운데 처음 4개 조목[1·3·4·5번째 조목]을 중심으로 왕양명의 핵심사상을 비판하면서 주자학을 옹호·변론한다.[307)] 주요비판 내용은 ①경세론經世論에 해당하는 '신민설親民說'에 대한 비판, ②심성론心性論에 해당하는 '심즉리설心卽理說'에 대한 비판, ③인식론認識論과 실천론實踐論에 해당하는 '지행합일설知行合一說'이다.[308)]

① 신민설新民說에 입각한 친민설親民說에 대한 비판

유학에서 지향하는 바람직한 인간상과 이에 도달하는 학문의 자세와 방법을 3강령과 8조목의 형식으로 설명한 책이 『대학大學』이다. 따라서 『대학大學』은 수장首章 첫머리에 나오듯, 대인의 학문 목표와 그에 도달하려는 궁극적 핵심을 밝히는 경서라 할 수 있다. 퇴계의 양명에 대한 첫 번째 비판은 이러한 『대학大學』의 첫 구절에 대한 해석으로부터 비롯된다.

왕양명은 『대학大學』의 3강령에서 '재친민在親民'의 '친親'자를 정程—주朱가 '신新'자로 고친 것에 대해 구본[『예기禮記』의 한편인 『고본지학古本大學』]을 따라 '신新'이 아닌 '친親'으로 해석하는 것이 옳다고 주장하였다[親民說]. 그는 이러한 자신의 주장을 뒷받침하기 위해 『전습록傳習錄』에서 경증經證에 입각하여 '재친민在親民'을 '재신민在新民'으로 고치는 것의 부당함을 대략 두 가지 관점에서 지적하고 있다.

첫째 '재신민在新民'의 '신新'은 주자에 따르면 군자가 백성에게 옛날에 물든 것[舊染]을 제거하도록 한다는 의미를 내포하고 있지만 『대학大學』의 '작신민作新民'의 '신新'은 '스스로 새로워진다[自新]'는 의미로 서로 통할 수 없고, 둘째 '신민新民'에 상응하여야 할 치국・평천하의 조목에 '신新'자의 뜻이 계발되지 않고 있다. 이런 이유에서 왕양명은 '신親'의 뜻은 『대학大學』에서 "군자는 어진 이를 어질게 여기고 어버이를 친애한다君子賢其賢, 而親其親, 『大學』・傳3章."고 말하는 '친애親愛'의 뜻임을 밝히고, 맹자의 "어버이를 친애하고 백성에 어질다親親而仁民『孟子』・盡心上."라는 말이나 공자의 "자신을 닦아 백성을 편안하게 한다修己以安百姓『論語』・憲問."라고 한 말이 바로 '친민親民'의 뜻이라 확인한다. 따라서 왕양명은 '친민親民'에는 '가르치고 기른다[敎養]'는 뜻이 아울러 있지만, '신민新民'에는 '깨우친다'[覺]는 뜻만 내포되어 있기 때문에 '신新'자로 고치는 것이 부당하며 한쪽으로 편향되어 있음을 강조하고 있다.[309] 퇴계는 이러한 왕양명의 친민설親民說을 주자의 신민설新民說을 옹호하는 입장에서 다음과 같이 비판한다. 퇴계의 말을 들어보자.

이장의 첫머리에 "대학의 도道는 명덕明德을 밝힘에 있다."는 것은 자기의 배움으로 말미암아 그 덕을 밝힘을 말하는 것이요, "新民에 있다."는 것은 자기의 배움을 백성들에게 미치게 하여 백성들로 하여금 그 덕을 새롭게 함을 말한 것이다. 이 둘은 모두 '學'의 의미를 지니고 있어 일관된 말이니 '백성들을 기른다養之', '백성들을 친애한다親之'는 뜻과는 애당초 상관이 없다. 양명이 감히 방자하게 선유先儒의 정론定論을 배척하고, 비슷비슷한 여러 학설들을 망령되이 끌어다가 견강부회하고도 조금도 거리낌이 없으니 학문의 오류와 마음의 병통을 볼 수 있다.[310]

퇴계는 정程─주朱의 정통을 확신하고 이를 수호하는 방어적인 입장에서 비판을 전개하는데, 요약하면 대략 다음의 네 가지로 정리할 수 있다.

① '명명덕明明德'은 '배움學'을 통해 자신의 덕을 계발하는 학문의 문제이다. [수기지학修己之學]

② '신민新民'은 자신의 배움을 토대로 백성의 덕을 새롭게 하는 교육의 문제이다. [치인지학治人之學]

③ '명명덕明明德'과 '신민新民'의 관계는 '先명명덕·後신민'의 관계이다[배움을 통해 자신의 덕을 계발하고 이후에 백성들의 덕을 새롭게 한다].

④ '명명덕明明德'이나 '신민新民'은 '배움[학문과 교육]'과 관련된 문제이지 왕양명이 말하는 '기른다[養]·친애한다[親]'는 뜻과는 관계가 없다.

퇴계는 주자적 해석에 기초해서 '大學之道, 在明明德, 在新民, 止於至善'에서 '명명덕明明德'과 '신민新民'을 『대학』이 지향하는 가르침의 과정에 있어서 일관된 단계이자 점진적으로 나아가는 배움[學]의 과정으로 밝히려 하였고, 이런 이유에서 '명明'이나 '신新'의 의미를 '학學'의 관점에서 풀이하려 하였다. 즉 퇴계는 『대학』이 지향하는 목적을 '학學'의 관점에서 '자신의 배움[明德=修己之學]'을 통한 '타인에 대한 교육[新民=治人之學]'의 연속적 과정으로 이해하였고, 이러한 관점에서 백성을 새롭게 한다는 '신新'의 해석이 타당하다고 보았던 것이다. 사실 왕양명은 물론 주자역시 '명명덕明明德'과 '신민新民'에 대한 자신의 생각을 피력하는 과정에서 '학學'이라는 말을 사용한 적 없기 때문에, 이것은 퇴계의 독창적인 해석으로 보아도 무방하다. 그렇다면 퇴계의 비판체계에서 핵심적 개념장치인 '학學'의 의미와 대상은 무엇일까?

공孔-맹孟-정程-주朱의 도통론에 입각하여 주자학을 옹호해야하는 퇴계의 사명과 그의 사상체계를 고려하면, '학學'의 대상이 바로 우리들이 반드시 준수해야 하는 선험적인 당위의 도덕규범, 곧 '소당연지칙所當然之則'임을 어렵지 않게 유추할 수 있다. 주자는 『대학집주大學集註』에서 '명덕明德'을 "허령虛靈하고 어둡지 않아서 중리衆理를 갖추고 있어 만사에 응하는 것", 곧 성즉리性卽理에 의거 '명덕明德'은 '순선純善한 이理'를 구비하고 있는 것으로 규정하고, 불선의 가능성을 안고 있는 기질적 측면의 기품氣品과 인욕人欲에 의해 순선한 이理가 가려질 수 있기 때문에 이러한 장애를 제거하여 순선한 이理를 회복시키는 것이 바로 '명명덕明明德'이라고 정의내리고 있다. 퇴계가 주자의 입장을 충실히 계승•옹호하고 있다고 전제할 때, '학學'은 거경궁리居敬窮理를 통해 기품과 물욕의 장애를 제거하고 내 마음속에 내재된 당연지칙所當然之則의 이理를 밝히는 것을 의미한다. 소당연지칙所當然之則의 이理는 인간 누구에게 내재되어 있는 선험적이고 보편적인 당위의 도덕규범이다. 다만 기질상의 차이로 인해 차폐遮蔽의 정도에 차이가 발생하며, 차폐가 심한 백성들은 자발적인 노력으로 명덕을 밝힐 수가 없기 때문에 '배움[學]'을 통해 명덕을 밝힌 자가 백성들의 명덕을 밝혀주어야 하는 것이다. 따라서 '거경궁리居敬窮理'라는 배움의 과정을 통해 자신의 명덕을 밝히는 '명명덕明明德'이 선행되어야 비로소 백성들을 교화시켜 그들의 명덕을 밝혀주는 신민新民이 가능해지는 것이다. 여기에서 양명은 '심心[良知]'을 제1원리로 삼고 있는 반면, 퇴계는 '이理'를 제1원리로 삼고 있음을 간접적으로 발견할 수 있다. 즉 양명은 천지만물과의 감응·시비판단·실천주체인 양지의 실현을 무엇보다 중시하므로 '명명덕明明德'과 '친민親民'은 체용일원體用一源의 체계를 지닌 한 가지 일이며, '친민親民'에는 양육養의 의미가 내포된다. 반면 퇴계는 인간이 따라야 할 당위의 도덕규범인 이理에 대한 올바른 자각과 인식이 먼저 선행되어야 하기 때문에, 이理에 대한 명확한 인식을 통해 자신의 명덕을 밝힌 후 비로소 교화를 통해 백성들의 덕을 밝혀줄 수 있다고 보았다. 따라서 퇴계의 경우 '심心'의 역동성과 주체성보다는 '이理'에 대한 '학學'이 강조될 수밖에 없다.

아울러 또 하나의 간과할 수 없는 중요한 사실이 있다. 그것은 양명이 '신민新民'을 '친애한다親'·'기른다養'의 의미를 내포한 '친민親民'으로 바꾼 것을 퇴계는 충분한 논의 없이 '신민新民'으로 되돌려 놓음으로써 조선조 계급사회의 위계질서를 정당화하고 강화하는 측면으로 되돌아갔다는 점이다. '친민親民'이 평등한 인간관계와 주체적이고 능동적인 인간관을 토대로 한다면, '신민新民'은 백성들을 수동적인 교화의 대상으로 보기 때문이다. 퇴계의 친민설親民說에 대한 비판은 단지 학술적·논리적 오류에 대한 비판에 국한된 것이 아니라 퇴계가 당면하고 있던 조선조 계급사회의 시대상과 퇴계 자신의 위치를 반영하고 있다고 말할 수 있다. 또한 퇴계는 친민설親民說 자체에 대해서는 간략하게 문제 삼으면서 오히려 왕양명의 반反주자학적 태도에 대해서는 강력하고 신랄하게 비판을 가한다. 따라서 퇴계는 양명학 자체에 대한 반감이나 문제의식보다는 근본적으로 정학으로서의 주자학을 수호하기 위한 입장이었고, 양명의 친민설親民說에 대한 신랄한 비판을 통해 주자의 신민설新民說을 회복하고 수호하고자 했다고 평가할 수 있다.[311]

② 궁리설窮理說에 입각한 심즉리설心卽理說에 대한 비판

퇴계의 두 번째 비판은 『전습록논변傳習錄論辯』의 글 가운데서 양명의 주장을 많은 지면을 할애하여 서술함에도 정작 자신은 가장 짧은 말로써 논변을 끝낸 대목이다. 양명의 주장에 대한 퇴계의 단호함과 논변의 불성실함이 동시에 느껴진다. 퇴계의 비판논변이 너무도 짧기 때문에 심층적인 이해를 위해 비판대상인 『전습록傳習錄』의 <서애록徐愛錄> 제3조목에 있는 양명과 서애와의 문답을 소개하는 것으로 두 번째 비판에 대한 고찰을 시작하고자 한다.

서애가 물었다
: 지선至善을 다만 마음에서만 구한다면 천하의 사리事理에 대해 다하지 못함이 없을까 염려됩니다.

양명이 대답했다
: '심즉리心卽理'인데, 천하에 또다시 마음바깥에 일事이 있으며 마음바깥에 이치理가 있을 수 있겠는가?

서애가 물었다

: 예를 들면 부모를 섬기는 자孝, 군주를 섬기는 충忠, 친구를 사귀는 신信, 백성을 다스리는 인仁은 그 사이에 허다한 도리들이 있는데, 이 또한 살피지 않을 수 없지 않습니까?

양명이 탄식하며 대답했다

: 이 말의 병폐가 오래되었다. 우선 예를 들면 부모를 섬긴다는 것은 부모에게서 효도하는 도리를 찾는 것이 아니며, 군주를 섬긴다는 것은 군주에게서 충성하는 도리를 찾는 것이 아니며, 친구를 사귄다는 것과 백성을 다스린다는 것도 동일하다. 모두 이 마음 안에 있을 뿐이며, 마음이 바로 이理이다. 이 마음이 사욕의 가리움만 없으면 곧 천리天理이니 굳이 외면에서 조금도 첨가할 필요가 없다. 이 순수한 천리天理의 마음을 가지고서 발하여 부모를 섬기면 곧 효가 되고, 발하여 군주를 섬기면 곧 충이 되는 것이다. 다만 이 마음에서 인욕을 버리고 천리天理를 보존하는 일에 힘써야 할 뿐이다.[312]

왕양명은 주자학적 입장에서 지선至善의 이치에 대한 궁리窮理의 필요성을 역설하며 의문을 제기하는 서애의 물음에 충忠·효孝·신信·인仁과 같은 이理도 그 대상인 군주·부모·친구·백성에게서 구할 것이 아니라 모두 마음 안에 있다고 답하며 심즉리설心卽理說을 확인시켜준다. 그리고 이 마음에 사욕의 가리움이 없으면 이 마음이 곧 천리天理이며, 이 천리天理의 마음이 군주를 섬기는데 발하면 '충忠', 부모를 섬기는데 발하면 '효孝', 친구를 사귀는데 발하면 '신信', 백성을 다스리는데 발하면 '인仁'이 된다고 말한다. 따라서 모든 행위규범의 이理는 대상에서 찾을 것이 아니라 인욕을 제거하고 천리天理를 간직하고자 하는 노력으로 얻을 수 있는 것이다. 또한 왕양명은 온청정성溫淸定省──부모를 섬김에 있어 겨울은 따뜻하게, 여름은 시원하게, 밤에는 잠자리를 정하고, 아침에는 안부를 살피는 도리──과 같은 구체적인 의절儀節의 조목을 살펴야 한다는 데는 찬성하고 있다. 다만 그는 이 마음에서 인욕을 버리고 천리天理를 간직할 수 있다면, 부모에게 효도하는 마음이 정성스러운 것이므로 의절의 조목들은 저절로 이루어진다고 보았다. 여기에서 왕양명은 효도에 정성스러운 마음이 근본이고 의절의 조목들은 지엽적인 것이기 때문에, 근본이 있음에 지엽이 있는 것이요, 먼저 지엽을 찾고 나서 근본을 버리는 것은 옳지 않다고 강조한다.

    퇴계는 이러한 양명의 자세한 논증에 대해 한마디로 "본래는 궁리공부窮理工夫를 논하는 것인데, 뒤바꾸어 실천공효實踐功效에 입각하여 뒤섞어 말하였다."313)고 비판한다. 이는 의례의 절도나 이치를 밝히는 대상적 인식의 문제를 주체적 실천의 문제로 바꾸어 뒤섞어 놓고 있다는 비판이다. 왕양명은 사물에 내재하는 대상적 이치를 부정하므로, 궁리窮理의 대상도 객관적 외물이 아닌 자신의 본심을 밝히는 것이요, 그 마음에서 인욕의 은폐를 제거하고 천리天理를 드러내는 것이 바로 '치량지致良知'의 방법이라고 제시한다. 퇴계는 이 점을 명백히 인식하여 왕양명이 궁리공부窮理工夫가 결핍된 채 곧바로 실천공효實踐功效의 문제로 들어감으로써 방법적 혼동을 일으키고 있다고 지적한 것이다. 그것은 마음과 사물이 만나는 궁리공부窮理工夫라는 학學의 과정을 통해 실천과 공효를 추구하는 퇴계의 '도학적道學的' 방법론과, 마음에서 천리天理를 밝힘으로써 외물에 대응하려는 왕양명의 '심학적心學的' 입장이 충돌하는 중요한 차이를 드러내는 것이다. 궁리공부窮理工夫의 대상적 인식단계를 기초로 하여 마음의 참된 자각을 실현하고자 하는 『대학大學』의 8조목의 순서에 따라 격물·치지格物·致知에서 성의·정심誠意·正心으로 나아가는 도학적 입장에서 본다면 성의·정심誠意·正心을 중심축으로 삼아 실천으로 나아가는 왕양명의 심학은 『대학大學』의 올바른 순서를 지키지 않는 것으로 볼 수 있다.[314] 또한 오늘날 양명학의 핵심문제 가운데 한 가지로 꼽히는 '격물치지格物致知'와 '치량지致良知'에 대한 문제가 퇴계에 의해 언급되지 않고 있음에 주목할 필요가 있다. 그것은 주자가 '격물格物'에서 '격格'을 '지至'의 뜻으로 보아 "사물의 이치를 궁구하여 그 극처에 이르지 않음이 없다窮至事物之理, 欲其極處無不到也."고 해석하여 객관적 지식의 인식방법으로 제시하는 것과 달리 왕양명은 '격格'을 '정正'의 뜻으로 보아 "마음의 바르지 못함을 제거하여 그 본체의 바름을 온전히 하는 것去其心之不正, 以全其本體之正."이라 해석하여 마음의 본체를 온전하게 실현함으로써 인식과 실천을 통합하고 있는 것이다. 왕양명은 주자는 격물치지格物致知의 개념을 "사물에 나아가서 이치를 궁구하는 것卽物而窮其理."이라 하여 심心과 이理를 둘로 나누어 놓는다고 비판하며, 그 자신은 "사물 하나하나에서 내 마음의 양지良知를 이루는 것致吾心之良知於事事物物也."이라 하여 내 마음에서 양지良知인 천리天理를 이루면 사물도 그 이치를 얻을 수 있는 것이라 하여 심心과 이理가 하나임을 확인한다.[315] 이러한 왕양명의 '격물치지설格物致知說' 내지 '치양지설致良知說'에 대한 퇴계의 직접적인 검토는 없었지만, 그 비판논리의 연장선에서 본다면 궁리공부窮理工夫의 단계를 뛰어넘어 실천공효實踐功效의 단계에서 궁리공부窮理工夫까지 뒤섞어 혼동한 것으로 지적할 수 있을 것이다. 퇴계는, 심의 본체적 측면에서는 왕양명의 심리즉설心卽理說에 대해 도덕규범의 객관적 성립을 부정하는 사견邪見으로 배척하지만, 심에 수양적 측면에서는 이理·기氣가 복합되어 있는 현상의 인식을 반드시 거쳐서 심의 본체를 인식해 나가도록 요구하는 방법적 입장을 취하고 있다. 이러한 관점에서 그는 왕양명이 공부와 인식의 과정을 무시하고 직접 본체에 나가 말하는 것을 뒤섞어 놓은 이론이라 비판하고 있는 것이다.

③ 도학의 주객통일적 진리관을 부정하는 양명의 주관주의적 유심론에 대한 비판

퇴계의 세 번째 비판은 『전습록傳習錄』<서애록徐愛錄> 제4조목에서 왕양명과 정조삭鄭朝朔과의 문답에서 "마음에서 천리天理의 지극함을 순수하게 하지 않고 사물이나 의례의 절도에 서서 마땅함을 구하는 것으로 지선至善이라 하는 것은, 배우가 의례의 절도에 맞게 꾸며서 행하는 것을 지선至善이라고 하는 것과 같다."는 양명의 관점을 겨냥하고 있다. 퇴계는 양명의 이러한 입장을 주자학에서 말하는 객관적 규범과 형식을 무시한 주관주의적 유심론으로 받아들였는데, 이런 이유에서 그는 주자의 거경궁리설居敬窮理說을 바탕으로 양명학을 불학[釋氏의 견해]이라고까지 비판한다.[316] 주자학에서 '지선至善'은 선험적인 당위의 도덕규범이나 궁극적 준칙을 의미한다.[317] 그리고 지선至善이 구체화된 것이 바로 개별적인 절목들이다. 정조삭은 주자학적 입장에서 지선至善을 마음바깥 사물세계에 존재하는 예절에 맞고 합당한 것으로 보고 구체적 행위 이전에 반드시 지선至善이 구체화된 선험적 절목들을 궁구해야 한다고 주장했다. 왕양명은 제자 정조삭의 이러한 의문에 대답하면서 부모를 섬기는데 겨울에 따뜻하게 해드리고[溫], 여름에 서늘하게 해 드리는[淸] 절목이나 봉양의 마땅한 의례절도들은 하루 이틀이면 모두 터득할 수 있는 것이므로 이 의례절도를 익히기 위해 배우고[學] 묻고[問] 생각하고[思] 분변하는[辨] 공부가 필요한 것이 아니라, 이 마음에서 천리天理의 지극함을 순수하게 하는데서 배우고 묻고 생각하고 분변하는 공부가 필요한 것임을 강조한다. 따라서 밖으로 드러난 의례의 절도는 같아도 효의 마음이 진실한 자식과 꾸며서 행하는 배우는 그 마음에서 전혀 다른 것임을 지적함으로써 객관적 의절성儀節性을 중시하는 주자의 입장을 비판하고 자신의 심학적 입장을 확인하고 있다.

퇴계는 이에 대해 우선 왕양명의 주장처럼 마음에 근본을 두지 않고 외형의 의절만 강구하는 이는 배우와 다름이 없다고 시인한다. 그러나 그는 "백성의 떳떳한 본성과 사물의 법칙[民彝物則]"이라는 내면의 심성과 대상의 법칙이 모두 하늘이 내려준 참되고 지극한 이理임을 지적하며 대상적 사물의 이理를 찾는 일을 거부한 양명의 심학적 전제를 비판하였다. 또한 그는 "경敬을 주장하여 [마음의] 근본을 세우고 [사물의] 이치를 궁구하여 앎을 이룬다."[318]고 한 주자의 말에 근거하여 마음의 경敬을 주제로 삼아 사물의 참되고 지극한 이치를 궁구하면 마음의 이치와 의리에 밝아져서 안과 밖이 하나되어 통하고 크고 작은 것이 일치하는 합일의 경지에 이르게 된다고 지적한다.[319] 따라서 먼저 마음의 근본을 확립하되 대상으로서 사물의 이치를 탐구하는 객관적 인식단계를 심화시킨 다음에 안과 밖 곧 주체의 마음과 대상의 이치가 하나 될 수 있지 처음부터 마음이 이치로 확인될 수 없음을 명확히 밝히고 있다. 그리고 이러한 일치단계에서 성의·정심·수신誠意·正心·修身하고 미루어 나아가 제가·치국·평천하齊家·治國·平天下를 수행하는 것을 겉으로 잘 꾸미는 배우라고 할 수 없음을 강조한다. 이러한 관점에서 그는 양명의 주장을 다음과 같이 비판한다.

양명이 한갓 외물이 마음에 누가 되는 것을 근심하여 백성의 떳떳한 본성과 사물의 법칙의 진실되고 지극한 이치事理가 내 마음에 본래 갖추어져 있는 이치이며, 강학講學하고 궁리窮理하는 것은 바로 본심의 체體를 밝히고 본심의 용用을 통달하게 하는 것임을 알지 못하고, 도리어 사사물물을 모두 쓸어버리고 모두 본심으로 끌고 들어가서 뒤섞어 말하려 하니, 이것이 불학[釋氏]과 무엇이 다르겠는가. 그런데도 [양명은] 때로 불학을 공격하는 말을 하여 자신의 학문이 불학에서 나온 것이 아님을 스스로 밝히고 있으니, 이 또한 자신을 속이고 남을 속이는 것이 아니겠는가.[320]

퇴계는 객관적인 참된 이치[事理]가 내 마음에 본래 갖추고 있는 이치[心理]와 일치하는 것이며, 따라서 강학講學하고 궁리窮理하는 공부가 바로 본심의 체體를 밝히고 본심의 용用을 통달하게 하는 방법이라 보는 주체와 객체의 통일적 진리관을 제시하고 있다. 따라서 퇴계는 이러한 도학의 '주객통일적 진리관'을 이해하지 못한 채 다만 외부사물이 마음에 얽히는 것을 염려하여 모든 외부사물을 쓸어내고 본심으로 끌어들여 뒤섞어 말하는 주관주의적 유심에 빠져있는 왕양명의 심학을 불학[釋氏]과 다르지 않다고 비판한다.[321] 그리고 주관주의적 유심이라는 입장에서 동일함에도 불구하고 도리어 불학을 비판하는 왕양명은 자신을 속이고 남을 속이고 있다고 공박하고 있다.[322]

④ 선지후행설先知後行說에 입각한 지행합일설知行合一說에 대한 비판

퇴계가 『전습록논변傳習錄論辯』에서 가장 많은 양을 할애하여 가장 심혈을 기울였던 네 번째 비판은 『전습록傳習錄』 <서애록徐愛錄> 제5조목에 수록되어 있는 양명의 '지행합일설知行合一說'이다.[323] 먼저 서애는 주자학적 입장에서 궁리窮理를 통해 당위의 도덕규범으로서의 이理, 곧 효의 이理를 아는 '지知'와 실제로 효의 이理를 실천하는 '행行'을 서로 다른 차원의 문제로 규정하고 암암리에 선궁리·후실천先窮理後實踐의 입장을 피력하였다. 이러한 서애의 의문에 대해 양명은 "알면서도 행하지 않는 사람은 없다. 알면서 행하지 않으면 이것은 모르는 것이다未有知而不行, 知而不行只是未知."며 아름다운 여색을 좋아하고 나쁜 냄새를 싫어하듯 지知와 행行이 본체적 차원에서 합일임을 주장한다. 퇴계는 『전습록논변傳習錄論辯』에서 이러한 지행합일설知行合一說에 기초하여 도학의 선지후행설先知後行說을 "오늘날 사람들은 강습하고 토론하여 진리를 알기를 기다린 후에야 행하는 공부를 하려 하니, 끝내는 종신토록 알지도 못하고 행하지도 못한다."는[324] 양명의 비판에 대해 "미학末學들이 귀로 들은 것을 입으로 말하기만 일삼는 폐단을 절실하게 지적한 것"으로 일단 인정하였지만, 그렇다고 "이러한 폐단을 고치기 위해 억지로 파고들어 지행합일설을 내세운 것"[325]은 근본적으로 잘못된 것이라 반박하며 도학의 근본정신과 말단의 폐단을 분리시키고 있다. 퇴계는 대략 두 가지 논점에서 그 비판을 수행한다.

첫째는 형기形氣와 의리義理에 따른 지知·행行을 분별하는 것이다. 그는 왕양명이 『대학大學』의 "아름다운 여색을 좋아하듯이, 나쁜 냄새를 싫어하듯이如好好色, 如惡惡臭"라는 구절을 들어 지행합일의 증거로 삼고 있는 데 대해, 『논어』에서 "나는 아직 덕을 좋아하기를 아름다운 여인을 좋아함과 같이 하는 이를 보지 못하였다."는 구절을 인용하여 지知와 행行이 일치하지 않는 증거로 삼아 대비시켰다. 여기서 퇴계는 아름다운 여색을 보고 아는 것[知]은 좋아하는 행위[行]와 일치하겠지만, 선善을 보고 좋아하기를 아름다운 여색을 보고 좋아하듯 할 수 없는 것임을 지적한다. 따라서 그는 사람의 마음이 형기形氣에서 발하는 것과 의리義理에서 발하는 것을 구분함으로써 왕양명의 지행합일설의 적용범위를 형기形氣에서 발한 마음만을 가리키는 것으로 한정짓고 있다. 즉 퇴계는 형기形氣에서 발한 마음은 "배우지 않고도 저절로 알고 힘쓰지 않고도 저절로 행할 수 있는 것不學而自知, 不逸而自能."이므로 행行이 지知에 깃들어 있다 하여 지행합일설이 성립할 수 있는 범위를 형기形氣에서 오는 마음으로 한정하였던 것이다. 반면 의리義理에서 발하는 것은 "배우지 않으면 알 수 없고 힘쓰지 않으면 행할 수 없는 것不學則不知, 不逸則不能."이므로 선을 보고도 선인 줄 모르는 자가 있고 선을 알고도 선을 마음으로 좋아하지 않는 자도 있다는 것이다. 따라서 『대학大學』에서 "아름다운 여색을 좋아하듯"이라고 말한 의도를 형기形氣에서 발한 마음의 속[知]과 겉[行]이 한결같은 사실을 빌어 의리義理의 마음에서도 지知와 행行이 일치하도록 권면하는 것이라 지적함으로써 왕양명이 형기形氣에서 따른 지知·행行으로 의리義理에 따른 지知·행行을 설명하려고 하는 것은 중대한 오류라고 비판한다.

퇴계는 의리義理에 있어서의 지知·행行의 관계를 분석하여 "지知와 행行을 합하여 말하면 모름지기 서로 병행하여 하나도 빠뜨릴 수 없는 것이요, 나누어 말하면 지知를 행行이라 할 수 없으니 행行을 지知라 할 수 없는 것과 같다. 어찌 합하여 하나라 할 수 있겠는가."[326]하며 병행하지만 구별하는 것임을 명백하게 밝히고 있다. 또한 아프고 가려우며 주리고 배고픔을 아는 것을 성품으로 삼는 것은 고자告子의 '생위지성生謂之性'[327]과 같은 것으로 치부하며 양명이 심성을 형기形氣적 관점에서 보는 것으로 비판하고 있다. 이에 따라 퇴계는 왕양명이 들고 있는 증거가 모두 혈기血氣와 인심人心의 범위 안에 있는 것이라 지적하고 의리義理와 도심道心을 떠나서는 지知·행行을 논하는 것은 금수에게도 가능한 것이며 학문으로서 성립할 근거를 상실한 것이라 비판한 것이다.

둘째는 마음과 사물이 관통하고 지知·행行이 일관하는 성인의 학문방법과 마음 안에서 지知·행行을 뒤섞고 있는 왕양명의 학문방법을 대비시켜 성인의 학문에 어긋남을 비판했다. 퇴계는 성현의 학문을, 마음에 근본하며 사물에 관통하므로 선을 좋아하면 마음으로만 좋아하지 않고 반드시 행위와 일에서 선을 이루는 것으로, 마음과 사물이 일관하고 지知가 행行으로 실현되는 것이라고 제시한다. 이에 반해 왕양명의 견해는 단지 본심에 나아가서 지知와 행行이 하나라고 뒤섞어 말하는 것이라 규정하여 왕양명이 성인의 학문에 어긋남을 지적한다. 또한 그는 양명이 마음에 진실로 아름다운 여색을 좋아한다면 혼인하지 않고 인륜을 저버리더라도 아름다운 여색을 좋아한다고 할 수 있는지를 반문하며, 형기形氣에 따르기만 하고 의리義理를 배제하면 지知·행行이 일치한다는 것이 정당성을 잃는 것이라 지적하여 비판한다. 나아가 왕양명이 지知와 행行을 나누지 않는 것을 지知·행行의 본체라 하고 지知·행行을 나누는 것을 사사로운 생각이 가로막힌 것이라 언급한데 대해 "옛 성현이 지知와 행行을 [나누어 말한 것을] 모두 사사로운 생각이라 할 수 있겠는가."라 반문하며 왕양명이 성현의 전통에 어긋났음을 지적하고 있다. 퇴계는 왕양명의 언급이 한정된 의미에서 긍정적 의미를 지닌다고 언급하고 있다. 그러나 이러한 긍정적 언급은 왕양명의 입장을 깊이 이해하는 것이 아니라 주자학의 체계를 표준으로 정립하는 입장에서 양명학이 지닌 한계를 규정하고, 나아가 근원적 오류를 지적하는데 초점이 맞추어져 있다. 따라서 왕양명의 어떠한 견해도 끝내는 비판과 배척의 대상으로 확인될 뿐 수용의 여지를 남겨두지 않는다.

퇴계는 왕양명이 주자의 설을 배격하려고 주자의 이야기를 홍수나 맹금의 재앙처럼 여겼고, 번거로운 문장의 폐단을 없애려 진시황이 경전을 불태웠던 사건을 공자가 옛글에서 잡다한 것을 깍아내고 바른 글을 서술하여 『육경六經』을 확정한 것과 같은 뜻으로 보았다하여 왕양명을 한 마디로 '미친 사람'으로 규정하였다. 그리고 "만약 이 사람으로 하여금 임금을 만나서 그 뜻을 행하게 하면, 유교[斯文]와 이 세상에 끼치는 재앙이 아니라 진나라 때보다 더 맹렬할 것이다."[328]며 그를 극단적으로 배격하였다.

4. 퇴계의 양명학 비판 의의

　퇴계의 양명학 비판은 조선시대 도학의 정통주의적 이념을 그 시대에 천명한 것으로, 조선초기에 정도전이 불교를 비판한 것과 상응한다고 볼 수 있다. 정도전의 불교비판이 조선건국 초기에 광범하게 가로놓인 불교의 사상적·사회적 기반을 극복하고 사회적으로 도학의 이념을 수립하기 위한 것이었다면, 퇴계의 양명학 비판은 조선중기의 도학이념을 확고하게 정립시키고 확산하는데 새로운 장애로 등장한 육상산·왕양명의 심학의 위험요인을 사전에 제거하는 작업이었다. 이런 의미에서 퇴계의 심학비판은 그만큼 퇴계가 그 시대에 도학의 정통이념을 확립하고자 하는 사명의식을 발휘했던 것으로 평가할 수 있다.

　이러한 퇴계의 양명학 비판이 '조선의 주자' 혹은 '조선유학의 제1인자'라는 그의 학문사적 위치와 결합되어 조선후기 사회에 미친 영향은 실로 막강하였다. 사실상 퇴계는 양명학이 조선사회에 수용되어 확산을 위해 꿈틀거리던 초기단계에 철저하게 비판함으로써 이후 조선사회에서 양명학의 성장·확산을 원천적으로 봉쇄하였다. 당시 중국의 명대 유학자들 사이에는 양명학이 광범위하게 확산되어 있었고, 그 문화적 압박은 정치적 압박과 함께 조선사회에 심각하게 파고들어왔다. 예컨대 조선을 방문했던 황홍헌黃洪憲은 율곡栗谷에게 주자학을 벗어난 글을 짓도록 요구하였으며, 이연구李延龜는 임진왜란 동안 조선에 왔던 양명문인 송응창宋應昌의 요청으로 왕군영王君榮과 더불어 『대학강어大學講語』를 짓기도 하였다. 특히 이 시

194
종교철학산책

기의 명의 사신들 가운데 일부는 조선의 문묘에 육상산·왕양명을 배향하도록 요구하기까지 했다. 이러한 외부의 압박과 함께 선조宣祖의 양명학에 대한 호의적 태도[329]가 있었음에도 불구하고, 조선사회의 도학적 신념기반은 그 정통성을 확고히 지켜나갔다. 실질적으로 중국은 물론 일본에서도 양명학이 상당히 융성하였지만, 조선후기 사회에 양명학이 공개적으로 등장할 수 없었던 것은 퇴계의 양명학 비판의 직·간접적인 영향 때문으로 생각된다.

물론 새로운 사상조류였던 양명학은 조선사회에 녹아들어 유학자들 사이에는 이를 연구하고 깊은 관심을 보인 인물들이 상당수 나타나기 시작했다. 조선후기에 장유張維와 최명길崔鳴吉이 양명학에 대해 적극적인 이해를 시도하였으며, 정제두鄭齊斗에 의해 조선 최초의 양명학파인 '강화학파'가 성립되기도 하였지만, 이들 사이에도 표면적인 활동은 찾아보기 어려웠다. 조선후기에 오면 양명학은 오히려 도학을 벗어나기 시작하는 새로운 사상조류로서 실학자들 사이에 관심이 높아지고 활발하게 논의되었다. 그러나 이러한 연구들은 양명학을 학문적 표준의 하나로 받아들인 것이 아니라 실학의 개방된 학문정신에서 자신의 이론을 뒷받침하기 위해 자유롭게 활용되었을 뿐이다. 양명학이 공개적으로 그 입장을 표방하기 시작한 것은 조선왕조의 붕괴이후 정인보鄭寅普 등에 의해서였다. 그만큼 조선시대는 철저히 도학의 정통정신으로 무장되었고 도학정통의 순수성을 지키기 위해 투쟁해왔던 것이다. 퇴계의 양명학 비판은 이러한 도학의 정립과 정통의 순수성을 지키기 위한 산물이요, 특히 조선시대 도학의 독자적 특성을 형성하는데 기여했다. 그러나 이러한 긍정적 의미의 이면에는 부정적 의미 역시 잠재하고 있었다.

학문의 발전은 항상 다양성을 전제로 한다. 그런데 이 다양성을 용납할 수 없는 논리가 바로 정통의식에 입각한 이단비판론이다. 이러한 관점에서 볼 때 양명학을 이단사설로 규정하고 배격했던 퇴계의 비판 태도는 학문적 발전을 위한 다양성을 원천적으로 봉쇄했다고 볼 수밖에 없다. 조선시대 초기 양명학 수용자의 한 사람인 장유가 조선유학사의 총론으로 간주되는 『계곡만필谿谷漫筆』에서 "중국의 학술에는 갈래가 많아서 정학正學[유교]·선학禪學·단학丹學이 있고 또 정주학程朱學을 배우는 자가 있으며 육씨陸氏를 배우는 자도 있어 [학문하는] 길이 한 가지가 아니다. 그런데 우리나라는 유식·무식을 논할 것 없이 책을 끼고 글을 읽는 사람이라면 모두 정주程朱를 외울 뿐이고, 다른 학문이 있다는 것은 듣지 못했다."라고 통탄한 것이나 정인보가 "조선에는 양명학파가 없고 오직 주자학파뿐이라 따로 주자학파라는 이름도 없게 되었으며, 만일 책상위에 양명학의 책이 놓인 것만 보아도 이단사설로 몰았다."[330]고 한탄한 내용은 이러한 다양성의 부재로 초래된 조선의 학문적인 특수상황을 날카롭게 지적한 것이다. 특히 일부 학계에서는 퇴계의 양명학 비판으로 인해 조선에 뿌리내리지 못한 양명학이 일본으로 건너가 메이지유신을 통해 동아시아 3국 중 가장 먼저 서구식 근대화에 성공하도록 추동하였다고 평가하기도 한다.[331][332] 따라서 그들은 퇴계의 양명학에 대한 엄격한 배척이 한국이 근대화로 나아가는 사상적 계기를 잃도록 만들었고, 퇴계는 마땅히 한국이 근대화 과정에서 뒤쳐지게 된 책임을 져야한다고까지 비평하기도 한다.

한국의 유학은 조선시대에 이미 주자학만을 정학正學으로 여겼고, 비인간적인 이理와 개인적 거경居敬만을 고집하여 의식적으로 양명陽明의 심학心學을 부정하였다. 그들은 인간이 가지고 있는 심心

본체本體의 이理의 이치와 지행합일知行合一의 이론을 비판하고, 또 양명의 인도주의적 양지설良知說을 배척하였다. 한국에서는 양명학에 대한 절대적 배척으로 말미암아 일본의 메이지유신과 같은 근대화의 반열에 진입하지 못했을뿐만 아니라 민족적 세계질서와 흐름에 매진하는 기회를 박탈당하였다.[333]

이러한 맥락에서 퇴계의 양명학 비판은 객관적으로 재검토될 여지가 있으며, 양명학에 대한 재조명 역시 동시에 이루어져야 한다고 생각된다. 마지막으로 퇴계의 양명학 비판과 그로 인해 초래된 문제점을 함축적으로 정리한 김길락의 언급을 소개한다.

정주학만을 정통사상이라 단정하고 여타의 제학문과 이론에 대하여는 이단이니 사문난적이니 하면서 냉혹한 비판과 배척을 가하는 편협하고도 기이한 조선시대의 학풍은 같은 유교문화권인 중국과 일본의 경우와 입장을 달리한다. 최근에 들어와 우리에게 대과제로 부과되었던 현대화 과정에서 이러한 폐쇄적인 의식은 많은 문제점을 야기시켜 현대화에 큰 장애요소가 되었다고 보여진다. 철학사상의 다원화, 그것은 비단 철학사상의 발전에 국한되는 문제만은 아니다. 균형있는 사회발전을 도모하게 하고, 정신적 제반문화의 발전은 물론, 물질적 경제성장까지 유감없이 발전시켜 나가게 한다고 말할 수 있을 것이다. 우리의 전통사상 속에서 유독 소외되어 온 한국의 양명학에 대한 새로운 관점과 시각에서의 재조명은 우리의 잘못된 과거의 학풍을 반성하고, 보다 나은 내일의 발전을 도모하기 위한 시도이다. 양명학의 학술적 성격이 지니는 우위성이라기보다는 정치적 권위와 통치이념화 되었던 주자학의 그늘 속에서 삶의 한 편법으로서가 아닌 순수 참된 진리와 학문에 대한 열정과 애착에서 추구되고 연마되었던 한국의 양명학에 대한 점진적이고도 객관적인 재평가야말로 의미있는 작업이 될 것이다.[334)

5. 맺기

　학문과 사상에 있어 전통과 권위에 대한 단순한 맹종과 교조주의적 답습은 곧 죽음을 의미한다. 학문과 사상은 시대의 변화와 문제들을 담아내면서 끊임없이 새롭게 태어나야 한다. 새로운 탄생의 밑바탕에는 비판과 창조정신이 자리하고 있다. 공자에게서 시작된 유학사상이 수천 년간 동아시아 역사에서 생명력을 잃지 않고 주도적인 역할을 담당할 수 있었던 가장 중요한 이유 또한 전통에 대한 교조주의적 답습이나 권위에 대한 맹종이 아닌 유학사상 내부의 끊임없는 비판과 창조에 있었다. 왕양명의 주자학 비판과 퇴계의 양명학 비판은 맹목적 비판이 아닌 창조를 위한 발판이었으며, 이들은 비판과 창조를 통해 중세사회에서 유학사상을 발전시키고 유학의 생명력을 유지시켜 나갔다. 북송의 오자와 남송의 주자는 선진시대 인성론 중심의 공맹유학을 형이상학적 우주론으로 확대·발전시킴으로써 도道·불佛의 시대에 종지부를 찍고 새로운 '신유학의 시대'를 개창하였다.

　그러나 명대에 이르러 주자학은 인간 주체성의 상실과 실천성의 약화라는 문제를 야기하였으며, 이에 왕양명은 주자학 전반을 비판하고 독창적 심학사상을 수립함으로써 시대문제를 해결하고자 하였다. 왕양명이 살았던 15세기 후반에서 16세기 초반 중국이 주자학의 폐해가 심각했다면, 퇴계가 살았던 16세기 조선은 정주학적 유학이 정치이념[官學]으로서 조선 정통 성리학으로서 확고하게 확립되어 있었고, 학술적으로 주자학이 꽃을 피우던 시기였다. 4대 사화士禍로 인해 불의가 판을 치는 시대의 아픔을 경험한 퇴계는 오히려 당시의 정학正學, 곧 학문연구의 절대적 기준을 제시해 주는 정주학에 전념함으로써 정도正道를 수립하고 정주학을 지키기 위한 위도衛道의 입장에 정주학에 위배되거나 이를 위협하는 이학을 비판·배척 하는 것[破邪顯正]을 시대적 사명으로 삼았다. 퇴계는 양명학 비판의 결정 판이요 이후 지침서가 되었던 『전습록논변傳習錄論辯』에서 선험적 정리定理 를 부정하고 궁리窮理를 무시하는 양명의 '심즉리설心卽理說', 도덕적 차원 의 지행知行을 감각적 차원[形氣]의 지행합일知行合一과 동일한 것으로 간 주하는 양명의 '지행관知行觀', 그리고 이리理에 대한 배움과 교육의 신민新民 을 친민親民으로 규정한 양명의 '친민설親民說'에 대한 전방위적인 비판을 통해 주자의 격물궁리설格物窮理說·선지후행설先知後行說·신민설新民說의 타 당성을 강력하게 옹호·변론함으로써 주자학 수호의 목적을 달성하였다.

그러나 도학의 정립과 정통의 순수성을 지키고 조선시대 도학의 독자적 특성을 형성하는데 퇴계의 양명학 비판이 긍정적인 역할을 했을지 모르지 만, 정통의식에 입각한 이단비판론으로 인해 학문의 발전의 초석인 다양성 을 저해했다는 점에서는 부정적인 영향 역시 컸다 할 수 있다. 이러한 퇴계 의 양명학 비판이 갖는 양면의 날을 모두 온전하게 이해할 때야 비로소 그 에 대한 온전한 평가를 할 수 있을 것이다.

일곱 번째 산책

유교와 실학

일본실학을 중심으로

산책을 시작하며

유교에서 실학實學은 '실사구시實事求是'를 정신으로 하는 실용적 학문을 통칭하며, '허학虛學'에 반대되는 의미를 사용되었다. 이러한 실학에 대한 논의는 중국, 한국은 물론 일본에서도 하나의 거대한 담론체계를 형성하였다.

일본의 실학개념은 '실제로 도움이 되는 학문', '실생활에 도움이 되는 실업의 학문實業學'을 의미한다. 이것은 조선의 실학개념은 물론 중국의 실학개념과도 완전히 다른 일본 특유의 개념으로, 특히 동아시아 3국 중 가장 먼저 서구식 근대화에 성공한 '일본 근대화'에 지대한 공헌을 했다. 따라서 일본실학개념의 특수성을 올바르게 파악하기 위해서는 일본의 근대화 과정 속에서 그 실마리를 찾아야 한다.

특히 메이지유신을 통해 일본의 근대화에 지대한 공헌을 했던 후쿠자와 유키치福澤諭吉에게서도 '실업지학實業之學'으로서의 실학이 강조되었던 점을 볼 때, 실학은 일본의 근대화의 바탕이 되는 중요한 개념이다. 따라서 일본 특유의 실학개념을 성립케 한 기원·계보·특징 등에 대해 입체적으로 고찰함으로써 일본실학에 대한 심층적 이해를 도모하였다.

1. 들어가기

2. 일본실학의 개념
   1) 실학개념의 형성·전개
   2) 실학개념에 따른 연구동향

3. 일본실학의 기원
   1) 일본실학과 일본사회 번교藩校교육
   2) 일본실학과 일본의 정치사상 구조

4. 일본실학의 계보
   1) 일본실학의 발전단계 구분
   2) 일본실학 발전단계별 특징 및 실학자 계보

5. 일본실학의 특징

6. 맺기

1. 들어가기

일본의 실학개념은 '실제로 도움이 되는 학문', 곧 '실생활에 도움이 되는 실업의 학문實業學'을 의미한다.[335)336)] 이것은 조선의 실학개념은 물론 중국의 실학개념과도 완전히 다른 일본 특유의 개념으로,[337)] 특히 동아시아 3국 중 가장 먼저 서구식 근대화에 성공한 '일본 근대화'에 있어 지대한 공헌을 했다. 따라서 일본실학개념의 특수성을 올바르게 파악하기 위해서는 일본의 근대화 과정 속에서 그 실마리를 찾아야 한다.

일본의 근대화는 프랑스·영국 등 서구의 근대화와는 태생적 차이를 가지고 있다. 서구의 근대화가 자생적으로 이룩해낸 결과라면, 일본의 근대화는 서구의 영향을 받아 일본 고유의 역사적 전통을 기반으로 이룩해낸 복합적 결과물이다.

현재 일본에서는 이러한 일본 특유의 근대화 과정에 기초해서 일본실학에 대한 연구가 대략 두 가지 관점에서 진행되고 있다. 하나는 마루야마 마사오丸山眞男의 '과학사의 입장'에서의 연구이고 다른 하나는 미나모토 료엔源了圜의 '사상사의 입장'에서의 연구이다.[338)] 한 가지 흥미로운 것은 마루야마가 "일본의 근대화는 일본사상사에서 주자학이 붕괴됨으로써 얻어진 것"이라고 주장하는 반면, 미나모토는 "일본의 주자학적 전통이 준비한 것이 근대"라는 서로 상반된 입장을 취하고 있다는 사실이다. 이것은 실학개념에 대한 해석의 차이에서 파생된 결론이지만, 본질적으로는 일본실학의 기원·계보·특징 등에 대한 이견에 기초한다. 따라서 일본 특유의 실학개념을 성립케 한 기원·계보·특징 등에 대해 입체적으로 고찰함으로써 일본실학에 대한 심층적 이해를 도모하고자 한다.

2. 일본실학의 개념

1) 실학개념의 형성·전개

일본실학은 주자학을 변용·수정·비판하는 과정에서 형성·전개되었다.[339] 이러한 변용·수정·비판의 자세는 일본이 주자학을 수용한 초기부터 나타난 특징이었다. 조선과 달리 송의 주자학 뿐만 아니라 명학明學과 조선의 유학을 동시에 수용한 일본의 유학자들은 그 가운데서 선택하거나 병행할 수 있었다. 따라서 근세에 성립된 실학개념은 배후의 사상과 가치관의 차이에 따라 다양한 형태로 발전했다. 그러나 그러한 다양함 속에서도 일관된 특징이 있었으니 바로 '허학虛學'에 반대하는 '실학實學'이라는 개념의 제시였다.[340] 이것은 일본의 근세실학뿐만 아니라 근대실학까지도 해당되는 공통된 특징이다.

일본의 근세실학은 <실학 對 허학>의 구조 속에서 주자학에 근거하여 불교를 허학으로 규정하며, 현실생활에서 인간의 진실한 모습을 추구하는 가치적·실천적 성향의 실학으로 출발했다. 이후 실학개념은 점차 인간의 내면적 가치에서 외부질서로 관심이 확장되면서 보다 실증적이며 합리적인 실학으로 전개된다. 물론 여기에도—주자학이라는 공통분모가 있었음에도 불구하고—<실학 對 허학>의 구조 속에서, 기존실학을 허학으로 부정하고 자신의 체계를 실학이라는 개념으로 제시하는 패턴은 여전히 나타난다. 그리고 실업학으로서 근대실학이 등장하면서 근세실학[주자학·양명학 등]은 다시 <실학 對 허학>의 구조 속에서 허학으로 부정당하게 된다.

이렇듯 일본에 있어서 '실학'이란 기존의 사상과 가치관에 불만을 가지기 시작하여 크든 작든 사회적 가치체계에 동요가 일어났을 때, 기존의 사상과 가치관에 반대하여 새로운 학문과 사상을 수립하려는 측이 자신의 정당성을 주장하기 위해 내걸었던 일종의 슬로건이었다. 따라서 실학이란 본래 논쟁적 개념이며, 순수한 지적요구에 의해 도출된 개념이 아닌 행위의 수행이라는 문제를 둘러싸고 성립된 개념이다. 그리고 여기서 무엇을 '실'로 하고 무엇을 '허'로 할 것인가에 대한 판정기준은 그 사람의 행동·목적·가치에 따라, 그리고 시대에 따라 변화한다. 이런 이유에서 어떤 시대 어떤 사람에 의해 실학으로 주장된 것이 다른 시대 다른 사람에 의해 허학으로 부정되기도 하며, 또한 새로운 실학이 주창되기도 한다. 결국 일본의 실학사는 '진실의 학'이란 무엇일까라는 의문을 축으로 전개되는 '허실虛實의 변증법'이라 할 수 있다.[341]

2) 실학개념에 따른 연구동향

실업학으로서 일본실학을 연구하는 경향은 앞서 말하였듯이 크게 두 부분으로 대별된다.

첫째는 일본 근대 여명기에 실학이라는 개념을 천하에 통용시킨 후쿠자와 유키치福澤諭吉가『學問のすすめ』에서 주장한 '실업지학實業之學'으로서의 실학개념이다. 후쿠자와의 실학개념은 전후戰後 마루야마 마사오에 의해 새롭게 해석되어 재탄생된 개념으로, 마루야마는 "송학宋學이나 고학古學이나 심학心學이나 미토학水戶學의 '실학'에서 후쿠자와의 '실학'으로의

비약은 실로 윤리학에서 물리학으로의 전회가 나타난다."고 주장한다. 이후 후쿠자와—마루야마의 실학개념에 찬동하는 연구가 과학사를 중심으로 전개되어 일본실학 연구의 중요한 한 맥을 형성하고 있다.[342)]

둘째는, 일본사 및 일본사상사 연구 분야에서 마루야마의 '실학의 전회'라는 개념에 반론을 제기한 미나모토 료엔의 유학적 입장에서의 실학개념이다. 그는 마루야마의 연구에 동감하면서도 마루야마가 간과하고 있는 점에 대해 일본 사상사적 관점에서 반론을 제기했다. 간단하게 차이점을 말하면, 마루야마의 '실학의 전회'는 일본사상사에서 주자학이 붕괴됨으로써 얻어진 것이 근대라는 주장이다. 반면 미나모토는 일본의 주자학적 전통이 준비한 것이 근대라고 주장한다. 미나모토는 "근세의 사상적 동력은 역시 유학에 있다"는 반론과 함께 그 예증으로 일본실학이 어떻게 수용·형성·발전되었는지 통시적 관점으로 논증하였는데, 흔히 이것을 미나모토의 '실학의 역사'라고 지칭한다.

이 두 연구 외에도 에도시대의 철학자이자 과학자인 미우라 바이엔三浦梅園의 학문을 매개로 일본 실학의 특성을 '실심실학實心實學'[343)]으로 보는 오가와 하루히사小川晴久의 연구와 일본의 실학적 특성을 실증적 실학으로 간주하며 과학사와 국학분야에서 진행된 연구들[344)]이 있지만, 여기서는 보다 심층적인 이해를 위해 마루야마 마사오와 미나모토 료엔의 연구에 대해서만 소개하도록 하겠다.

① 마루야마 마사오丸山眞男의 과학사 입장에서의 연구

일본의 근대 여명기에 실학이라는 개념을 천하에 통용케 한 장본인은 후

쿠자와 유키치이다. 그는 저서 『學問のすすめ』에서 자신의 학문관을 피력하고 있는데, 그에게 있어 '실학'이란 일상생활에 도움이 되는 학문을 의미한다.[345] 그가 생각한 실학은 다름 아닌 서양의 학문, 곧 자연과학과 사회과학을 포함하는 넓은 의미의 과학을 의미하는데, 이것은 실학이라는 한자 위에 '사이언스'라는 음 읽기ょみがな를 붙여놓은 것을 보아도 충분히 짐작할 수 있다. 따라서 후쿠자와에게 있어서는 '실학=서양학=과학'의 등식이 성립되며, 이 경우 과학은 자연과학이든 사회과학이든 순수학문이 아닌 응용학문을 의미한다. 왜냐하면 후쿠자와는 배워서 곧바로 실생활에 사용할 수 있는 학문을 추구하였기 때문이다. 이러한 관점에서 그의 교육목표 역시 실학을 배운 학생들이 사회에 나아가 상공업자로 독립하는데 있었다. 이것이 바로 현대 일본의 실학개념으로 정착된 '실업지학實業之學'의 원형이라고 할 수 있다.[346]

이러한 후쿠자와의 학문관[실학관]은 전후[1946년] 마루야마 마사오에 의해 새로운 국면을 맞이하게 된다. 마루야마는 자신의 주저 『후쿠자와 유키치의 철학福澤諭吉の哲學』<福澤諭吉における『實學』の轉回>에서 "후쿠자와의 실학에 있어서 참된 혁명적 전회란, 사실 '학문과 생활의 결합', '학문의 실용성 주장' 그 자체에 있는 것이 아니고, 오히려 '학문과 생활이 어떠한 방법으로 결합할 수 있는가'라는 점이 핵심이다. 그리고 그 결합 방식의 근본적 전회는 학문의 본질구조의 변화에 기인한다. 이 변화의 의미를 찾아가는 것이 결국은 후쿠자와의 실학 '정신'을 푸는 열쇠가 된다."[347]고 언급하며, 그가 에도시대의 '계승자'가 아닌 '혁명자'임을 다음의 두 가지 관점에서 정리한다.

첫째, 후쿠자와의 '실학'관에는 에도시대[봉건제, ancien régime]

'실학'의 모습이 메이지 개화기에 있어서 <윤리중심의 실학>에서 <물리중심의 실학>에로의 혁명적 전회가 나타난다. 둘째, 이 학문의 담당자를 생활인으로 보고 '생활과 학문과의 결합방법'이 '자연질서와의 완전한 합일'로부터 '자연과학적 학리에 의한 생활영역의 개척'을 가져온 '분투적 인간[이념적 시민]'에의 혁명적 전회이다.

이것은 후쿠자와 실학에 대한 마루야마의 가설로, 폭넓은 지지를 받아 명실상부 일본의 실학개념으로 자리잡게 되었다. 그런데 후쿠자와가 에도시대 실학의 계승자가 아닌 혁명자로 인정받기 위해서는 후쿠자와의 실학이 에도시대의 실학과 어떠한 차이가 있는지를 입증해야만 한다. 이에 마루야마는 몇 가지 전제를 중심으로 엄밀한 논증을 해 나간다.

모든 시대, 모든 사회는 각각 전형적인 학문을 가지고 있다. 그리고 그 학문의 원형은 그 시대, 그 사회의 삶과 사회의 근본적 가치결정에 의존한다. 따라서 중심 학문분야의 이동은 인간생활태도가 변화했음을 유추하게 한다. 이런 관점에서 후쿠자와가 제시한 학문과 생활의 결합방법에서의 '혁명성'은 후쿠자와가 어떠한 학문을 '원형'으로 삼았으며, 또 그것은 에도시대의 그것과 어떠한 차이점을 지니는지에 의해서 명확해진다. 후쿠자와에게 있어 학문의 원형은 서양의 학문 중 수학과 물리학, 곧 '수리학'이었다. 이는 그의 자서전 『복옹자전福翁自傳』을 통해서도 확인할 수 있다.

동양의 유교주의와 서양의 문명주의를 비교하여 보면 동양에 없는 것에는 유형으로는 수리학과 무형으로는 독립심 이 두 가지이다.

반면 에도시대[봉건제] 학문의 중심적 지위에 있었던 것은 수신제가의 학 곧 윤리학이며, 일종의 '가르침'. 즉 교학이 그 원형이다. 그 가르침은 바로 '도道'를 말하며, 따라서 '도학道學'이 모든 학문의 근본이었다. 이런 이유에서 마루야마는 "송학이나 고학이나 심학이나 미토학의 '실학'에서 후쿠자와의 '실학'으로의 비약은 거기에 있는 중심적 학문영역의 추이에서 본다면, 실로 윤리학에서 물리학으로의 전회가 나타난다."고 한 것이다. 그리고 그는 후쿠자와가 물리학을 학문의 원형으로 삼은 이유를 "윤리와 정신의 경시가 아닌 새로운 윤리와 정신의 확립", 곧 자연과학 그 자체 또는 그것이 가져온 결과보다는 자연과학을 낳고 근대적 윤리·정치·경제·예술을 산출케 한 인간정신의 확립에 있었다고 분석했다. 이 분석에 기초해서 "<윤리중심의 실학>과 <물리중심의 실학>의 대립은 동양적 도학의 근거였던 '정신'과 근대 수학적 물리학의 근거였던 '정신'과의 대립으로 귀착한다."는 결론을 도출해낸다. 물론 여기에서 말하는 근대 수리학의 근거였던 정신은, 모든 것을 표상화하는 데카르트의 주체적 이성과 같이 "일상생활에서 끊임없이 예측 및 계획하고 시행착오를 통해 무한하게 새로운 생활영역을 개척하는 분투적 인간"의 정신을 의미하며, 이것은 자연질서와 사회질서를 동일시하며 그 질서에 순응하는 동양적 도학의 근거였던 정신과는 엄격히 분리된다.[348] 결국 마루야마가 후쿠자와에게서 발견한 '근세적 실학'에서 '근대적 실학'으로의 혁명적 전회는 '윤리중심의 실학'에서 '물리중심의 실학'으로의 전회이자 '동양적 도학을 산출해낸 정신'에서 '수학적 물리학을 산출한 정신'으로의 전회이다.

② 미나모토 료엔源了圓의 사상사 입장에서의 연구

미나모토의 연구는 마루야마의 '실학의 전회'라는 개념에 대한 반론을 그 학문적 출발점으로 삼고 있다. 그는 마루야마의 <福澤諭吉における『實

學』の轉回>라는 논문을 전후 혼란기에 새로운 시대를 열어나가는 기백이 넘치는 논문으로 인정하면서도 그 논문에서 마루야마가 간과하고 있는 문제점에 대해 일본사상사적 관점에서 반론을 제기하였다. 미나모토가 지적하고 있는 마루야마 연구의 문제점은 다음과 같다.

첫째, 마루야마는 후쿠자와의 실학과 근세실학을 모두 완성된 전체로서 문제 삼고 있는데, 과연 ①후쿠자와 자신은 『學問のすすめ』 집필 당시, 마루야마가 후쿠자와의 사상으로 간주한 체계를 스스로 자각하고 있었을까? 그리고 마루야마가 재단하듯 ②근세실학 전체를 '윤리를 중심으로 하는 실학'으로 규정될 수 있을까?

둘째, 마루야마가 말하듯 '자연으로서의 도[天道]'와 '인간 관계를 지배하는 도[人道]' 사이의 본질적 동일성이 도쿠가와 시대를 관통하여 유지되었을까? 이러한 의문과 문제점을 제기하는 것은 '윤리를 중심으로 하는 실학'과 '물리를 중심으로 하는 실학'이라는 대비가 그후 실학연구의 출발점이 되었음을 의식하고 있었기 때문이다. 사실 미나모토의 일본실학에 대한 대표적 연구업적인 『근세초기실학사상의 연구近世初期實學思想の硏究』는 이러한 의문에 대한 해명의 소산이다. 그는 이 저서에서 대략 두 가지 관점으로 연구를 진행하는데, 하나는 ①비교문화론적 관점에서의 연구이며 다른 하나는 ②근대화론적 관점에서의 연구이다. ①의 연구는 근세 극동 유교문화권의 각 나라에 있어서 실학의 침투와 보급을 비교하고, 동시에 각 나라에 있어 어떤 형태의 실학이 형성되어 어떤 것이 우위를 점했는지 비교·분석하여 보편적 진리를 추구해나가는 방법이다. 이것은 실학을 극동세계 학문관의 하나로 보는 일종의 리얼리즘realism 운동이다. ②의 연구는 일본의 근대화와 실학의 관계를 분석하여 어떤 이유에서 일본의 근대화가 신속하게 진행되었는가를 고찰하는 방법이다. 다시 말해 "왜 17세기 당시 지적 후진국이었던 일본이 19세기 후반에는 극동세계의 지적 선진국이 될 수 있었는가?"에 대한 일본사상사적 해명이다. 후쿠자와 마루야마의 발상에 따르면, 19세기에 들어 서구문명과 접촉하는 상황에서 청이나 조선의 독서인[士] 계급의 심오한 유교적 교양이 오히려 서구문명의 수용에 있어 방해가 되었던 것에 반해, 일본의 무사[士] 계급은 유교적 교양의 정도가 청이나 조선의 독서인에 비해 훨씬 떨어지는 수준이었기 때문에 유교적 교양에 구애받지 않고 적극적으로 서양문명을 수용할 수 있었다고 보았다.

이렇듯 유교는 단순히 양학의 발전을 저지하는 역할에 지나지 않았다는 부정적 관점에 반대하며 미나모토는 "근세의 사상적 동력은 역시 유학에 있다"는 반론과 함께 그 예증으로 일본실학이 어떻게 수용·형성·발전되었는지 통시적 관점으로 논증하였는데, 흔히 이것을 미나모토의 '실학의 역사'라고 지칭한다.[349] 이 실학의 역사에서 미나모토가 논증하고자 한 것은 유교에 의해 근대사상이 배제된 것이 아니라 유교를 기반으로 하여 그것이 수용되었다는 사실이다.[350] 그는 이러한 자신의 통시적 관점에 근거한 연구결과를 중심으로 일본의 실학개념을 다음과 같이 규정한다.

> 오늘날 일본에서 '실학'이라고 말할 경우, '실증성과 합리성으로 증명되며 실제생활에 도움이 되는 유용한 학문'이라고 하는 것으로 정착되고 있다. 그러나 역사적 용례를 보면 '인간적 진실추구의 학문', '도덕적 실천의 학문', '정치적 실천을 취지로 하는 학문', '경세제민의 학문', '민생에 도움이 되는 이용후생의 학문' 등등 다종다양한 의미를 포함하고 있다. 하지만 그것은 아무 맥락도 없는 잡다한 개념의 집합이 아니라 허학에 대치되는 개념으로서의 '내용이 있는

진실의 학'이며, 또 그렇기 때문에 유용성을 갖는다.[351]

결국 미나모토에게 있어 실학은 고착화된 특정개념이 아닌, 시대상황에 따라 기존체제에 문제가 있을 경우 그 체제에 반대하여 새로운 체제를 수립하려는 측이 자신의 학문적 정당성을 옹호하기 위해 내걸었던 일종의 슬로건이었으며, 이런 관점에서 실학사는 '진실의 학이란 무엇일까'라는 의문을 축으로 전개되는 '허실의 변증법'이라 할 수 있다.

3. 일본실학의 기원[352]

　일본실학은 일본 근세사회에서 근대사회까지 나타난 합리적인 진보사회 사조를 가리키는데, '근세사회'는 일본 봉건사회 말기 곧 1603년에서 1867년까지의 에도시대를 가리키며, '근대사회'는 1868년 메이지유신부터 1945년 제2차 세계대전이 끝날 때까지의 시기를 지칭한다. 이 시기 일본의 실학사조는 ①일본사회의 지리적 환경[353], ②번교藩校교육, ③정치사상 구조 등 여러 요인들에 의해 결정되었는데, 여기서는 ②, ③에 대해서만 살펴보도록 하겠다.

1) 일본실학과 일본사회 번교藩校교육

　일본실학의 탄생과 발전은 일본사회의 번교교육과 밀접한 관계를 지니는데, 여기서는 '도쿠가와 시대의 실용실리 교육'과 '메이지 시대의 국가공리주의 교육'에 대해 살펴보도록 하겠다.

① 도쿠가와 시대의 실용실리實用實利 교육

　도쿠가와 시대의 교육은 통치자와 피통치자간의 이념으로 양자에는 큰 차이가 있지만, 양자 모두 교육을 통해 현실정치와 사회질서에 적응하게 하며 각각의 인격완성을 목표로 한다는 점에서는 그 개념이 동일하다. 넓은 의미에서 말한다면 통치자 계급이든 피통치자 계급이든 모두 '실용實

用', '실리實理'를 중시하는 일종의 실학적 성격의 교육을 실시했다. 실제로 통치자 계급인 무사[士]의 학문과 교육은 상당히 실학적이었다. 왜냐하면 무사계급은 서민계급 위에 위치하여 일을 처리하는 직위였기 때문에 반드시 학문을 통하여 사물의 이치를 이해해야 하며, 특히 '난세亂世의 무사'와 달리 '치세治世의 무사'의 경우 치문治文의 필요성이 대두되어 위정자들에게 유용한 실학이 무엇보다 중요했다. 따라서 무사의 학문은 완전한 '실학'이 되어야 했다. 이러한 명확한 선포는 각 번교의 교칙에서 공통적으로 발견할 수 있다. 이것은 도쿠가와 번교교육의 기본 정신이 바로 실학정신 곧 '실實'과 '용用'에 기초하고 있음을 나타내 준다. 뿐만 아니라 이러한 도쿠가와의 교육정신은 막부 말기 인재채용 제도와 결합되어 개인의 개성과 능력개발을 목표로 하였는데, 이것은 번교뿐만 아니라 번교보다 더욱 자유로운 입장을 견지한 사숙에서 훨씬 두드러지게 나타났다. 널리 알려진 것처럼 양학계의 오사카 사숙, 한학계의 요시다 쇼인吉田松陰이 경영한 송하촌숙松下村塾[354]은 모두 실체를 주체로, 개인에 대해 온화하고 다양한 교육을 전개한 것으로 유명하다.

무사의 교육뿐만 아니라 서민의 교육 역시 실리추구와 일상을 긴밀하게 결합시킨 실학적 특성을 반영하고 있다. 즉 서민교육에서도 세속성과 공리성 곧 실용성이 강조되었다. 이것은 『실어교實語敎』, 『상독왕래商讀往來』 등과 같은 옛 교과서[355]뿐만 아니라 『훈몽도회訓蒙圖繪』 등과 같이 그림圖繪을 삽화로 사용한 서민교육용 새 교과서[356]를 통해서도 어렵지 않게 확인할 수 있다. 또 여성의 교육 역시 실용성을 강조하였는데, 이것은 여성들이 결혼할 때 혼수로 가져가던 『절용집節用集』에서 일상생활과 밀접한 지도 및 교양 등의 실용지식을 강조하고 있다는 사실을 통해서도 확인할 수 있다. 뿐만 아니라 도쿠가와 시대의 주요 교육방법 가운데 하나인 '습작習作'역시 이러한 교육적 특성을 잘 드러낸다. 습작은 단지 독서와 글쓰기의 학습일 뿐 진리를 탐구하거나 고상한 이론을 창조해내거나, 사회적 지위의 향상, 계급간의 교류 등의 어떠한 목적도 없었다. 단지 사회적 신분과 직위 및 구체적인 생활에 직접적인 효용성을 지니는 비교적 실용적 목적을 지녔을 뿐이다. 예컨대 상인은 자신의 직위에 필요한 습작—장사에 직접적으로 필요한 장부를 기록하고 서신을 읽을 줄 알고 계산을 위해 주판을 놓을 줄 알아야 함—만이 필요할 뿐, 고상한 학문을 도모하는 것은 쓸데없는 일이다. 이것은 당시 사람들이 지녔던 보편적인 사유방식이었으며, 이러한 사실을 통해서도 도쿠가와 시대의 교육이 실용실리에 그 초점이 맞추어져 있었음을 확인할 수 있다.

도쿠가와 시대에 이러한 서민교육은 매우 보편화 되었는데, 그 결과 한 시기 크게 성행했던 조서옥租書屋이 탄생되었다. 조서옥은 관련서적의 종합적 매매장소이면서 동시에 도서관의 기능을 담당한 기관으로, 탄생과 성행은 대체로 1690년을 기점으로 한다. 이 조서옥의 등장은 서민들의 독서와 글쓰기 능력을 향상시키고, 동시에 사학관私學館 교육활동의 보급을 촉진시켰다. 조서옥은 고정된 장소에서뿐만 아니라 광범위하게 지방을 순회하며 장사를 했는데, 이를 통해 당시 서민 독서인이 광범위하게 존재하였음을 유추할 수 있다. 이런 이유에서 일본을 방문한 외국인들은 조서옥의 번성으로 활발해진 일본 서민들의 왕성한 지식탐구의 열정에 놀랐다고 전해진다. 이렇듯 조서옥의 출현과 보급은 서민을 대상으로 진행한 실용실리 교육의 도구와 수단이 되었다. 이는 조서옥이 실학사상의 태생과 발전의 매체였음을 의미한다.

② 메이지 시대의 국가공리주의 교육

　메이지 시대 교육의 과제는 봉건체제[막부체제] 몰락 후 성립된 중앙 집권식 통일국가와 국민의 형성에 있었다. 이러한 이유에서 메이지 4년 [1871년] 7월 '문부성文部省'이 신설되어 1년여 동안 서양 선진국가의 학교 제도에 대한 연구를 진행하였으며, 이를 기초로 일본 고유의 특색을 혼합하여 이듬 해[1872년] 8월 신교육제도인 일본 '학제學制'를 공포하였다. 이후에도 문부성은 오스트리아 비엔나 박람회[1876년]와 미국 박람회 등에 참석하거나 사절단을 보내어 정보수집을 확대하였으며, 이렇게 수집된 정보의 성과를 정리·개편하여 『문부성이사공정文部省理事功程』[明治 6~8년], 『문부성잡지文部省雜誌』[明治 6~16년] 등의 서적으로 간행하여 서민들에게 제공하였다. 이 책은 서민들이 세계지식을 풍부히 하는데 도움을 주었고 각 지방 교육에서도 매우 유익한 자료와 지침이 되었다.

　국가 주도형으로 진행되었던 이러한 교육내용에 대해, 정부는 메이지 시대新時代의 교육과 메이지 시대 이전舊時代의 교육이 다르다고 여겼다. 그들은 교육과 학문 모두 절대로 '공리공론空理空論' 혹은 '단어 암기'가 되어서는 안 되며, 반드시 일상생활과 직업에 유용해야 한다고 생각했는데—다시 말해 그들은 비록 당시에는 이 단어를 사용하지 않았지만 '실학적'이어야 한다고 생각했다—, 이것은 명백히 후쿠자와 유키치의 실학사상이 반영된 결과이다. 지방교육 책임자들이 정부의 공문을 모사하여 지역주민들에게 배포한 인쇄물을 살펴보면 이러한 내용을 쉽게 확인할 수 있다.

　이와 같이 국민에게 교육을 베풀지 않는 것은 모두 종전의 현실에 맞지 않고 진부한 학풍의 독을 두려워하는 것이다. 학자는 반드시 일찍 시야를 넓혀 시세의 변천을 살피고, 사람들을 일용실학으로 이끌어야 한다. 불가불하게 전심전력으로 국민을 교도하여 그로 하여금 학문을 이해하도록 하는 것이 곧 제1의 재본財本이다. 배우면 지식이 넓어져 수치를 느끼지 않는 것이 만물의 신령神靈이며, 조국의 국민들이 소와 말의 무리처럼 울지 않게 할 수 있고, 일본의 혼魂을 분발시켜 각국의 신발명 서적과 기교[진기한 기술 등]를 연구하고, 경쟁적으로 기계를 창조해서 우리의 황국에 공헌시킨다면 산업의 도가 더욱 열리고 국가는 태산의 편안함에 처하는 것이 진실로 눈앞에 있다.

메이지 시대에 행해졌던 교육은 모두 '입신의 재본財本'에 근거하여 '현실에 맞지 않는 진부한 학풍의 독'을 폐지하고 사람들로 하여금 '일용실학'의 학문으로 유도하는 것이었는데, 이는 명백히 실학적인 것이다. 따라서 정부의 교육은 실학정책의 복사판을 장려한 것이었다. 상기 인용문에서 주목할 만한 부분은 일본의 혼을 분발시켜 서구의 선진문명을 적극적으로 받아들이려는 구상으로[和魂洋材], 정부의 공문 중에는 오히려 이러한 민족적 표현이 없음에도 지방에서 솔선수범하여 '일본의 혼', '황국' 등과 같은 민족의식을 명확하게 제시했다. 이것은 국가 주도형 교육에 대한 지방의 부흥을 나타내는 한 단면으로, 이러한 내용을 통해 교육의 최종목적—비록 명확하게 설명되어 있지는 않지만—이 '국가요구의 만족'이라는 국가 공리주의와 실용주의에 있었음을 알 수 있다. 그리고 이러한 교육목적은 특히 『소학小學』의 '서물시교庶物示敎'로부터 시작해 매우 강렬한 국가 공리주의 색채를 띠었는데, 이는 신소학교新小學校[357]와 대학교大學

校[358)]의 교육내용과 교육방법을 통해서도 확인할 수 있다.

지금까지 도쿠가와 시대의 실용실리 교육과 메이지 시대의 국가공리주의 교육을 통해 일본사회에서의 번교교육이 일본실학의 형성에 어떠한 영향을 주었는지 살펴보았다. 일본 번교교육 자체가 지닌 '실용성'과 '공리성'은 일본실학사상의 탄생과 신속한 발전에 중요한 영향을 주었는데, 그 원인은 대략 다음과 같다.

첫째, 일본의 서민과 국민은 번교의 실용주의와 공리주의 교육을 통해 '실속實速', '실용實用', '실리實利', '실공實功' 등의 실학관념이 머릿속 깊이 박혀 있었다. 실제로 유용한 사물을 추구하는 것은 일본인들의 전통적 사유방식이며, 이러한 사유방식 아래 '일용천리日用踐履[서민과 국민 개인을 가리킴]'와 '경세제민經世濟民[학자와 정치가를 가리킴]'을 강조하는 것이 보편적 사회기풍이 되었다. 이는 실질적으로 일종의 실학사조이다.

둘째, 번교 자체는 일본의 실학사상을 육성한 온상이자 전파의 도구였다. 번교교육의 실용적·공리적 경향은 학교에서 가르치는 실행·실리의 방향과 일치되어 번교를 일본실학 사상의 발생과 번영의 기지로 만들고, 또 번교의 교육기능과 전파수단은 실학사상을 선양하는 도구와 매개가 되었다.

2) 일본실학과 일본의 정치사상 구조

일본의 실학사상과 일본사회의 정치사상은 불가분의 관계를 맺고 있다. 일본사회의 정치사상 구조를 고증하고 해석하면 일본 특유의 실학사상의 탄생과 발전이 정치사상 구조 및 변화의 필연적 결과임을 발견할 수 있다.

도쿠가와 시대 이전, 일본의 정치는 불교사상과 밀접한 관련을 맺고 있었다. 분산되었던 씨족사회가 중앙집권제적 율령국가로 발전하는 과정에서 불교가 일정한 촉진작용을 일으켰던 것이다. 그러나 시간이 지남에 따라 불교가 퍼뜨린 '허무虛無', '허환虛幻'의 '무공사상務空思想'은 일본사회에 "현묘玄妙를 말하고 고원高遠을 얘기한다."는 진부한 학풍을 불러오고 현실과 동떨어져 심원深遠하며 공소空疏한 병폐를 일으켰다. 이로 인해 일본사회는 황폐해지고 사회 생산발전에도 심각한 영향을 끼쳤다. 이에 도쿠가와는 막부정권을 수립한 후 '인간의 진실을 추구'하는 주자학을 적극적으로 제창함과 동시에 주자학의 '진眞'과 '실實'로써, 불교의 '허虛'와 '공空'을 비판하였다.[359] 이것은 주자학이 내세우는 '대의명분' 사상이 도쿠가와가 추구하는 정치에 부합했기 때문이다. 예컨대 막부장군을 수장으로 층층의 신분등급이 나뉘어진 왕국에서, 사농공상士農工商의 신분계급을 유지하고 무사계급 내부의 모순을 조정하는데 주자학은 유용한 수단이 되었다.[360]

　그러나 이러한 의도와 달리 도쿠가와 막부 초기에는 주자학이 불교의 영향을 완전히 탈피하지 못하고 있었다. 비록 삼강오륜의 가르침을 유지하긴 했지만, 여전히 심원하고 공소한 성질을 지니고 있어 농업생산 및 상·공업의 발전과 경국제민의 수요에 완전히 적응할 수 없었다. 이것은 일본에 주자학을 최초로 전파하고 연구했던 승려가 선종의 교학적 측면에서 주자학을 이해하고 선전하였기 때문이다.[361] 막부 통치자는 이를 윤리학에 편중된 관방철학과 경제론을 상호결합하여 완전무결하게 만들기를 바랐다.

　에도시대에 진입한 후, 무사의 사회직능과 생활방식에 중대한 변화가 일어났다. 그들의 주요직능은 이미 더 이상 전투가 아닌 행정이었다. 따라서 그들도 실용적인 관료로서 일종의 지도적 이론사상을 원했다. 이러한 도쿠

223

가와 막부 통치자의 요구와 사회정치구조의 변화에 적응하기 위해 에도시대 중기 주자학에 대한 수정·비평을 가한 유학사상이 점차 형성되었는데, 그것이 바로 제2기·제3기 실학사상이다.[362] 이 시기의 사상 중에는 '공리功利'·'금전金錢'을 강조하는 '조닌町人사상'[363]과 '자연직경自然直耕'을 주장하는 '농민사상'[364]이 가장 두드려졌다.

1868년 일본은 성공적으로 메이지유신을 완성하여 봉건사회를 종식시키고 근대 자본주의 사회로 진입했다. 이때 일본사회의 정치사상 구조에 또 한 차례 중대한 변화가 발생했다. 메이지 신정권의 대다수 영도자들은 모두 서구사회의 선진화된 문명을 직접 목격하며 서양의 문화와 사상에 대한 깊은 인상을 가지고 있었고, 이것은 메이지 신정권이 서양의 경제·정치·사상·문화를 학습하는 '문명개화', '서양화'를 적극적으로 추진하는 계기가 되었다. 사실 이것은 메이지 정권이 유신 후 직면했던 당시 구미열강들의 식민지화 위기로부터 벗어나 자본주의의 발전과 근대 독립국가의 건립 곧 '식산흥업殖産興業', '부국강병富國强兵'을 위해서도 반드시 필요한 작업이었다. 신정권이 채택한 이러한 문화정책의 개화성과 근대성은 1868년 3월 14일 공포한 시정강령 <오조세약五條誓約>의 "세계적인 지식을 추구하여 황실의 기초를 크게 진작"시켜야 한다는 문구를 통해서 확인할 수 있으며, 또한 불교·유교·신도에 대해 펼쳤던 비판과 억압정책[365]을 통해서도 그 진보성을 엿볼 수 있다.

1877년 이전 일본 사상계를 석권한 것은 자산계급의 계몽사상이었다. 후쿠자와 유키치福澤諭吉, 1834~1901년, 니시 아마네西周, 1829~1897년, 츠다 마미치津田真道, 1829~1902년, 가토 히로유키加藤弘之, 1836~1916년, 나카무라 마사나오中村正直, 1832~1891년, 모리 아리노리森有礼, 1847~1889년 등은 1873년[明治

6년] 일본 계몽운동의 중심인 '명육사明六社'를 조직하여 <명육잡지明六雜誌>를 출판했다. 이 계몽운동의 주요내용은 바로 서양의 철학·윤리·법률·역사·교육 등 사상 등을 받아들여 유학을 중심으로 한 봉건의식을 전면적으로 비판하는 것이었다. 그들은 프랑스 사상가 콩트Comte의 실증주의를 받아들여 '실학'을 제창하고, 유학은 '거짓된 학문偽學'이라고 비판했다. 공리주의 철학자 밀Mill의 사상을 받아들여 공리주의와 쾌락설을 제창하며, 유학이 선양하는 '극기克己'의 금욕주의를 비판했다. 뿐만 아니라 프랑스 계몽사상가들의 천부인권설과 사회계약설을 받아들여 독립·자존을 제창하고, 삼강오륜으로 표현되는 등급관념과 도덕적 복종에 반대했으며, 독일의 군주입헌주의를 받아들여 유가사상이 옹호하는 군주전제를 비판했다. 이러한 근대적 의의를 지닌 계몽사상은 근세와는 다른 근대실학의 기본내용을 형성했다.

이상에서 살펴보았듯이 일본사회의 정치사상 구조 및 그 변화는 일본실학의 탄생과 그 발전을 결정했다. 도쿠가와 막부 초기 4민 등급사회의 수요를 강화하기 위해 막부는 주자학의 '실實'로 불교의 '허虛'를 비판했다. 그러나 도쿠가와 막부 중기 이후, 무사사회 직능의 변화와 조닌의 사회적 지위 향상으로 인해 오히려 주자학의 공허함을 비판하는 신유학 사상이 또 다시 출현하게 되었다. 그리고 1868년 단행된 메이지유신으로 성립된 메이지 신정부는 독립된 자본주의 국가건설의 요구에 부응하기 위해 서학을 적극 받아들여 서학의 '실'로 유학의 '허'를 비판하였다. 이것은 일본 실학사상이 일본사회의 정치사상 구조의 지배와 통제의 영향을 받았음을 의미한다.

4. 일본실학의 계보[366]

1) 일본실학의 발전단계 구분

미나모토 료엔은 자신의 주저 『근세 초기실학사상의 연구近世初期實學思想の研究』에서 일본실학의 발전 단계를 네 시기로 대별하여 설명하고 있는데, 간략하게 소개하면 다음과 같다.[367]

- 제1기: 에도시대 전기

    후지와라 세이카藤原惺窩~오규 소라이荻生徂徠

    Ⓐ 근세 초기~간문寬文시기

    Ⓑ 간문 시기~소라이학徂徠學성립 이전

- 제2기: 에도시대 후기

    오규 소라이荻生徂徠~아이자와 세이시사이會澤正志齊

- 제3기: 1820년~메이지유신明治維新

- 제4기: 메이지유신 이후

현재 미나모토 료엔의 연구결과는 학계의 시민권을 획득하여 일본실학 관련 연구서나 논문 등에 이견없이 소개되고 있다. 그런데 최근 국내에서 일본실학에 대한 활발한 연구활동을 전개하고 있는 한예원은 이러한 미나모토의 연구결과를 참조하되 각 단계를 사상사적 특징을 중심으로 재구도화했는데, 일본실학의 발전단계를 이해하는 데 있어 일정 부분 도움을 주는 바가 있어 여기에 소개한다.

· 실학형성기 (미나모토 료엔의 제1기)
　　① 실학형성 전기 - '주자학의 수용'
　　② 실학형성 후기 - '고학의 성립'
· 실학발전기 (미나모토 료엔의 제2기)
　　① 실학발전 전기 - '실증적 실학'
　　② 실학발전 후기 - '화혼양재和魂洋才의 실학'
· 실학전환기 (미나모토 료엔의 제3, 4기)
　　'유교와 양학의 결합', '실증적 실학'

　이상을 통해서 확인할 수 있듯이 한예원은 오규 소라이荻生徂徠의 실증적 문헌연구를 일본실학의 본격적인 출발로 본다. 따라서 소라이를 중심으로 이전을 실학형성기, 이후를 실학발전기, 실학전환기로 재구도화하고 있는데, 미나모토의 통시적 관점에 기초하여 사상적인 특징을 중심으로 명확히 구분하고 있다는 점에서 효용적이다. 그러나 이러한 평가에도 불구하고 그 실질적인 내용을 살펴보면 실상 발전단계별 구도화의 기표signifiant만 다를 뿐 기의signifié는 미나모토 료엔의 연구결과를 상당부분 답습하고 있다. 따라서 필자는 미나모토 료엔의 연구결과를 중심으로 각 단계별 특징을 고찰하되 필요할 경우 한예원의 개념을 차용·보충하여 보다 심층적인 이해를 도모하고자 한다.

2) 일본실학 발전단계별 특징 및 실학자 계보

제1기: 에도시대 전기
후지와라 세이카藤原惺窩~오규 소라이荻生徂徠

일본실학 발전단계의 제1기는 주자학 수용기의 선도자인 후지와라 세이카에서 시작하여 오규 소라이 출현 이전까지의 에도시대 전기로, 한예원은 이 시기를 '실학형성기'로 명명한다. 이 시기 일본실학의 특징은 인간 내면의 진실을 추구하면서 그것이 경세제민으로 이어진다는 인간 내면성에 기저를 두었다. 이 시기는 고학의 성립을 기준으로 다시 두 시기로 구분되는데, Ⓐ근세 초기에서 고학이 성립하는 간문 시기까지의 전기와 Ⓑ간문 시기에서 소라이학徂徠學 성립 이전까지의 후기가 그것이다.

Ⓐ근세 초기 ~ 간문寬文 시기

이 시기 일본실학의 특징은 심학적 경향이 비교적 강하다는데 있다. 이 시기에는 주자학뿐만 아니라 양명학, 그 위에 조선 유학이 동시에 수용되어 유학자들은 그 가운데서 선택할 수 있었는데, 이것은 일본 근세유학이 갖는 수용성의 특징이기도 하다.[368] 뿐만 아니라 주자학의 수용과 함께 남만학南蠻學[369]도 수용되었으며, 중국에서 전해진 농서의 영향으로 농업기술이 발달하고 일본 특유의 조닌문화도 형성되었다. 이러한 사회·문화적 상황 속에서 실학은 인간의 내면적 진실에 대해 관심을 갖게 되고, 다시 주자학적 수양관과 합치되어 도덕적 실천을 중시하는 방향으로 전개되었다. 이 시기의 대표적 실학자로는 후지와라 세이카藤原惺窩, 하야시 라잔林羅山, 나카에 도주中江藤樹, 구마자와 빈잔熊澤蕃山 등이 있다.

㉮ 후지와라 세이카藤原惺窩, 1561~1619년[370]

　　도쿠가와 막부 초기에 활약한 유학자로 일본 근세유학의 창시자로 자리매김된 인물이다. 원래 승려였으나, 임진왜란 때 조선에서 포로로 잡혀갔던 강항姜沆의 영향으로 환속하였다. 환속 이유는 불교가 인륜을 저해하고 의리義理를 멸하는 이단이라 판단했기 때문이라고 평가된다. 이런 이유에서 그의 사상적 주안점이 유학[=주자학]에 입각한 인륜의 구축이었음을 어렵지 않게 유추할 수 있다. 그에게 있어 인륜은 '교敎'와 '양養'으로 이루어져 있는데, 이는 각각 『대학』의 '명덕明德'과 '친민親民'을 의미한다. 즉 세이카는 오륜을 내용으로 하는 명덕을 교로 삼아 인간이 해야 할 덕목을 제시하고, 친민으로 양을 삼아 인륜이 행해질 수 있는 토대를 구축하려 했다. 이러한 그의 학문에 나타나는 실학적 특색은 다음과 같다. 첫째, 경전해석에 있어서 당시까지 유행하던 한당풍의 훈고학을 공언空言이라고 비판하고, 일본에서는 처음으로 강항의 협력을 얻어 송학의 이해에 입각하여 사서오경의 훈점訓点을 시행하였다. 그것이 유명한 그의 최대의 학문적 업적인 '세이카점惺窩点'이다. 이것은 단순하게 경전을 해석하는 관점의 변화에 그치는 것이 아니라, 당시의 선유일치적 일본유학을 허학으로 보고 송·명 학풍의 도덕적 실천을 참된 학문[실학]으로 보는 패러다임의 전환이라는 점에서 주목을 요한다. 둘째, 불교를 비판하였다. 현실생활의 인륜을 참으로 여기는 유교의 입장에서 불교의 진리관과 사회관을 비판하며 유학[주자학]적 세계를 구축하였다. 셋째, 절충적 학문태도를 취하였다. 인간 내면에 대해 깊은 관심을 갖고 그 해명을 찾기 위하여 주자학뿐만 아니라 육왕학에서도 그 장단점을 동시에 취하는 열린 자세를 견지하였다.

㉯ 하야시 라잔林羅山, 1583~1657년[371]

　근세유학의 수용에서 굉장히 중요한 역할을 담당했던 인물이다.[372] 그의 나이 22세에 후지와라 세이카[당시 44세]를 만나 제자가 되었는데, 스승에게 맹종하지 않고 당당히 자신의 소신을 표명하였다. 특히 스승과 달리, 주자학만을 올바른 가르침이라 하면서 육왕학을 철저하게 배제하였는데, 그의 학문에 나타나는 특색은 대략 다음과 같다. 첫째 유교[=주자학]를 '실'로 불교를 '허'로 보며 불교를 배척하였다. 불교와 유교 모두 도를 말하지만 공적公的인 세계의 인륜을 말하는 유교의 가르침은 '실'이 되지만 인륜에 어긋나는 한 개인의 사적私的인 구제와 해탈을 말하는 불교는 일견 고원해 보이지만 실은 '허'에 지나지 않는다는 주장이다. 철저하게 유교가 우위라는 신념을 갖고 있었다. 특히 여기서 세이카와 달리 실을 공公으로 보고 허를 사私로 보는 관점에 주목할 필요가 있다.[373] 둘째 실증적인 학문자세를 취했다. 라잔의 업적은 형이상학적 측면뿐만 아니라 경험적인 측면에서도 크게 발휘되었다. 사서오경과 제자와 병서를 포함한 고전의 리理를 밝힘과 동시에 자연세계의 물物의 이치에도 관심을 갖고 관련 서적을 모아 번각하였다. 뿐만 아니라 그것에 붙여진 다수의 제발題跋·훈점訓点과 자신이 직접 쓴 언해諺解 등의 저작이 방대한데, 이러한 그의 실증적인 학문은 소라이학 성립의 기초는 물론 근세 학예발전의 기초가 되었다.

㉮ 나카에 도주中江藤樹, 1608~1648년

　　일본 양명학의 시조로 일컬어진다. 이름은 원原, 자는 유명惟命인데, 집안에 있는 커다란 등나무 아래에서 강학하였다고 하여 그를 '도주藤樹선생'이라고 불렀다. 청년시절 그는 정주학을 배웠지만 37세 되던 해『왕양명전집』을 여러 번 읽고 "성인의 일관된 학문은 태허太虛를 체體로 삼으니, 이단과 외도가 모두 내 안에 있다. 내가 어찌 말이 같다고 꺼리겠는가藤樹先生行狀.", "치지격물致知格物의 학문이 비록 새롭다고 하지만 해가 거듭하여도 참뜻을 밝힐 수 없구나. 하늘이 도와서 밝은 세계로 돌아와 태평함에 이르렀으니, 오늘 아침 내 마음에는 새 봄이 찾아 온 듯하구나藤樹先生遺稿."라고 말하며 양명학에 귀의하였다.[374] 사실 이러한 그의 양명학적 사유는 이미 젊은 시절 어느 정도 엿보인다. 그는 일생을 통해 유교를 객관적 지식이 아닌 주관적 진리로 받아들였으며 '나 자신을 위한 실학'으로 규정하였다.[375] 특히 학문의 범주를 '참된 학문實學'과 '거짓 학문虛學'으로 구분한 뒤 유학을 '참된 학문'으로 속유俗儒・묵가墨家・양씨楊氏・노씨老氏・불씨佛氏를 '거짓 학문'으로 간주하였지만, 27세 때 탈번脫藩하여 체제로부터 이탈한 후 주군에 대한 충忠보다 효孝를 중요시 하는 윤리체계를 구축했다. 이후『대학』의 명덕사상을 중요한 주제로 삼으며 주자학에서 이탈하여 심학에 기울어졌다. 그는 "학문이란, 의혹을 풀어서 깨달음에 들어가게 하는 것이다. 깨달음에 들어가지 않으면 실학이 아니다."라고 말하며 학문을 깨달음으로 정의내리고 있는데, 그 깨달음은 바로 '명덕을 밝히는 것', '본심을 밝히는 것'으로 실학[心學的 實學]에 연결된다. 후기에 이르러서는 거짓 학문으로 규정하며 강력한 배불론을 펼쳤던 불교를 끌어들여 절충시켰다. 저서로는 33세 때 저술한 유교의 입문서에 해당하는『옹문답

翁問答』과 35세 때 저술한『효경계몽孝經啓蒙』, 40세 때 저술한 여성교훈서
『감초鑑草』등이 있다.

㉑ 구마자와 반잔態澤蕃山, 1619~1691년[376]

나카에 도주의 제자로, 몇 번의 간청 끝에 어렵사리
도주의 문하에 들어가 도주의 학풍을 사사받았다. 그는
문무이도文武二道를 사士의 본령으로 삼고, 번사藩士들
의 문무수련을 위해 화원회花園會를 마련하였으며, 화
전도장花畠道場에서 동지들과 함께 도학의 연마를 꾀하
였다. 반잔은 박식한 유학자를 '소인지유小人之儒', 도를 얻어 자신을 수양
하고, 천하를 다스리는 유학자를 '군자지유君子之儒'라고 하며 스스로 군자
지유가 되기를 도모하였다. 그리고 "무사가 학문을 하여 물物의 도리를 알
고 그 위에 무도를 잘 닦으면, 지금의 무사가 곧 옛날의 사군자가 될 수 있
다"면서 무사의 사군자화를 이상으로 삼았다. 그는 사무라이의 직분은 백
성의 수호와 육성에 있으며 학문의 목적은 '치량지致良知'에 기초하여 자비
와 용맹을 갖추는 것에 있음을 강조하였다. 이런 생각 덕분에 번藩의 행정
을 담당하여 도덕과 정치의 연결에 노력하고 왕도정치에 실현을 위하여 깊
이 사색했다. 나아가 그는 나카에 도주의 평등 원리를 계승하여 "인간이 모
두 천지의 자녀라면 어떻게 미천한 자가 있을 수 있겠는가"하고 농민을 중
시하는 정책을 펼쳤다. 반잔의 학문이 일본 근세실학에 점하는 위치는 내
면적 마음에 대한 관심에서 천하국가의 경세적 문제에 대한 관심으로의 이
동, 즉 심학에 입각하는 도덕적 실학에서 곧바로 경세제민의 실학으로 옮
겨가는 지점에 있다.

⑧ 간문 시기 ~ 소라이학祖徠學 성립 이전

이 시기는 ⓐ근세 초기~간문 시기에 비해 좀 더 다양한 실학적 현상이 전개된다. ⓐ시기에서는 주자학·양명학 및 조선의 유학을 수용하는 과정에서 인간 내면에 대한 깊은 성찰과 도덕적 가치의 실천을 통한 참다운 인간성의 배양에 노력했다면, ⑧시기에서는 사회구조에 대한 관심과 실증주의적·합리적주의적 인식과 표현에 놀라운 발전이 있었다. 특히 전 우주를 리理로 일관하여 설명하려는 주자학의 체계가 단절되고, 그 분해과정에서 고학파가 출현하게 된 것에 주목할 필요가 있다. 또 한편에서는 양학을 받아들여 주자학의 궁리를 경험적 합리주의화하는 작업이 병행되어 근대적 과학을 수용하는 매개체로서 이理를 제시하기에 이르렀다. 이 시기의 대표적인 실학자로 가이바라 엣켄貝原益軒, 아라이 하쿠세키新井白石, 야마가 소코山鹿素行, 이토 진사이伊藤仁齋 등이 있는데, 여기에서는 가이바라 엣켄과 이토 진사이에 대해서만 간략하게 살펴보도록 하겠다.

㉮ 가이바라 엣켄貝原益軒, 1630~1714년[377]

도쿠가와 시대 초기에 활약한 유학자이자 일본 식물학의 아버지로 불리우는 식물학자이다. 그는 모든 계층의 사람들이 이해할 수 있도록 유교사상을 쉽게 풀이하였으며, 일본 최초로 유교윤리를 여성과 어린이, 그리고 하층민에게 전파했다. 이런 이유에서 엣켄은 자신의 학문을 '민생일용民生日用의 학學'이라고 강조하였다. 그는 민중의 생활과 마음속에 살아 숨 쉬는 습속과 유교도덕을 결합하여 보편화하고자 했으며, 이러한 그의 사상이 담긴 유교가 민중 속으로 침투하게 되었다. 그의 학문에 담긴 실학적 특색을 간략하게 소개하면 다음과 같다.

첫째, 형이상학적 주자학에서 경험과학으로 방향을 전환하였다. 그는 주자학의 이원론에 의문을 갖고 '리선기후理先氣後'의 관념론을 부정하고 기를 기본으로 하는 유물론을 전개하였다. 『대의록大疑錄』에서 주자학의 기본적 사상에 대해 의문을 제시하였으나, 주자학 그 자체를 부정한 것은 아니었다. "학자는 반드시 효제근신孝悌謹信을 먼저하고, 다음에 총명聰明의 개발을 당면의 급무로 삼아야 한다"고 한 것처럼, 그는 도덕을 인식의 기초에 두는 주자학적 체계와 현존의 사회적 질서를 근본적으로 부정하지는 않았다.

둘째, '유용한 학문有用之學'을 지향했다. 그는 학문을 '무용한 학문無用之學'과 '유용한 학문'으로 구분하고, 유용한 학문을 지향할 것을 강조하였다. 그에게 있어 유용한 학문이란 '인륜을 밝히고 사업을 행하며 수기치인하는 학문'으로, 훈고訓詁와 사장詞章에 빠지는 학문을 배척하고 만물의 이치를 궁구하는 방향을 지향했다. 이러한 객관적 사물인식의 기초 위에서 내면적 도덕의 목표인 정심성의正心誠意의 실현을 목표로 삼았다. 이런 그의 학문은 '경험적 합리주의'로 명명된다.

㉯ 이토 진사이伊藤仁齋, 1627~1705년

'고학선생古學先生'이라는 그의 시호처럼 도쿠가와 시대 일본에서 관학으로 받아들여진 주자학을 반대하고 고학의 기초를 다졌다. 공자·맹자의 본래 가르침이 아닌 불교·도교사상이 혼입된 송학을 비판하며 홀로 본래 유학사상이라 생각되는 체계를 세웠다. 그는 『논어』, 『맹자』, 『중용』에 후대에 붙여진 해석을 배제하고 독해하여, 성인의 고의古義를 파악할 것을 강조했으며, 공자·맹자의 옛것을 회복한다는 의미에서 자신의 학문을 '고학古學'이라 명명하였다.[378] 만인공통의 윤리를 말한『논어』를 '우주 제일의 책'이라며 중요시하였으며,『맹자』를『논어』의 공자사상을 가장 잘 부연설명한 책이라 하였다. 그 위에『중용』의 일부분을 첨부하여 공자 이하 유가사상의 체계를 세워 '혈맥'이라고 부르고 그 체계에서 벗어나는 불순한 요소가 있다면『대학』조차도 공자의 유서가 아니라고 배척하였다. 이렇듯 엄격한 문헌비판을 통해 공자를 중심한 유가사상을 설명하였는데, 공자와 맹자가 말한 인의예지仁義禮智와 충신忠信과 같은 실천윤리외 태극太極·성性·리理 등에 형이상학적 의미를 부여하는 송학은 '허'로 규정하였다. 이처럼 고전을 정독함으로써 그 고전을 성립시킨 인간에 관한 감각 및 철학에 깊은 이해를 얻는 것, 이것이 바로 진사이의 문헌학적 연구의 기초이다. 이런 의미에서 진사이의 학문을 '고의학古義學'이라고 일컫는다.

제2기: 에도시대 후기
오규 소라이荻生徂徠~아이자와 세이시사이會澤正志齊

일본실학 발전단계의 제2기는 오규 소라이부터 아이자와 세이시사이의 사상활동이 시작되는 1820년 경까지의 에도시대 후기인데, 한예원은 이 시기를 '실학발전기'로 명명한다. 이 시기는 에도시대 전기의 실학과 달리 실학자의 관심이 내면에서 외면으로 옮겨갔다. 에도시대 전기에도 외면적인 것에 관심이 없었던 것은 아니었지만 내면, 자기 마음의 연장 또는 연속적인 것으로 파악하였다. 그러나 에도시대 후기에 오면 자신의 마음상태와는 관계없이 외면적인 것을 그 자체로 파악하는 실학이 형성되었다. 가치관의 혼입을 피하는 실증주의적 실학관의 성립된 것이다. 이 실증의 대상은 고전이 되기도, 자연이 되기도, 사회·정치·경제의 현실이 되기도 했다.

특히 에도시대 전기 학문의 내적발전과 이 시기에 들어온 외래학문의 영향으로 실증적 실학이 더욱 발전하게 되었다. 대표적인 실학자로 실증적 실학을 전개한 오규 소라이荻生徂徠, 모토오리 노리나가本居宣長와 화혼양재和魂洋才의 실학을 전개한 미우라 바이엔三浦梅園와 야마가타 반도山片蟠桃 등이 있는데, 여기서는 오규 소라이와 모토오리 노리나가에 대해서만 살펴보도록 하겠다.

㉮ 오규 소라이荻生徂徠, 1666~1728년

에도에서 공중의사의 집안에 태어났다. 이름은 나베마츠雙松, 자는 무경茂卿, 통칭은 총우위문惣右衛門, 소라이徂來는 호이다. 14세[1679년]때 아버지가 문책을 받고 가즈사上總, 현재 치바현 중남부에 해당하는 옛 지명에 유배되었다. 소라이는 사면이 되는 1692년까지 13년간 유배지의 빈촌에 살면서 독학으로 나날을 보냈다. 당시 주변에는 책을 빌릴곳이 없었기에 하야시 라잔의 『대학언해大學諺解』등 몇 권의 책을 반복해보면서 책의 내용을 정확하게 정리하고 분석하는 독서법을 자연스럽게 익혔다고 한다. 소라이는 그곳의 가난한 농민, 나무꾼, 어부 등과 어울리면서 사회문제에 관심을 갖게 되었고, 현실적이며 실천적인 사상을 추구하게되었다.[379] 또 에도에 돌아와서는 서민적 감성으로 사물을 합리적으로 검증하고, 에도 사회의 근본적인 문제를 지적하기도 하였다. 이러한 그의 사상적 경향은 자연히 관념적인 주자학에 대해 비판적 입장을 나타내게 되었다. 31세[1696년]때 야나기자와 요시야스柳澤吉保를 유학자로서 섬기며 사적세계와 공적세계, 개인의 도덕과 정치·법률과의 연속을 끊고 공적세계 및 정치·법률 우위의 사상을 확립하였으며, 50세 때 언어에 관한 과학적, 실증적 연구에 기초한 '고문사학古文辭學'을 정립하였다. 사실 이러한 소라이의 고문사학은 이토 진사이의 '고의학古義學'에 상당한 영향을 받았다.[380] 그러나 소라이는 진사이에 대한 오해[381]로 그를 맹렬하게 비난했는데, 그렇다고 소라이의 학문이 진사이의 입장과 근본적으로 대립되는 것은 아니었다. 둘 모두 주자학적 성리학을 비판하면서 복고학의 정당성을 주장한다는 점에 같은 입장을 취하고 있었다. 다만 그 비판방식과 내용에 있어서 차이가 있었다. 진사이의 학문을 '고의학'으로 소라이의 학문을 '고문사학'으로 부르는 이유는, 전자가 공자의 가르침의 의미를 철학적으로 해명하고자 하는 학문이라면 후자는 고대 선왕의 가르침을 문헌학적 방법으로 규명하는 학문이기 때문이다. 아울러 진사이학이 유교를 휴머니즘의 학문으로 간주하는데 비해, 소라이학은 유교를 치국안민治國安民의 정치학으로 간주하는 점에서 차이가 있다. 물론 이러한 차이는 둘의 학문적 방법에서 연유한다.

소라이는 진사이의 학문적 방법에 혼재해 있는 주관적 의미해석[382]을 극복하고, 엄격한 문헌학적 연구로 철저하게 객관적 관점으로 문헌분석을 시도하였다. 그는 이러한 자신의 연구방법에 기초하여 『논어論語』를 새롭게 조명하였다. 진사이의 『논어論語』 연구인 『논어고의論語古義』가 주자학의 형식성을 단죄하기 위해 공자의 인의仁義사상에 주목하였던데 반해 소라이의 『논어論語』 연구인 『논어징論語徵』은 『논어論語』를 통해 '선왕先王의 도道' 곧 '올바른 정치 방법론'을 읽어내려 하였다.[383] 이때 소라이가 말하는 치국안민 정치의 도란 예악형정禮樂刑政 및 선왕이 만든 문물제도를 뜻한다. 결국 그에게 '도'는 '자연의 도'가 아니라 성인에 의한 '작위의 도'였다. 결국 소라이는 진사이 식의 도덕으로는 그 무엇도 이룰 수 없음을 깨닫고 오직 제도를 통한 정치에 희망을 걸었다. 따라서 소라이는 『사서四書』보다 선왕의 도가 표현된 『육경六經』을 중요시하였다. 『육경六經』에서 전개된 선왕의 도를 규명하기 위해서 '오늘날의 글로 옛글을 보지 않고 오늘날의 말로 옛말을 보지 않는 태도'를 강조한다. 이 점에서 주자학은 오류를 범하였고, 진사이 역시 불충분하다는 것이 소라이의 생각이다. 소라이는 이러한 자신만의 학문관을 견지하며, 학문세계에만 몰입한 것이 아니라 8대 장군 요시무네吉宗의 정책적 두뇌로서 실체정치에도 깊숙이 참여하였다. 소라이가 활약하던 에도 중기가 되면 화폐경제의 확산과 함께 사회의 변화가 크게 일어나며, 주자학 사상에 있어서도 균열이 일어나기 시작하였다. 이런 가운데 소라이는 그때까지 인간 내면의 도덕성에 근거하고 있던 치세의 방안을 법규제에서 구하는 등 실증적 방법을 고안하였고, 이러한 그의 정치사상을 『태평책太平策』 및 『정담政談』 등의 저서로 남겼다.

㉯ 모토오리 노리나가本居宣長, 1730~1801년

소라이의 실증적 문헌연구방법은 국학에도 지대한 영향을 미쳤다.[384] 국학이란 일본 고전연구를 통해 순수한 일본문화의 모습을 찾으려는 학문경향이다. 일본고전에 관한 학문은 중세에 있어서는 귀족[公家]사회의 비전으로 전승되어 왔을 뿐, 일반인에게는 공개하지 않는 경향이 강하였다. 그러나 에도시대에 들어서면서 이런 독점에 대한 비판이 높아지고 『원씨물어原氏物語』가 출판되면서 일반인도 고전에 쉽게 접근할 수 있게 되었다. 겐로쿠 시대에는 승려 출신의 게이츄契沖가 등장하여 『만엽집萬葉集』의 주석인 『만엽집장기萬葉集匠記』 등 독창적인 연구를 남겨 국학연구의 초석을 마련하였다. 게이츄 이후 국학파의 연구방법을 '일본고전에 대한 에도시대적 주관을 배제한 객관적 문헌연구'로 정의할 때, 그것은 소라이의 고문사학에서 펼쳤던 문헌연구방법을 답습한 것이었다.[385] 이러한 방법으로 국학을 완성시킨 대성자이자, 일본 사상사에 있어 이토 진사이, 오규 소라이와 더불어 도쿠가와 시대를 대표하는 인물이 모토오리 노리나가이다. 그는 젊은 시절[22세] 의학공부를 위해 만난 게이잔堀景山을 통해 소라이의 고문사학적 방법론과 사고방식을 배웠으며,[386] 이런 연유에서 언어[辭]와 현상[事]을 해명하는 소라이의 고문사학적 연구방법은 그의 학문체계를 이루는 초석이 된다. 사실 노리나가의 유학 비판을 보더라도 그에게 있어 소라이학은 필수불가결의 것이었다. 다만 노리나가는 소라이학을 뒤집어 역으로 예리한 비판을 가했다. 또한 가도歌道와 고도古道를 함께 살리고자한 노리나가의 '도'에 대한 발상 자체도 소라이에게서 시사받은 바가 많았다.[387] 그는 이러한 소라이식 연구방법으로 토대로 의업醫業으로 생계를 꾸려 나가면서 고전 연구에 몰두하여 국학자로서 많은 업적을 남겼는데, 특히『고사기古事記』[388]와『원씨물어原氏物語』연구에 많은 성과를 올렸다. 이렇듯 노리나가는 언어 연구를 통해 인간의 정신과 행위, 곧 인간 존재를 연구하는 인문 과학적 기본 자세의 하나를 열어놓게 되었다. 주목할 만한 사상적 특징은 시가론詩歌論에서 정情을 중핵으로 하는 '모노노아하레物の哀れ'론[389]을 제시하여 인간의 욕망을 적극적으로 긍정하였으며,[390] 이러한 시가론에 기초해서 고도론古道論을 전개한 것이다. 노리나가에게 있어 도는 노자의 자연의 도와 같이 '저절로 되는 도'나 소라이의 사람이 만든 '작위적인 도'가 아닌 신들의 조상에 의해 비롯된 '천황이 다스리는 도'이다. 이런 이유에는 그는 정치적 현실에 있어서도 존왕尊王의 마음으로 막부에 따라야 한다는 태도를 취했다.

제3기: 1820년~메이지유신明治維新

　일본실학 발전단계의 제3기는 1820년부터 메이지유신까지인데, 한예원은 이 시기를 '실학전환기'로 명명하고 있다. 이 시기에는 서양세력의 침탈이 노골화되면서 일본사회도 변동기를 맞고, 장기간에 걸친 평화시대가 끝이 났다. 국가위기와 사회변혁의 상황 아래 이 시기 철학은 실천성을 강조했다.[391] 사회체제의 현상유지를 위해 철저한 경험합리주의를 관철하고, 정치·경제의 통일에 근거하여 후기에 미토학水戶学을 창립하였으며, 학자들은 정치개혁을 통해서만 경제문제를 해결할 수 있음을 인식하기 시작했다. 후기 미토학이 집정자의 입장에서 착안한 것이라고 한다면, 오시오 츄사이大鹽中齋는 서민의 관점에서 출발하여 사회를 개조하는 실천실학을 창립했다. 양학에 대해서도 지식숙달뿐만 아니라 지식탐구의 결과로 민생을 돕고 국가위기를 해결하는데 도움을 주기 위해 배웠다.[392] 이 시기에는 지사志士[393]라는 새로운 유형의 무사들이 등장하였으며, 이들에 의해 사상과 정치운동이 단행되었다. 사쿠마 쇼잔佐久間象山, 1811~1864년의 양유겸학洋儒兼學의 실학[394], 요코이 쇼난楑井小楠, 1809~1869년의 유교개혁의 실학, 요시다 쇼인吉田松陰, 1830~1859년의 정치변혁의 실학—軍萬民思想[395]이 그것이다. 여기서는 요코이 쇼난의 실학에 대해서만 간략하게 살펴보도록 하겠다.

　㉮ 요코이 쇼난橫井小楠, 1809~1869년

　시쿠마 쇼잔佐久間象山, 1811~1864년, 요시다 요인吉田松陰, 1830~1859년과 함께 막부시대 말기의 대표적인 개국론자였다.[396] 그는 '부국'을 위해 열국과 평화적인 무역관계를 맺고 국가독립을 유지하는 길을 모색하였는데, 원래는 양이론자攘論者였다. 그러나 안세이安定 2년

[1855년] 체결된 화친조약을 계기로 도쿠가와 나리아키德川齊昭에게 실망하며 그 근본적 원인이 공리적 관점을 벗어날 수 없는 후기 미토학[397)의 학문적 오류에 있다고 결론지었다. 하여 주자학을 극복함과 동시에 후기 미토학을 부정하며 요•순•우 '3대의 치治'와 '3대의 학學'으로 돌아가야 한다고 주장했다. 그는 '3대의 학'을 세움으로써 유교의 참된 정신을 되살리고 막부시대 말기의 일본이 직면한 문제를 해결할 수 있다고 보았는데, 그 중심개념은 다름 아닌 '격물格物'이었다. 쇼난이 말하는 격물에는 두 측면이 있었는데, 첫째는 '천하의 리理를 궁구한다'는 사색활동자체, 둘째는 '지금 하늘[天帝•天工]을 돕는' 생산이다. 다시 말해 사색에 의해 하늘의 활동을 돕고 민중생활에 도움이 되어야 한다는 것이 쇼난이 말하는 격물의 의미였다. 이런 관점에서 본다면 주자학의 격물은 '리를 철저히 응시하는 격물[궁리에 입각한 격물]'에 불과하며, 쇼난은 바로 여기에 중국이 서양에게 당할 수밖에 없었던 근본적인 원인이 있다고 생각했다.[398) 그는 이 '3대의 학'에 입각한 '3대의 치'로 돌아갈 것을 강조했는데, 이는 결코 단순한 복고주의가 아니었다. 쇼난이 말하는 '3대'란 역사적으로 고정된 시간이 아니라 인간 행동의 가장 뛰어난 이상적 유형이며, 사상과 행동의 원점이 되는 본원적 시간이었다. 그러므로 쇼난에게 있어 요순의 덕치德治, 곧 유덕자有德者가 유덕자에게 자리를 넘겨주는 공화제는 워싱턴에 의해 시작된 미국 공화제와 중첩되기도 했다. 이런 이유에서 그는 대담하게도 혈통주의와 세습정치를 부정하기도 하였다. 그리고 천지자연의 도인 '인仁의 도'로 국가의 절대성을 부정하고, 국가를 넘어선 보편적 원리[천지의 공도公道]로써 국가의 기초를 세우고자 했다. 그 체현자로서 일본이 사해동포의 주도권을 쥘 것을 촉구했다. 그는 기독교에도 깊은 관심을 표명했는데, 메이지유신 후 신정부에 초빙되었으나 개방적인 언행으로 보수파로부터 오해를 받아 암

살되었다. 『국시삼론國是三論』, 『해군문답서海軍問答書』 등의 저서가 있다.

제4기: 메이지유신 이후

일본실학 발전단계의 제4기는 봉건사회의 역사를 종식시키고 근대 자본주의 사회로의 진입한 메이지유신 이후의 근대실학을 지칭한다. 여기서 말하는 근대실학이란 실증적·합리적 방법에 근거한 실생활에 유용한 학문[實業學]으로, 서구식 근대화에 성공한 '일본의 근대화'에 지대한 공헌을 했다. 이 근대실학이 등장하면서 <실학 對 허학>의 구조 속에서 근세실학으로서의 주자학과 양명학, 그 외 유학들이 모두 허학으로 부정당했다.

근세실학과 근대실학이 실학적 특성에 있어 연속성이 있는가 없는가에 대한 논의는 이미 2장 일본실학의 개념에서 살펴보았다. 이 시기의 대표적 실학자로는 후쿠자와 유키치福澤諭吉를 비롯해 니시 아마네西周, 츠다 마미치津田真道, 가토 히로유키加藤弘之, 나카무라 마사나오中村正直, 모리 아리노리森有礼 등이 있으며, 후쿠자와 유키치에 대해서도 이미 2장 일본실학의 개념에서 살펴보았기에 생략하기로 한다.

5. 일본실학의 특징

일본의 실학개념은 동아시아 3국 중 가장 먼저 서구식 근대화에 성공한 일본의 근대화에 지대한 공헌을 했다. 이러한 평가와 함께 일본이야말로 실학의 선진국이라는 관점이 있는데, 미나모토 료엔은 이러한 일본실학의 특징을 대략 다섯 가지로 꼽고 있다.

첫째, 실학의 사상전개가 빠르다. 그는 예컨대 "주자와 장병린章炳麟 1868~1936년[399)]의 탄생이 758년임에 반해 후지와라 세이카에서 요시다 쇼인의 생탄 년차는 269년이다." 뿐만 아니라 "주자학부터 대진載震, 1724~1777년[400)]의 출현까지가 563년이라는 긴 시간이 필요했던데 반해 하야시 라잔과 이토 진사이의 연령차는 44세이고 대진이 진사이보다 96년 늦게 태어난 것을 감안하면, 다만 일본이 문화 수용국의 유리한 지위를 이용한 것이라고 볼 수만은 없다."고 주장한다. 즉 주자학의 해체와 근대화가 동시에 이루어졌다는 전제 아래 주자학의 해체가 일찍 일어난 점을 평가한 것이다.

둘째, 일본의 실학전개는 자각적으로 이루어졌다. 이것은 일본의 실학자는 자신의 학문을 실학이라고 주장하였고, 이런 연유로 일본의 실학이 짧은 시간에 전개되었다는 것이다.

셋째, 일본의 실학자는 경세제민經世濟民, 경세치용經世致用에 관심을 갖고 있었다. 이점은 일본의 실학자와 청대 고증학자와의 두드러진 차이이며, 또 조선 실학자의 경세론이 실현되지 않았던 것에 반해 일본 실학자의

경세론은 어느 정도 실현되었다는 차이가 존재한다

넷째, 일본 실학사상의 주체자에 특징이 있다. 중국 실학의 주체자는 사대부 계급이었으며, 조선 실학의 주체자는 양반 계급의 일부 또는 중인이었다. 반면 일본의 경우에는 실학사상을 담당하는 주체자가 무사·상인·농민까지 광범위하게 존재하였는데, 이것은 막부 말기와 유신에 유리하게 작용하였다. 미나모토는 그 이유를 일본이 과거제라는 진보적 제도를 갖지 않았기 때문에, 사상이나 학문의 다양성을 보장할 수 있었던 것으로 보고 있다. 그리고 이렇듯 다양한 계층의 지지를 받은 덕분에 실학사상이 일본의 민생을 유지할 수 있었으며, 특히 막부 말기 유신이라는 서양문명의 충격과 개혁의 시기에 무사가 실학사상의 중심이 된 것이 실학사상의 사회적 실현이라는 점에서 대단히 유리하게 작용하였다고 보고 있다.

다섯째, 일본실학은 주자학을 출발점으로 하여 그 변용·수정·비판의 방법 위에 전개되었다. 그 가운에 특이할 만한 설명은 중국의 주자학이 그 원형을 남기고 교조화하였는데, 일본은 조선과 달리 주기主氣에 속하는 경험주의적 합리주의 계보가 큰 흐름을 이루어 야마가타 반토山片蟠桃나 사쿠마 조산佐久間象山과 같이 주자학에 기초하면서 서양의 자연과학을 수용하는 사람이 등장하여 중국과 조선에는 일어나지 않은 일이 가능하였다고 보며, 이를 실학의 일본적 전개라고 평가하고 있다.[401]

6. 맺기

　지금까지 일본실학을 개념·기원·계보·특징 등을 중심으로 고찰하였다. 일본의 실학개념은 '실생활에 도움이 되는 실업학'으로서 일본 근대화에 지대한 공헌을 한 일본특유의 개념으로, 독특한 일본사회의 지리적 환경·번교교육—①도쿠가와 시대의 실용실리 교육, ②메이지 시대의 국가 공리주의 교육—·정치사상 구조 등의 여러 요인들에 의해 형성·발전되었다.

　미나모토 료엔은 그의 주저 『근세 초기실학사상의 연구近世初期實學思想の研究』에서 일본실학의 발전 단계를 대략 네 시기로 구분하여 설명하고 있는데, 먼저 제1기는 주자학 수용기의 선도자인 후지와라 세이카에서 시작하여 오규 소라이 출현 이전까지의 에도시대 전기로, 이 시기는 인간의 내면적 진실을 추구하면서 그것이 경세제민에 이어진다는 인간 내면성에 기저를 둔 실학이 지배적이었다. 이 시기는 고학의 성립을 기준으로 다시 두 시기로 구분되는데, Ⓐ근세 초기에서 고학이 성립하는 간문 시기까지의 전기와 Ⓑ간문 시기에서 소라이학 성립하기 이전까지의 후기가 그것이다. Ⓐ 시기의 대표적 실학자로는 후지와라 세이카, 하야시 라잔, 나카에 도주, 구마자와 빈잔 등이 있으며, Ⓑ시기의 대표적인 실학자로 가이바라 엣켄, 아라이 하쿠세키, 야마가 소코, 이토 진사이 등이 있다.

　제2기는 오규 소라이부터 아이자와 세이시사이의 사상활동이 시작되는 1820년 경까지의 에도시대 후기로, 이 시기는 에도시대 전기의 실학과 달리 실학자의 관심이 내면에서 외면으로 옮겨가 실증주의적 실학관이 성립되었다. 이 시기의 대표적인 실학자로 실증적 실학을 전개한 오규 소라이, 모토오리 노리나가와 화혼양재의 실학을 전개한 미우라 바이엔와 야마가타 반도 등이 있다.

제3기는 1820년부터 메이지유신까지로, 국가위기와 사회변혁의 상황 아래 이 시기 철학은 실천성을 강조하였다. 이 시기의 대표적인 실학자로는 양유겸학의 실학을 주장하였던 사쿠마 쇼잔, 유교개혁을 실학을 주창하였던 요코이 쇼난, 정치변혁의 실학을 전개했던 요시다 쇼인 등이 있다.

제4기는 봉건사회의 역사를 종식시키고 근대 자본주의 사회로의 진입한 메이지유신 이후의 근대실학을 지칭한다. 여기서 말하는 근대실학이란 실증적·합리적 방법에 근거한 실생활에 유용한 학문[實業學]으로, 일본의 근대화에 지대한 공헌을 한 개념이다. 이 근대실학이 등장하면서 <실학 對 허학>의 구조 속에서 근세실학으로서의 주자학과 양명학, 그 외 유학들이 모두 허학으로 부정당했다. 이 시기의 대표적 실학자로는 후쿠자와 유키치를 비롯해 니시 아마네, 츠다 마미치 등이 있다.

현재 일본에서는 일본 특유의 근대화 과정에 기초해서 크게 과학사의 입장마루야마과 사상사의 입장미나모토에서 일본실학에 대한 연구가 진행되고 있는데, 마루야마가 "일본의 근대화는 일본사상사에서 주자학이 붕괴됨으로써 얻어진 것"이라고 주장하는 반면, 미나모토는 "일본의 주자학적 전통이 준비한 것이 근대"라는 서로 상반된 입장을 취하고 있다. 즉 마루야마는 근세실학과 근대실학의 불연속성을 주장한 반면 미나모토는 연속성을 주장하는 것이다. 그러나 일본실학사를 통시적으로 고찰하면, 마루야마와 미나모토의 주장 모두를 인정한다 하더라도 근세실학과 근대실학 기저에 일관되게 흐르는 공통된 특징이 있다. 그것은 바로 허학에 반대되는 실학이라는 개념의 제시였다. 일본 근세실학이 <실학 對 허학>이라는 구조 속에서 주자학에 근거하여, 불교를 허학으로 비판하며 출발하였고, 근대실학역시 근세실학을 허학으로 비판하며 태동되었다. 이것은 일본실학의 발전단계에서 나타나는 시대적 특징이며, 일본실학의 계보를 형성하는 실학자들에게 나타나는 특징이다. 결국 일본실학사는 '진실의 학'이란 무엇일까'라는 의문을 축으로 전개되는 '허실의 변증법'이었다.

종교철학에 대한
산책을 끝내며

산책을 끝내며

나는 '자발'이라는 말을 참 좋아한다. '자발自發'은 '스스로 그러함'이라는 의미도 있지만, '저절로 그러함'이라는 의미도 담고 있다. 오늘도 나는 자발적自發的으로, 저절로 새벽에 눈을 떠 저절로 산책을 했다. 약 1시간 30여분 가까이 걸으며, 나의 한 걸음 한 걸음에 집중하고, 과거에 대한 후회나 미래에 대한 염려, 그리고 내가 받고 있는 고통에 대해서 생각하기보다 '오직 지금, 오직 여기'에 있고자 노력했다. 온전한 집중 가운데 내게 들려오는 매미소리, 시원한 바람소리, 따뜻한 햇살은 나의 존재를 충만케 해주는 선물이었다.

그리고 그 '비움의 집중' 속에는 의도된 '채움의 집중'도 있었다. 특히 이 책을 마무리 짓는 이 시간, 그동안 나름 치열하게 숙고했던 설익은 연구의 결과물을 내어놓는 것에 대한 걱정도 있었지만, 학문의 과정이 득도得道가 아닌 근도近道의 과정이라 생각하며 자기 위안으로 삼았다.

그동안 기독교, 불교, 유교 등을 전공으로 공부하며 무슬림, 힌두교, 시크교, 신또, 토착종교 등 수많은 종단장들과 교류하였다. 그들에게 배운 삶의 철학은 이제 나의 철학으로 확장되어 '격의格義'라 명명하든 '통섭統攝'이라 명명하든 내게 뚜렷한 '삶의 철학'과 '삶의 가치'가 되었다.

그리고 그 삶의 철학과 가치를 중심으로 나는 이제 새로운 산책을 시작하고자 한다. 그리고 새로운 산책은 새로운 길, 즉 통섭의 길을 만들어가는 산책이 될 것이라 믿는다.

무지할 때는 맹목적인 믿음이, 앎 이후에는 절대적인 신뢰信解가 되기에,

이제부터 걸어갈 그 길은 절대적인 신뢰가 전제된 산책이 될 것이다. 기나긴 역사에 나의 유한한 삶은 하나의 방점에 불과할지 모르지만, 매 순간 순간 최선을 다한 그 삶은 기나긴 역사 전체의 가치와도 같다고 믿는다. 모든 종교와 철학이 인간의 선한 삶을 두고 하나의 통섭의 길에서 만나기를 기원하며 오늘 이 산책을 마무리한다.

【참고문헌】

첫 번째 산책 불교의 시지각설

◈ 약어

Akbh.: Abhidharmakośabhāṣyam

T.: 『대정신수대장경大正新脩大藏經』

『대비바사론大毘婆沙論』: 『아비달마대비바사론阿毘達磨大毘婆沙論』

『잡심론雜心論』: 『잡아비담심론雜阿毘曇心論』

『오사론五事論』: 『오사비바사론五事毘婆沙論』

『구사론俱舍論』: 『아비달마구사론阿毘達磨俱舍論』

『구사석론俱舍釋論』: 『아비달마구사석론阿毘達磨俱舍釋論』

『순정리론順正理論』: 『아비달마순정리론阿毘達磨順正理論』

◈ 참고문헌

『잡아함경雜阿含經』 T.1.

『아비달마대비바사론阿毘達磨大毘婆沙論』 T.27.

『잡아비담심론雜阿毘曇心論』 T.28.

『오사비바사론五事毘婆沙論』 T.28.

『아비달마구사론阿毘達磨俱舍論』 T.29.

『아비달마구사석론阿毘達磨俱舍釋論』 T.29.

『아비달마순정리론阿毘達磨順正理論』 T.29.

『아비달마장현종론阿毘達磨藏顯宗論』 T.29.

『유식이십론唯識二十論』 T.31.

『구사론기俱舍論記』 T.35.

『성유식론요의등成唯識論了義燈』 T.43.

『유식이십론술기唯識二十論述記』 T.43.

강빈구 외 옮김, 『인체생물학』, 서울: 정문각, 2003.

권오민 지음, 『上座 슈리라타와 經量部』, 서울: 씨·아이·알, 2012.

바수반두 지음·윤영호 옮김, 『대승성업론大乘成業論』, 서울: 고즈윈, 2013.

숀 갤러그·단 자하비 지음 / 박인성 옮김, 『현상학적 마음』, 서울: 도서출판 b, 2013.

이정모, 『인지과학: 학문 간 융합의 원리와 응용』, 서울: 성균관대학교 출판부, 2012.

이정모 외, 『인지심리학』, 서울: 학지사, 2002.

이정모·소홍렬, 『인지과학: 마음·언어·계산』, 서울: 민음사, 1989.

Bernard J. Baars·Nicole M. Gage / 강봉균 역, 『인지, 뇌, 의식』, 파주: 교보문고, 2010.

Eric P. Widmaier·Hershel Raff·Kevin T.Strang / 강신성·안태인 외 옮김, 『인체생리학』, 파주: 교보문고, 2009.

James W. Kalat / 김문수·문양호·박소현·박순권·박정현 옮김, 『생물심리학』, 서울: 시그마프레스, 1999.

Marie T.Banich 지음 / 김명선·강은주·강연욱·김현택 옮김, 『인지신경과학과 신경심리학』, 서울: 시그마프레스, 2009.

M.R. 베넷·P.M.S. 해커 / 이을상 외 옮김, 『신경과학의 철학』, 서울: 사이언스북스, 2013.

Marcel, A.J. and Bisiach, E. eds, Consciousness in Contemporary Science, Oxford: Oxford Science, 1998.

P. Pradhan, ed, Abhidharmakośabhāṣyam, Panta: K. P. Jayaswal Research Institute, 1975.

Velmans, M, Understanding Consciousness, London: Routledge, 2000.

Weiskrantz, L., Blindsight, Oxford: Oxford University Press, 1986.

윤영호, 「說一切有部의 極微說 研究」, 서울: 동국대학교 박사학위논문, 2013

두 번째 산책 불교의 원자설

◆ 약어

TD.:『태북판 서장대장경台北版 西藏大藏經』

◆ 참고문헌

『대비바사론大毘婆沙論』T.27.

『잡아비담심론雜阿毘曇心論』T.28.

『구사론俱舍論』T.29.

『순정리론順正理論』T.29.

『현종론顯宗論』T.31.

『관소연연론觀所緣緣論』T.31.

『무상사진론無相思塵論』T.31.

『성유식론成唯識論』T.31.

『유식이십론唯識二十論』T.31.

『성유식론요의등成唯識論了義燈』T.43.

『성유식론술기成唯識論述記』T.43.

『유식이십론술기唯識二十論述記』T.43.

dmig pa brtag paḥi pa TD.4206

dbu ma rgyan gyi tsig le'ur byas pa TD.3884

권오민,『有部阿毘達磨와 經量部哲學』, 서울: 경서원, 1994.

고윤석,『현대물리』, 서울: 교학연구사, 1993.

브라이언 그린 지음·박병철 옮김,『엘러건트 유니버스』, 서울: 승산 2002.

소광섭,『물리학과 대승기신론: 관찰자와 현상』, 서울: 서울대학교 출판부, 1999.

오노슈(小野周) 감수·편집부 옮김,『現代物理學事典』, 서울: 전파과학사, 1995.

한자경,『유식무경, 유식불교에서의 인식과 존재』, 서울: 예문서원, 2000.

핫토리 마사키 외·이만 옮김,『인식과 초월』, 서울: 민족사, 1991.

카지야마 유이치 지음·권오민 옮김,『인도불교철학』, 서울: 민족사, 1994.

櫻部建·上山春平/정호영 옮김,『아비달마의 철학』, 서울: 민족사, 1993.

明石惠達,『(藏漢和譯對校)二十唯識論解說』, 東京: 第一書房, 1985.

山口益, 野澤靜證 共著,『世親唯識の原典解明』, 京都: 法藏館, 1965.

山口益·野澤靜證 共著,『世親唯識の原典解明』, 京都: 法藏館, 1953.

山口益·野澤靜證 共著,『世親唯識の原典解明』, 京都: 法藏館, 1953.

宇井伯壽,『(四譯對照)唯識二十論研究』<大乘佛敎硏究 v.4>, 東京: 岩波書店, 1979.

宇井伯壽,『陳那著作の研究』, 東京: 岩波書店, 1979.

櫻部建 著,『俱舍論の研究』, 京都: 法藏館, 1975.

戶崎宏正,『佛敎認識論の硏究(上권)』, 東京: 大東出版社, 1979.

Th. Stcherbatsky, The Central Conception of Buddhism and the Meaning of the Word Dharma, Motial Baranasidass, 1979.

김혜숙·안창림·김성구·임경순,「우주적 실재에 관한 인식론적 성찰」,『철학』제67집, 서울: 한국철학회, 2001.

방인,「불교의 극미론極微論」,『哲學硏究』第65輯, 대한철학회, 1998.

윤영호,「표업表業의 본질에 대한 고찰」,『韓國佛敎學』第48輯, 서울: 한국불교학회, 2007.

세 번째 산책 불교의 행위론

◈ 약어

TD.:『태북판 서장대장경台北版 西藏大藏經』

『구사론』:『아비달마구사론阿毘達磨俱舍論』

『순정리론』:『아비달마순정리론阿毘達磨順正理論』

『현종론』:『아비달마장현종론阿毘達磨藏顯宗論』

『성업론』:『대승성업론大乘成業論』

◈ 참고문헌

『중아함경中阿含經』T.1.

『아비달마구사론阿毘達磨俱舍論』T.29.

『아비달마순정리론阿毘達磨順正理論』T.29.

『아비달마장현종론阿毘達磨藏顯宗論』T.29.

『대승성업론大乘成業論』T.31.

『las grub pa'i rab tu byed pa』TD. 4062.

권오민,『有部阿毘達磨와 經量部哲學의 硏究』, 서울: 경서원, 1994.

다케무라 마키오·정승석 역,『유식의 구조』, 서울: 민족사, 1989.

加藤純章,『經量部の硏究』, 東京: 春秋社, 1989.

山口益,『世親の成業論』, 東京: 法藏館, 1951.

舟橋一哉,『業の硏究』, 京都: 法藏館, 1969.

中村元,『ことばの形而上學』, 東京: 岩波書店, 1956.

佐藤密雄,『大乘成業論』, 東京: 厚德社, 1978.

佐佐木現順,『阿毘達磨思想研』, 東京: 淸水弘文堂, 1972.

佐佐木現順,『業論の硏究』, 京都: 法藏館, 1990.

佐佐木現順,『業の思想』, 東京: 第三文明社, 1980

H.G.Coward, The Sphoṭa Theory of Language, Delhi: Motial Banarsidas, 1986.

Etienne Lamotte·English translation by L.M.Pruden, Karmasiddhi- prakarana: the treatise on action by Vasubandhu, Asian

Humanities press , Berkeley, Cali fornia, 1987.

이지수,「산스끄리뜨 意味論의 諸問題」한국언어학회 제15호, 1993.

황정일,「說一切有部의 三世實有說 硏究: 三世實有說에 대한 世親의 批判과 衆賢의 反論을 중심으로」동국대학교 박사학위논문, 2006

네 번째 산책 불교의 죽음관

◈ 약어

T.: 『대정신수대장경大正新脩大藏經』

SN.: Sutta-Nipāta
ed Dines Andersen·Helmer Smith, Sutta-Nipāta, Oxford: The Pali Test Society, 1913

◈ 참고문헌

『중아함경中阿含經』 T.1.

『잡아함경雜阿含經』 T.2.

『증일아함경增壹阿含經』 T.2.

『대비바사론大毘婆沙論』 T.27.

『구사론俱舍論』 T.29.

『순정리론順正理論』 T.29.

『구사론기俱舍論記』 T.41.

김인자 편역, 『죽음에 대한 심리적 이해』, 서울: 서강대 출판부, 1984.

셸리 케이건 지음·박세연 옮김, 『죽음이란 무엇인가』, 서울: 엘도라도, 2013.

안성두 외, 『죽음, 삶의 끝인가 새로운 시작인가』, 서울: 운주사, 2011.

알폰스 데켄 저·오진탁 역, 『죽음을 어떻게 맞이할 것인가』, 서울: 궁리, 2005.

이병찬·이철영·최청자 공저, 『죽음준비교육과 삶』, 서울: 효사랑, 2007.

엄정식 외, 『동서양 철학 콘서트: 서양철학편』, 서울: 이숲, 2008.

조원규 편저, 『웰다잉과 행복성찰』, 서울: 책과 나무, 2013.

퀴블러로스 지음·성염 옮김, 『인간의 죽음』, 칠곡: 분도출판사, 2000.

傳偉勳 지음·전병술 역, 『죽음, 그 마지막 성장』, 서울: 청계, 2001.

水野弘元, 「心不相應行法の槪念の發生」, 『印度學佛敎學硏究』8, 東京: 三陽社, 1956.

雲井昭善, 『佛敎興起時代の思想硏究』, 京都: 平樂寺書店, 1967.

김숙·한정란, 「성인들의 죽음에 관한 인식, 죽음준비, 죽음불안」 『인구교육』 제5권, 인구교육센터, 2012.

김용표, 「불교에서 본 죽음과 종교교육」 『종교교육학연구』 제19권, 한국종교교육학회, 2004.

우희종, 「즐거운 과학기술의 달콤한 유혹」 『문화과학』 60호, 문화과학사, 2009.

John Hick, Death and Eternal life, westminster/john knox Press, 1994.

John White, Practical Cuide to Death and Dying, Quest books, 1980.

Thorson JA. & Powell FC., Elements of death anxiety and meaning of death, Journal of Clinical Psychology Vol 44, 1988.

Templer DI., The construction and validation of death anxiety scale, Journal of General Psychology VOl 44, 1970.

다섯 번째 산책 유교의 인성론

◈ 참고문헌

『논어論語』

『맹자孟子』

『순자荀子』

김학주, 『순자』, 서울: 을유문화사, 2008.

김형효, 『맹자와 순자의 철학사상: 철학적 사유의 두 원천』, 서울: 삼지사, 1990.

신동준 지음, 『순자론』, 고양: 인천사랑, 2007.

이상은, 「맹자의 성선설에 대한 연구」『유학과 동양문화』, 서울: 법학도서, 1976.

임헌규 지음, 『유가의 심성론과 현대심리철학』, 서울: 철학과 현실사, 2001.

전손 저, 『선진유학』, 백종석 역, 서울: 學古房, 2009,

정진일 지음, 『유교윤리』, 서울: 청암미디어, 2002,

조긍호, 『유학심리학-맹자·순자 편』, 서울: 나남출판, 1998.

한국동양철학회 편, 『동양철학과 본체론과 인성론』, 서울: 연세대학교 출판부, 1982.

劉蘇華, 趙宗正 主編, 『中國儒學學術思想史』, 濟南: 山東教育出版社, 1996,

蔡仁厚, 『孟子筍哲學』, 臺北: 唐山出版社, 1984,

馮友蘭, A short history of Chinese philosophy, 臺北: 雙葉書店, 1948.

曾昭明, "呈現光明·蘊藏與秘"『中國文化新論: 思想篇一, 理想與現實』, 臺北: 聯經出版事業公司, 1987.

Needham, J, 『중국의 과학과 문명 II』, 이석호·이철주·임정대 역, 서울: 을유문화사, 1986.

Kwong-loi, Mencius and Early Chinese Thought, Stanford Univ Press, 1997,

이장희, 「순자 性惡說의 의미」, 『사회와 철학』, 제9호, 사회와 철학 연구회, 2005.

이철승, 「유가철학에 나타난 인간 본성론의 구조와 현실적 의미: 성선설과 성악설의 구조와 의미를 중심으로」, 『동양철학연구』, 36권, 동양철학연구회, 2004.

박영진, 「유가의 인성론에 나타난 도덕성 연구」, 『韓國教育論壇』, 제4권, 한국교육포럼, 2005.

황지원, 「인성론의 기반 위에서 본 순자의 공부론」, 『중국철학』, 11권, 중국철학회, 2003년.

홍원식, 「인간의 본성에 관한 논쟁: 고자와 맹자, 맹자와 순자간의 논쟁」, 『중국철학』, 중국철학회, 1994,

신동호, 「성선설 연구: 그 연원 및 연역적 논거를 중심으로」, 『철학연구』, 3권, 철학연구회, 1968.

Kwong-loi, "Mencius on Jen-Hsing", Philosophy East and West, Vol 47. UH Press, 1997

I. Bloom, "Mencian Argument on Human Nature(Jen-hsing)", Philosophy East and West, Vol 44· N1, UH Press

여섯 번째 산책 유교와 이단지학

◆ 참고문헌

『논어論語』

『대학大學』

『대학집주大學集註』

『맹자孟子』

『이자수어李子粹語』

『전습록(상)傳習錄(上)』

『퇴계전서退溪全書』

금장태, 『퇴계의 삶과 철학』, 서울대학교 출판부, 2003.

김길락, 『상산학과 양명학』, 예문서원, 1995.

신귀현, 『퇴계 이황』, 예문서원, 2002.

아베요시오 지음·김석근 옮김, 『퇴계와 일본유학』, 전통과 현대, 1998.

이완재, 『공자에서 퇴계까지』, 이문출판사, 2001.

예문동양사상연구원·윤사순 편저, 『퇴계이황』「부록: 퇴계 관련 연구물 목록」, 예문서원, 2002.

劉明鐘, 『퇴계와 율곡의 철학』, 동아대 출판부, 1987.

유준기, 『한국근대유교개혁운동사』, 아세아 문화사, 1999.

尹南漢, 『朝鮮時代의 陽明學 硏究』, 집문당, 1982.

張立文 著·李允熙 譯, 『退溪哲學入門』, <社>퇴계학연구원, 1990.

정동국·정덕희, 『공자와 양명학』, 태학사, 1999.

鄭寅普, 『陽明學演論』, 삼성문화재단, 1972.

최재목, 『동아시아의 양명학』, 예문서원, 1996.

黃秉泰, 『儒學與現代文化』, 中國社會科學文獻出版社, 1980.

載瑞坤, 『中日韓朱子學與陽明學』, 文史哲出版社, 中華民國 91.
　　　, 『陽明學說對日本之影響』, 台北文化大學出版部, 1981.

吉田公平, 『陽明學か問いかけるもの』, 研文出版, 2000.
　　　, 『陸象山と王陽明』, 研文出版, 1999.

源了圓, 『近世初期實學思想研究』, 創文社, 1980.

금장태, 「退溪門下의 陽明學 이해와 비판」, 『陽明學』, 제2호, 한국양명학회, 1998.

김훈(역), 「번역문-양명의 '지행합일'설에 퇴계의 대한 비판을 평함」, 『양명학』, 제4호, 한국양명학회, 2000.

김용재, 「退溪의 陽明學 批判에 대한 考察」, 『陽明學』, 제3호, 한국양명학회, 1999.

송하경, 「한국양명학의 전개와 특징」, 『양명학』, 제2집, 한국양명학회, 1998.
　　　, 「양명학의 儒·佛·道 사상배경에 관한 연구」, 『동서철학연구』, 제1집, 한국동서철학회, 1984.
　　　, 「陽明學이 佛學이라는 批判에 대한 陽明學的 解明」, 『양명학』, 제5권, 한국양명학회, 2001.

윤사순, 「鄭齊斗(霞谷) 陽明學의 硏究」, 『한국학 연구』, 제4집, 고려대학교 한국학연구소, 1991.

鄭德熙, 「陽明學의 性格과 朝鮮的 展開」, 『大東漢文學』, 제40집, 대동한문학회, 2001.

崔在穆, 「退溪의 陽明學觀에 대하여」, 『退溪學報』, 제113집, 퇴계학연구원, 2003.

일곱 번째 산책 유교와 실학

◈ 참고문헌

『국사대사전國史大辭典』, 吉川弘文館, 1988.

나가오 다케시 著·박교태 譯, 『일본사상 이야기』, 예문서원, 2002.

서경요, 『한국유교지성론』, 성균관대학교 출판부, 2003.

小三晴久 著·하우봉 譯, 『한국실학과 일본』, 한울, 1995.

미나모토 료엔 지음·박규태/이용수 옮김, 『도쿠가와 시대의 철학사상』, 예문서원, 2004.

한국사상사연구회, 『실학의 철학』, 예문서원, 1996.

李甦平 等著, 『中國·日本·朝鮮實學比較』, 安徽人民出版社, 1995.

源了圓, 『近世初期實學思想の研究』, 創文社, 1980.
          , 『実學思想の系譜』, 講談社, 1986.

사와이 게이이치, 「마루야마 마사오와 근세 일본사상사 연구」『일본사상』 3권, 한국일본사상사학회, 2001.

성해준, 「일본 주자학의 전래와 수용」, 『남명학연구』, 15권, 경상대학교 남명학 연구소, 2003.

오가와 하루히사(한예원 譯), 「일본실학의 형성과 발전」『일본사상』 8권, 한국일본사상사학회, 2005.

엄석인, 「일본근세유학의 전개와 그 특징」, 『일본사상』, 4권, 2002.

정하미, 「日本實學硏究와 近代化論」, 『일본역사연구』, 1권, 일본사학회, 1995.

한예원, 「일본의 실학자 계보」, 『일본실학』, 9권, 한국일본사상사학회, 2005.
          , 「일본의 실학에 관하여」, 『일본사상』, 6권, 한국일본사상사학회, 2004.
          , 「일본의 근세유학과 실학(I)」, 『한국실학연구』, 9권, 한국실학학회, 2005년.
          , 「일본의 근세유학과 실학(II)」, 『한국실학연구』, 10권, 한국실학학회, 2005년.

堀米庸三, 「虛學の精神ぁるぃは學文の沒意味性にっぃて」, 『李刊芸術』, 第二号, 1969

【주석】

1) 『잡아함경』1권(T.2, p.3b, p.3c), 6권(T.2 p.40b), 8권(T.2, p.51abc), 11권(T.2, p.71c), 13권(T.2, p.87c, 88a)

2) 『구사론기』2권(T.35, 48c). "譬喩者, 眼識同時心心所法和合見." ; 『오사비바사론』1권(T.28, 990c). "問: 誰能見色? 爲眼根見, 爲眼識見, 爲與眼識相應慧見, 爲心心所和合見耶? … 若心心所和合能見, 諸心心所和合不定."

3) 『대비바사론』13권(T.27, 61c). "謂或有執, 眼識見色. 如尊者法救. 或復, 有執, 眼識相應慧見色. 如尊者妙音. 或復, 有執, 和合見色. 如譬喩者. 或復, 有執, 一眼見色. 如犢子部."

4) 『대비바사론』13권(T.27, 61c). "若眼識見色者, 識應有見相, 然識無見相故, 不應理. 若眼識相應慧見色者, 耳識相應慧亦應聞聲. 然慧無聞相故不應理. 若和合見色者, 應一切時見色, 以無時不和合故, 亦不應理. 若一眼見色非二眼者, 身諸分亦應不俱時覺觸. 如身根兩臂相去雖遠而得俱時覺觸生一身識, 兩眼亦爾., 相去雖遠, 何妨俱時見色生一眼識?"

5) 『오사론』상권(T.28, 990c)과 『잡심론』1권(T.28, 876a)에서도 동일한 시도가 이루어지고 있다.

6) 『구사론』2권(T.29, 10c). "審慮爲先, 決度名見." 참고로 AKbh.(p.29)에서는 한역본의 "숙고"라는 말이 없고 "실로 견(見)은 판단하는 것이다. 사고가 진행하기 때문에(santirikā hi dṛṣṭir upadhyānapravṛttatvāt/)"라고 되어 있다.

7) 『구사론』2권(T.29, 10c). "五識俱慧無如是能. 以無分別是故. 非見." ; AKbh., pp.29-30. na caivaṃ pañcavijñānasahajā prajñā / tasmād asau na dṛṣṭiḥ

8) 『구사론』2권(T.29, 10c). "若爾, 眼根不能決度, 云何名見? 以能明利觀照諸色故, 亦名見. 若眼見者, 餘識行時, 亦應名見. 非一切眼皆能現見. … 謂同分眼與識合位能見, 非餘."

9) 보광(普光)의 『구사론기』2권(T.41, 49c)에 따르면, 여기서의 식견가는 다르마뜨라따와 대중부(大衆部)를 지칭한다("識見家難, 即是法救大衆部等").

10) 상가바드라는 『순정리론』6권(T.29, 363c)에서 "①세간에서 모두 [보는 것으로] 이해하기 때문에, ②색을 관조하기 때문에, ③어두움과 서로 반대되기 때문에, ④그 작용이 분명하기 때문에 눈을 '봄'이라고 한다(世間共了, 觀照色故, 闇相違故, 用明利故, 說眼名見)"고 설명하고 있다.

11) '신유부'의 별칭을 얻었던 상가바드라는 이러한 안식과 안근의 관계를 땔감과 불의 비유로 설명하고 있는데, 땔감의 힘에 의해 뛰어난 작용을 지닌 불이 생겨나듯 안식의 힘에 의해 안근이 주지(住持)될 때 뛰어난 동분이 성취된다고 주장한다(『순정리론』6권(T.29, 363c). "眼識力所住持勝用生故. 如依薪力勝生火生.").

12) 『구사론』에는 "傳說"이라는 말이 종종 나타나는데, 그럴 때는 논주 바수반두가 대개 경부의 입장에서 유부에 대한 불신을 나타낼 때이다. 이런 이유에서 상가바드라는 『순정리론』에서 특히 이 대목을 유부의 근견설을 바수반두가 소개는 하고 있지만 그 논거를 인정하고 있지 않기 때문에 "傳說"이라는 말을 사용하였다고 강한 불만을 토로하며 비판을 제기하고 있는데, 이하 '식견가'의 주장을 보광과 달리 유부에 대한 바수반두의 힐난으로 보고 상세한 반론과 재비판을 하고 있다(『순정리론』6권(T.29, 363c) 참조).

13) 『구사론』2권(T.29, p.10c). "傳說, 不能觀障色故. 現見壁等所障諸色則不能觀. 若識見者, 識無對故, 壁等不礙, 應見障色. 於被障色眼識不生. 識既不生, 如何當見? 眼識於彼何故不生? 許眼見者, 眼有對故, 於彼障色無見功能. 識與所依一境轉故, 可言於彼眼識不生. 若識見者, 何緣不起? 眼豈如身根境合方取, 而言有對故不見彼耶? 又頗胝迦瑠璃雲母水等所障云何得見? 是故不由眼有對故, 於彼障色無見功能."

14) 이 부분은 한역본보다 AKbh.(p.30)가 좀 더 명확하다. "가려진 색에 대해서는 안식이 결정 코 발생하지 않는다. 그러나 발생하지 않은 안식이 어떻게 [색을] 보겠는가?(naiva hy āvṛte cakṣurvijñānam utpadyata ity anutpannaṃ kathaṃ drakṣyati/)"

15) 『구사론기』2권(T.41, 55a). "答: 色是離中知兼能取下麁, 觸是合中覺故非取下麁." 참고로 '이중지離中知'란 근과 경계가 떨어져 있어서 알게 되는 것이고, '합중지合中知'란 근과 경계가 붙어 있어서 알게 되는 것이다.

16) 『잡아함경』9권(T.1, 64a).

17) 『구사론』2권(T.29, 10c). "然經說, '眼能見色'者, 是見所依故說能見. 如彼經言, '意能識法', 非意能識. 以過去故. 何者能識? 謂是意識. 意是識依, 故說能識. 或就所依說能依業. … 又如經說, '梵志! 當知. 以眼爲門, 唯爲見色.' 故知眼識依眼門見. 亦不應言眼即是見."

18) 식견가는 이러한 자신의 주장을 계경을 통해 다음과 같이 입증한다. "또 계경에서 '눈에 의해 식별되는 색은 참으로 바랄만하고 참으로 즐길하다.'고 설하고 있다. 그러나 실제로 이 바랄만하고 즐길만한 색은 눈에 의해 식별되는 것이 아니다(『구사론』2권(T.29, 10c). 又如經言, "眼所識色可愛可樂". 然實非此可愛樂色是眼所識)."

19) 상가바드라(=신유부)는 이러한 식견가의 주장에 대해 조금은 다른 형태로 반론을 제시한다. 상가바드라는 식견가가 경증으로 제시하고 있는 "以眼爲門, 唯爲見色"에서 "門"에 대한 새로운 해석을 통해서 그 반론을 전개하는데, 그에 따르면 여기서의 "문(門)"은 바로 '연(緣), 곧 '조건'을 의미한다. 인식의 현상인 시지각은 다른 유위법有爲法처럼 수많은 조건들에 의해 생성·소멸한다. 이 때 눈 역시 시지각의 생성·소멸을 일으키는 수많은 조건 가운데 하나이며 세존은 그것을 "문"이라고 표현하였다. 상가바드라는 그러한 조건을 '종류가 같은 조건(種類同緣)'가 '종류가 다른 조건(種類異緣)'으로 대별했는데, 여기에서의 "문"은 '종류가 같은 조건'을 지칭한다. 즉 "以眼爲門, 唯爲見色"에서 "以眼爲門"은 식견가가 해석하는 것처럼 안근이 안식의 매개가 되는 것을 의미하는 것이 아닌, 현재세(後刹那)의 "안근"이 일어나는 것은 과거세[前刹那]의 "안근"을 "문", 곧 "조건(緣)"으로 삼는다는 것을 의미하며, "唯爲見色"는 그러한 조건들이 각기 자신만의 고유의 작용을 일으킨다는 것을 의미한다. 나아가 그는 "以眼爲門, 唯爲見色"라는 계경에 안근 등에 각각 두 가지 작용이 있음을 나타낸고 보았는데, 첫째는 "能爲門[문이 되는 것]"이며, 둘째는 "能取境[경계를 파악하는 것]"이다. "能爲門"은 안근이 의지처가 되어 심·심소법으로 하여금 경계 대상에 대해 각각 개별적인 행상行相을 일으키게 하는 것을 의미하며, "能取境"은 안근이 오직[唯] 색경色境만을 보듯이 이근(耳根)·비근(鼻根)·설근(舌根)·신근(身根)·의근(意根) 역시 각각 자신에 상응하는 경계만을 파악함을 의미한다. 만약 식견가가 주장하듯 시지각의 주체가 안식이라면, 안식은 일종의 의식이기 때문에 이식(耳識)·비식(鼻識)·설식(舌識)·신식(身識)·의식(意識) 등과 '식별'의 작용에 있어 차별이 없기 때문에 시지각의 주체가 될 수 없다. 그러나 안근은 오직 자신에 상응하는 색경만을 파악하며[能取境], 아울러 시지각의 일차적인 의지처가 되어 심·심소법으로 하여금 경계 대상에 대해 각각 개별적인 행상을 일으키게 하는 조건이 되게 하는[能爲門] 두 가지 측면의 작용을 갖고 있다. 따라서 안식은 안근의 두 가지 작용, 곧 "能爲門"과 "能取境"을 매개로 하여 자

신의 역할을 수행하는 시지각의 한 원인이지 본질은 아닌 것이다. 다시 말해 시지각의 주체는 안근인 것이다(『순정리론』7권(T.29, 366a). "如是契經, '以眼門, 唯爲見色, 廣說乃至, 以意 爲門, 唯爲了法.' 門是緣義. 緣有二種, 謂種類同, 及種類異. 此中且說種類同緣. '以眼爲門, 爲見色'者, 謂後眼起前眼爲緣. '爲見色'言, 顯起有用. 如是乃至意處應知. 又此契經爲顯眼等 各有二用, 一能爲門, 二能取境. '能爲門'者, 且如眼根能爲所依, 令心心所各別行相於境而轉, '能取境'者, 且如眼根唯爲見色."). 참고로 이러한 상가바드라의 설명은 유부가 실유로 인정하 고 있는 '처'處의 가유假有를 주장하며 '1법처설'法處說을 주장하고 있는 경부에 대한 비판에 도 등장하는데, 특히 비판의 논거 가운데 경(境, viṣaya)・유경(有境, viṣayin)의 관계에 기초 한 설명은 이상의 설명과 일맥상통한다. 보다 자세한 내용은 윤영호, 『說一切有部의 極微說 硏究』(서울: 동국대학교 박사학위논문, 2013), 102-106면 참조.

20) 『구사론』2권(T.29, 10c). "若識能見, 誰復了別? 見與了別二用何異?"

21) AKbh., p.31. yad eva hi rūpasya vijñānaṃ tad evāsya darśanam iti / tadyathā kācit prajñā paśyatīty apy ucyate prajānātīty apy evaṃ kiṃcid vijñānaṃ paśyatīty apy ucyate vijānātīty api /

22) 『구사론기』2권(T.41, 50a). "或是識見家異師難."

23) 『대비바사론』71권(T.27, 369b). "眼識所受, 眼識所了, 說名所見." 참고로 『구사론』관련 연 구서에서 대부분 이 대목을 73권(T.27, 380a)의 "謂世共說, 眼所受境, 名爲可見."으로 보고 있다.

24) 『구사론』2권(T.29, 10c). "若眼能見眼是見者, 誰是見用? 此說非難. 如共許識是能了別, 然無 了者用不同, 見亦應爾. 有餘復言. 眼識能見, 是見所依故, 眼亦名能見. 如鳴所依故, 亦說 鍾能鳴. 若爾, 眼根識所依故, 應名能識. 無如是失. 世間同許眼識是見, 由彼生時說能見色不 言識色. 『毘婆沙』中, 亦作是說. 若眼所得眼識所受, 說名所見. 是故但說眼名能見, 不名能識. 唯識現前, 說能識色. 譬如說日名能作晝."

25) 『구사론기』2권(T.41, 50a). "彼計, '眼是見者, 識是見用.'"

26) AKbh., p.31. yadi hi vijñānaṃ vijānātītīṣyate / na ca tatra karttṛkriyābhedaḥ / evam atrāpi /

27) 『구사론기』2권(T.41, 50a). "眼是見依說眼能見, 眼是識依說眼能識."

28) 『구사론』2권(T.29, 10c). "若眼能見眼是見者, 誰是見用? 此說非難. 如共許識是能了別, 然無 了者用不同, 見亦應爾. 有餘復言. 眼識能見, 是見所依故, 眼亦名能見. 如鳴所依故, 亦說 鍾能鳴. 若爾, 眼根識所依故, 應名能識. 無如是失. 世間同許眼識是見, 由彼生時說能見色不 言識色. 『毘婆沙』中, 亦作是說. 若眼所得眼識所受, 說名所見. 是故但說眼名能見, 不名能識. 唯識現前, 說能識色. 譬如說日名能作晝."

29) 『구사론기』2권(T.41, 50a). "唯識現前, 說能識色. 譬如說日名能作晝. 即日名晝. 非離日外別 有其晝. 其識亦爾. 識現前時, 即名能識, 非離識外別有能識."

30) 『구사론기』2권(T.41, 50a). "上來, 雖復眼見識見兩家異評, 看其文勢, 論主意朋識見."

269

31) 바수반두 지음·윤영호 옮김, 『대승성업론大乘成業論』(서울: 고즈원, 2013), 15면 참조.

32) 『유식이십론』1권(T.31, 75c). "極微與六合 一應成六分 若與六同處 聚應如極微."

33) 『구사론』2권(T.29, 11c); 『대비바사론』132권(T.27, 684a).

34) 진제眞諦 한역본에서는 '대덕'을 바수미뜨라(Vasumitra, 世友)라고 밝히고 있지만(『구사석론』2권(T.29, 169c). "大德婆須蜜多羅說, …"), 보광은 식견설을 주장한 다르마뜨라따로 보고 있다. 보광의 해석을 따를 경우 바수반두는 시지각설[識見說]은 물론 극미설에 있어서도 다르마뜨라따의 영향을 받은 셈이 된다.

35) 『순정리론』3권(T.29, 344a). "又上座說: 諸法無非意所行故, 皆法處攝."

36) 『유식이십론』1권(T.31, 76a). "已辯極微非一實物. 是則離識眼等色等. 若根若境皆不得成. 由此善成唯有識義."

37) 『대비바사론』132권(T.27, 683c-684a). "極微互不相觸. 若觸, 則應或遍或分. 遍觸, 則有成一體過, 分觸則有成有分失. 然諸極微更無細分."

38) 『순정리론』8권(T.29, 373b). "無間大種極微隣近生時假說爲觸."

39) '화합'은 일반적으로 경부의 설로 인정되고 있지만, 반드시 경부만의 설로 규정하기는 어렵다. 왜냐하면 바수반두와 디그나가는 각각 『유식이십론유식이십론』과 『관소연연론』에서 특정한 학파로 규정하지 않고 외경실재론자들의 견해를 ①'극미', ②'극미의 화합', ③'극미의 화집'으로 대별하여 각각 비판하고 있는데, 규기窺基의 『유식이십론술기』하권(T.43, 995c. "和破古薩婆多師, 集破新薩婆多正理論師.")과 『成唯識論述記』2권(T.43, p.267c. "又若無方分, 即不能或和或集. 和對古薩婆多師, 集對新薩婆多順正理師.")에서 '화합'을 구유부의 견해로 기술하고 있기 때문이다. 보다 자세한 내용은 윤영호, 앞의 논문, 56-57면 참조.

40) 『성유식론요의등』2권(T.43, 691a). "問: 新古二薩婆多極微成麤, 有何差別? 答: 且古薩婆多: 以七極微成其麤色. 由彼相近似成一相, 據實, 七微各各自成麤色. 不說相資. 若新薩婆多師: 其七極微同聚, 相近相資與力各各成其大相. 不以相似合相方始成麤."

41) 근견가의 극미설에 대한 현대물리학적 해석은 윤영호, 앞의 논문, 200-221면 참조.

42) 『순정리론』8권(T.29, 373b) 참조.

43) 『순정리론』4권(T.29, 352a). "又衆盲喩違彼自宗. … 然必有境故, 以實法爲境義成."

44) 『잡아함경』13권(T.2, 87c). "眼色緣生眼識. 三事和合觸, 觸俱生受想思."

45) 『순정리론』10권(T.29, 384a). "彼上座言, 無如所計十大地法. 此但三種, 經說俱起受想思故. 豈不彼經亦說有觸? 如彼經言, 三和合觸. 經雖言有觸, 不說有別體. 故彼經言, 如是三法聚集和合, 說名爲觸. 故無如所計十大地法性."

46) 『순정리론』11권(T.29, 384a). "此'俱生'言, 不說'無間'."

47) 『순정리론』10권(T.29, 385b). "'次第義'者, 據生次第. 謂從眼色生於識觸. 從此復生諸心所法. 俱生受等名心所法. 觸非心所."

48) 권오민 지음, 『上座 슈리라타와 經量部』(서울: 씨·아이·알, 2012), 760-766면 참조.

49) 『구사론기』2권(T.41, 50b). "若言實有作用. 應同勝論業句義也."

50) 『구사론』2권(T.29, 10c). "如何共聚搳掣虛空? 眼色等緣生於眼識. 此等於見孰爲能所? 唯法因果實無作用. 爲順世情, 假興言說, 眼名能見, 識名能了. 智者於中不應封著. 如世尊說, 方域言詞不應堅執. 世俗名想不應固求."

51) 권오민 지음, 앞의 책, 760-771면 참조.

52) 『순정리론』7권(T.29, 366c). "譬喩部師, 有於此中妄興彈斥言."

53) 『순정리론』10권(T.29, 385b). "若言先有根境識三因果性故, 受方得起. 是故根境於受起時, 亦有展轉能生功用."

54) 『대비바사론』16권(T.27, 79c). "謂或有執. 心心所法, 前後而生, 非一時起, 如譬喩者. 彼作是說, 心心所法依諸因緣前後而生. 譬如商侶涉嶮隘路, 一一而度無二並行. 心心所法亦復如是. 衆經和合一一而生, 所待衆緣各有異故."

55) 권오민 지음, 앞의 책, 768-769면 참조.

56) 윤영호, 앞의 논문, 106-117면 참조.

57) 권오민 지음, 앞의 책, 307-309면 참조. 참고로 박창환은 『순정리론』상에 비유자를 연대기적으로 ①『대비바사론』의 비유자, ②상좌 쉬리라따와 『대비바사론』의 비유자, ③상좌와 동시대의 비유자, ④상좌 이후 상가바드라·바수반두와 동시대의 비유자로 구분하기도 한다(Changwan Park, The Sautrāntika Theory of Seedbīja Revisited 2007, p.59 참조).

58) 『순정리론』7권(T.29, 366c). "雖復有爲皆從緣起. 而說諸法別相用故. …… 及於世間執有總實能見作用所起名想不應固求, 此用無故."

59) 『순정리론』7권(T.29, 366c). "苾芻當知能了, 能了故名爲識 … 雖說我終不說有能了者."

60) 『순정리론』7권(T.29, 366c). "若謂全無總別作用, 便違世俗勝義諦理. 旣許因果二諦非無, 應許諸法有假實用. 是故眼等取境義成, 謂能見聞嗅嘗覺了."

61) 데이비드 마는 일상적인 지각경험과 정신물리학, 신경생리학, 컴퓨터 시각 등 다양한 분야에서 얻은 폭넓은 연구결과들을 토대로 하나의 통합된 시지각 계산이론을 발견하였다. 보다 상세한 내용은 이정모·소홍렬, 『인지과학: 마음·언어·계산』(서울: 민음사, 1989)에서 정찬섭, 『시지각 정보처리 계산모형』(128-158면) 참조.

62) 이정모, 『인지과학: 학문 간 융합의 원리와 응용』(서울: 성균관대학교 출판부, 2012), 376면 참조.

63) 강빈구 외 옮김, 『인체생물학』(서울: 정문각, 2003), 371면.

64) 망막에서는 간상체·추상체 등의 시각 수용기로부터의 신호들이 양극세포(bipolar cells)·수평세포(horizontal cell)·아마크린세포(amacrine, cells, '無軸索細胞') 등의 중간단계의 뉴런들의 집단에 의해 정보처리 되고, 망막의 마지막 처리단계인 신경절세포(ganglion cells)에서 최종 처리된다. 신경절세포의 세포체는 실제로 망막에 있지만 긴 축삭(軸索, axon)은 망막의 맹점(盲點, blind spot)에서 떠나 시신경을 형성하며, 각 신경절세포는 간상세포[桿狀體]와 원추세포[錐狀體] 집합으로부터 흥분성 입력을 받는다. 그리고 이렇게 처리된 정보는 수용장(收容場, receptive field)을 형성한다(Eric P. Widmaier·Hershel Raff·Kevin T.Strang / 강신성·안태인 외 옮김, 『인체생리학』(파주: 교보문고, 2009), 239-240면 참조).

65) Bernard J. Baars·Nicole M. Gage/ 강봉균 역, 『인지, 뇌, 의식』(파주: 교보문고, 2010), 148-151면 참조.

66) V1에서 고위 시각영역으로 가는 정보가 투사되는 경로는 크게 두 가지가 있는데, "where system"과 "what system"이 그것이다. "where system"은 시각장에 들어온 대상의 위치를 파악하기 위해서 작동되는 시각 공간정보처리 시스템으로 후두엽(後頭葉, occipital lobe)의 V1에서 시작하여 뇌의 배측 경로인 두정엽(頭頂葉, parietal lobe)으로 정보가 이동되며, "what system"은 대상의 정체를 파악하기 위해서 작동되어 V1에서 복측 경로를 통해 측두엽(側頭葉, temporal lobe)으로 이동된다(이정모, 앞의 책, 405-405면 참조).

67) Bernard J. Baars / Nicole M. Gage·강봉균 역, 앞의 책, 159면 참조.

68) 도식에서 "V1⇌V2…'는 계층이론은 물론 상호작용이론을 종합한 것이다.

69) Marcel, A.J. and Bisiach, E. eds, Consciousness in Contemporary Science(Oxford: Oxford Science, 1998) ; Weiskrantz, L., Blindsight(Oxford: Oxford University Press, 1986): 숀 갤러그·단 자하비 지음 / 박인성 옮김, 『현상학적 마음』(서울: 도서출판 b, 2013), 109-113면에서 재인용. 참고로 바이스크란츠는 시지각(isual perception과 시감각visual sensation)을 구분하여 맹시 환자의 경우 시지각을 상실한 반면 시감각은 유지한다고 보고 있지만, 베넷과 해커 등은 시지각과 시감각을 구별하는 것 자체가 모순이며, 맹시 현상을 설명하기 위해 도입한 개념적 도구에 결함이 있다고 비판한다(M.R. 베넷·P.M.S. 해커 / 이을상 외 옮김, 『신경과학의 철학』(서울: 사이언스북스, 2013), 772-777면 참조.

70) 청각영역에서의 유명한 실험은 2채널 실험으로 알려져 있다. 피험자들은 헤드폰을 끼고 두 동시적인 정보의 흐름을 하나는 왼쪽 귀에, 하나는 오른쪽 귀에 제시받으며, 이들 가운데 하나에만 주의를 기울여 들리는 것을 무엇이든지 크게 되풀이하면서 말하도록 요청받는다. 이것은 매우 높은 주의가 요구되기 때문에 피험자는 분명히 다른 쪽 귀에 제시되는 것을 알아차리지 못하게 된다. 그러나 여러 연구결과들은 비록 이 주의를 기울이지 않은 자극에 대해 의식적으로 알아차리는 일이 부재해도 그것의 의미가 듣는 이에게 영향을 미칠 수 있고, 심지어 주의를 기울인 메시지의 해석에도 영향을 줄 수 있다는 것을 입증하였다. 예컨대 다소 가혹해 보이는 실험에서 이전에 전기충격과 연합된 어떤 단어들이 주의를 기울이지 않은 귀에 제시될 때 그것들은 전류가 발생하는 피부반응의 변화를 계속해서 산출해낸다. 심지어 이것은 그 조건화된 단어들과 의미론적으로 관계가 있는 단어들에서도 일어났다(Velmans, M., Understanding Consciousness(London: Routledge, 2000), 199면 ; 숀 갤러그·단 자하비 지음 / 박인성 옮김, 앞의 책, 436면 참조).

71) 이렇게 볼 때 식견가의 "눈이 본다면 다른 식이 현행할 때에도 또한 '본다'고 해야할 것이다."[若眼見者, 餘識行時, 亦應名見]는 비판은 성립되지 않는다. 왜냐하면 시지각이 발생할

때 상응하는 뇌는 시각뇌이며, 그것은 V1·V2·V3·V4·V5(MT) 등으로 한정되기 때문이다.

72) 이정모, 앞의 책, 404-405면 참조.

73) 암스트롱(Armstrong)·캐러더스(Carruthers)·라이칸(Lycan)·로젠탈(Rosenthal) 등 높은 단계 이론—의식적인 심적 상태와 비의식적 심적 상태의 차이는 유관한 메타마음(meta-mental) 상태의 현전 또는 부재로 설명하는 이론—을 지지하는 이들은 맹시를 '높은 단계의 지각'(HOP: Higher Order Perception)이나 '높은 단계의 사고'(HOT: Higher Order Thought)를 통해 설명을 시도한다. 자세한 내용은 숀 갤러그·단 자하비 지음 / 박인성 옮김, 앞의 책, 98-111면 참조.

74) 신경과학에서는 ①의식적인 지각을 제공하기에는 충분하지 않지만 맹시 환자를 위해서는 충분한 정도로 작은 면적의 건강한 조직들이 외견상 맹시 환자의 손상된 V1에 남아 있을 수 있다는 해석(Bernard J. Baars / Nicole M. Gage·강봉균 역, 앞의 책, 161면)과 ②V1으로 대표되는 포유류의 시각계는 손상되었더라도 사물의 위치파악, 운동지각 등 기본적인 시각기능을 담당하고 있는 중뇌에 있는 상구(上丘, superior colliculus)라는 구조를 중심으로 한 원시적 시각계가 정상적으로 작동하기 때문에 비의식적인 시각정보가 가능하다는 해석(이정모외, 『인지심리학』(서울: 학지사, 2002), 75면 참조) 등을 맹시의 원인으로 제시하고 있다.

75) 시각 실인증은 무엇을 인식하지 못하는가에 따라 '물체 실인증'object agnosia·'얼굴 실인증'prosopagnosia·'색깔 실인증'color agnosia 등이 있으며, 어떻게 인식하지 못하는가에 따라 지각단계에서부터 문제가 발생하는 '통각 실인증'(統覺 失認症, apperceptive agnosia)과 지각단계에는 문제가 없지만 그것을 재인해 낼 의미정보 통합에서 실패하는 '연합 실인증'(聯想 失認症, associative agnosia)으로 구분된다.

76) Marie T.Banich 지음 / 김명선·강은주·강연욱·김현택 옮김, 『인지신경과학과 신경심리학』(서울: 시그마프레스, 2009), 251-256면 참조.

77) James W. Kalat 저 / 김문수·문양호·박소현·박순권·박정현 옮김, 『생물심리학』(서울: 시그마프레스, 1999), 178-183면 참조.

78) 위의 책, 179면 참조.

79) 『잡아함경』1권(T.2, p.3b, p.3c), 6권(T.2 p.40b), 8권(T.2, p.51abc), 11권(T.2, p.71c), 13권(T.2, p.87c, 88a) ….

80) 『구사론』1권(T.29, p.3下). 變礙故, 名爲'色'.

81) 체르바츠키(Th. Stcherbatsky)는 이러한 색법의 특징을 서양근대철학에서 물체라는 실체의 속성을 설명할 때 사용되는 "불가침투성"(impenetrability)이라는 용어로 설명한다.: Th.Stcherbatsky, The Central Conception of Buddhism and the Meaning of the Word Dharma(Motial Baranasidass, 1979), p.11.

82) SkT.'paramāṇu'는 'parama'와 'aṇu'로 분석될 수 있는데, 'parama'는 '최고의'·'극한의'라는 의미를 그리고 'aṇu'는 '미립자'라는 의미를 함축하고 있기 때문에 '극한의 미립자'라는 의미를 함축하고 있다.

83) 극미설은 유부의 5위법 가운데 가장 먼저 등장하는 이러한 색법의 최소단위에 대한 고찰이다. 하지만 극미설은 초기불교에는 보이지 않으며 아비달마불교의 일반적인 학설도 아니다. 극미설을 주장한 가장 대표적인 부파인 유부에서도 극미설이 등장하는 것은 중기 이후의 논서에서이다. 따라서 이 설은 다분히 바이쉐시까(Vaiśeṣika)나 자이나(Jaina)의 영향을 받아 성립된 것으로 추정된다. 그리고 불교 내에서 극미설의 최초 언급에 대해서도 『대비바사론(대비바사론)』과 다르마쉬리(Dharmaśri, 法勝)의 『아비담심론(阿毘曇心論)』의 선·후 관계가 명확하지 않기 때문에 어느 쪽이 최초 언급인지 대해서 이견(異見)이 있다. 『대비바사론』이 먼저 성립되었다고 주장하는 쪽에서는 극미의 구생설(俱生說)이 『아비담심론』에는 나타나고 있지만 『대비바사론』에는 발견되지 않는다는 점을 근거로 삼고 있는 반면, 『아비담심론』이 먼저 성립되었다고 주장하는 쪽에서는 다르마쉬리를 불교 극미설의 최초의 전개자로 간주하고 있다(방인, 『불교의 극미론(極微論)』, 『哲學研究』第65輯<대한철학회, 1998>, p.54). 참고로 사꾸라베 하지메(櫻部建)는 극미설이 유부 논서에 처음 등장한 것은 『존파수밀보살소집론(尊婆須蜜菩薩所集論)』과 『대비바사론』으로 생각되며 『대비바사론』에서는 이미 완성된 형태로 나타나며 이후의 논서들은 모두 그것을 계승하고 있을 뿐 새로운 진보는 발견되지 않는다고 주장한다(櫻部建 著, 『구사론の研究』<京都: 法藏館, 1975>, p.101).

84) 『구사론』1권(T.29, p.3下). 有說. "變礙故, 名爲'色'. 若爾, 極微應不名色. 無變礙故." 此難不然. 無一極微各處而住. 衆微聚集, 變礙義成.

85) 『구사론』12권(T.29, p.62中). 금진은 '금속의 입자', 수진은 '물의 입자', 토모진은 '토끼의 털끝 정도의 입자', 양모진은 '양의 털끝 정도의 입자', 우모진은 '소의 털끝 정도의 입자', 극유진은 '창문 틈으로 들어오는 광선에 비치는 미세한 먼지 정도의 입자'를 의미한다. 극유진은 다시 7배승으로 결합하여 기(蟣, 서캐 크기의 입자), 광맥(穬麥, 밀알 크기의 입자), 지절(指節)을 이루는데, 3지절은 1지(指), 곧 손가락의 길이다. 따라서 하나의 밀알은 7¹⁰=282,475,249개의 극미가 집합된 것이다.

86) 경부와 유식학파가 유부의 극미설을 비판하는 기저에는 뚜렷한 목적이 전제되어 있다. 가령 경부가 현색극미(顯色極微)와 함께 유부가 실유로써 인정하고 있는 형색극미(形色極微)를 실유가 아닌 현색극미의 배열[安布]의 차별을 가립한 것에 불과하다고 비판하는 기저에는 표업(表業)의 본질을 근본업도(根本業道)가 성취되는 순간의 행위자의 신체적 형태[形色]와 언어적 형태[言聲]를 그 본질로 간주하는 유부의 표업관(表業觀)을 비판하고자 하는 뚜렷한 목적이 전제되어 있으며(윤영호, 『표업(表業)의 본질에 대한 고찰』, 『韓國佛教學』第48輯<서울: 한국불교학회, 2007> pp.205-237 참조) 유식학파 역시 『유식이십론』에서 언급하고 있듯이 (ㅡ "이미 극미가 하나의 실물이 아님을 판별하였다. 즉, 식(識)을 떠난 안(眼) 등과 색(色) 등은 근(根)이든 경(境)이든 모두 성립될 수 없다. 이로 인해 오직 식만 있다는 의미가 잘 성립된다.": 『유십이십론』1권<T.31, p.76上>. 已辯極微非一實物. 是則離識眼等色等. 若根若境皆不得成. 由此善成唯有識義.ㅡ) 유부 극미설의 비판을 통해 유식무경설(唯識無境說)을 확립하고자 하는 뚜렷한 목적이 전제되어 있다.

87) "극미[들]은 서로 접촉하지 않는다. 만약 접촉한다면 전부가 [접촉하거나] 일부가 [접촉할 것인데], 전부가 접촉하면[遍觸] [극미들이] 일체(一體)가 되는 과실이 있게 되고, 일부가 접촉하면[分觸] [극미에] 부분이 있게 되는 과실이 있게 된다. 하지만 극미들에는 또 다른 미세한 부분은 없다.": 『대비바사론』132권(T.27, pp.683下~684上). 極微互不相觸. 若觸, 則應或遍或分, 遍觸, 則有成一體過, 分觸則有成有分失. 然, 諸極微便無細分.

88) 櫻部建·上山春平/정호영 옮김, 『아비달마의 철학』(서울: 민족사, 1993), p.81.

89) 김혜숙·안창림·김성구·임경순, 『우주적 실재에 관한 인식론적 성찰』, 『철학』 제67집(서울: 한 국철학회, 2001), p.128.

90) 상호작용이란 힘(force)과 유사한 개념으로서 입자와 입자 사이에 작용하여 입자를 결합시키 거나 밀어내는 효과를 일으키는 어떤 작용을 일컫는 물리학적 용어이다. 각주 46)에 보다 상 세한 설명이 있다.

91) 화합은 일반적으로 경부의 설로 인정되고 있는데, 반드시 경부만의 설로 규정하기는 어렵다. 왜냐하면 디그나가(Dignāga, 陳那, 480~540년)는 『관소연연론』에서 특정한 학파로 규정하 지 않고 외경실재론자(外境實在論者)의 견해를 ①극미[paramāṇu], ②화합[saṃghāta], ③ 화집[saṃcitākāra]으로 나누어 각각 비판하고 있는데, 『성유식론술기』에서 ②를 구유부 비 바사사 가운데 일설(一說)이라고 주장하고 있기 때문이다(宇井伯壽, 『陳那著作の研究』<東 京: 岩波書店, 1979>, p.94). 그리고 이하에서 고찰하겠지만 『성유식론』에서 구유부의 극미 설을 비판하는 대목을 통해서도 구유부의 극미 결합방식이 화합임을 간접적으로 유추할 수 있다.(이 책 각주21 참조).

92) 한자경, 『유식무경, 유식불교에서의 인식과 존재』(서울: 예문서원, 2000), p.40. 그런데 한자 경은 구유부와 신유부의 극미 결합방식의 차이에 대해 "구유부에서는 극미들은 서로 접촉하 지 않는다고 보지만 신유부의 관점에 따르면 극미들은 모이면서 서로 접촉한다. 구유부의 주 장처럼 극미들이 상호접촉 없이 간격을 갖고 모이는 방식을 화합(和合, samyoga)이라 하고, 신유부의 주장처럼 극미들이 접촉하여 상호결합함으로써 하나의 단일체를 이루는 방식을 화 집(和集, saṃghāta)이라 한다."고 설명하고 있는데, 전술하였듯이 극미는 어떠한 접촉도 없 이 결합한다는 것이 유부의 정설임을 고려할 때 신유부가 과연 극미의 접촉을 인정했는지는 의문이다.

93) 『현종론』4권(T.31, p.792上). 若諸極微遍體相觸, 即有實物體相雜過, 若觸一分, 成有分失.

94) 『성유식론요의등』2(본)(T.43, p.691上). 問: 新古二薩婆多極微成麤, 有何差別? 答: 且, 古 薩婆多, 以七極微成其麤色. 由彼相近似成一相, 據實, 七微各各自成麤色. 不說相資. 若新薩 婆多師, 其七極微同聚, 相近相資與力各各成其大相. 不以相似合相方始成麤.

95) 본문을 통해서 확인할 수 있듯이 구유부는 가유("유사한 하나의 형상"), 신유부는 실유("유사 하게 결합한 상[合相]이 비로소 추대한 색을 형성하는 것은 아니기 때문에")로 보고 있는데, 특히 화합상을 가유로 보는 구유부의 관점은 경부와 유사하다(『성유식론』1권<T.31, p.4中>).

96) 『잡아비담심론』2권(T.28, p.882中)에서는 단일극미는 사극미(事極微, dravya paramāṇu), 단일극미가 결합[聚集]한 복합극미는 취극미(聚極微, saṃghātā paramāṇu)라 명명한다.

97) 규기(窺基)는 『성유식론술기』에서 신유부의 극미 결합방식인 화집(和集)을 다음과 같이 풀 이하고 있다. "한 곳에 서로 근접해 있어 '화和'라 하고 일체를 이루지 않기에 '집集'이라 한 다.": 『성유식론술기』제2권(본)(T.43, p.271上). 一處相近, 名'和', 不爲一體, 名'集'.

98) 『성유식론』에서는 신유부의 극미 결합방식을 다음과 같이 기술하고 있다. "어떤 이는 '색 등 하나하나의 극미는 화집하지 않을 때는 5식의 대상이 아니지만, 함께 화집한 분위에서는 전전 (展轉)하여 서로 협력해서[相資] 추대한 상(相)을 발생하는데 이것이 식의 대상이 된다. 그 상 은 실유(實有)이며 그것의 소연이 된다'고 주장한다.": 『성유식론』1권(T.31, p.4中). 有執, '色 等──極微不和集時非五識境, 共和集位展轉相資有麤相生, 爲此識境. 彼相實有, 爲此所緣.'

99) 『유식이십론』의 현장(玄奘, 602~664년)역(譯)에서만 극미의 결합방식을 화합과 화집으로 구분하였을 뿐, 티벳역에서는 화합과 화집을 통틀어 집합을 뜻하는 '뒤빠ḥdus-pa'로 번역하고 있다(明石惠達,『(藏漢和譯對校)二十唯識論解說』<東京: 第一書房, 1985>, p.173) 하지만 필자가 생각하건대 이상의 고찰을 통해 확인할 수 있듯이 구유부와 신유부의 극미 결합방식의 차이를 고려할 때 '뒤빠'라는 용어로 그 둘의 차이점을 부각시키기는 어렵다고 생각된다.

100) "극미들이 함께 화합한 분위에서 5식(識)에 대해 각각 소연(所緣)이 될 수 있는 것은 아니다. 이 식 상에는 극미의 상(相)이 없기 때문에. 극미들에 화합상(和合相)이 있는 것은 아니다. [극미들이] 화합하지 않을 때 이 상은 없기 때문에. 화합한 분위와 화합하지 않은 분위의 이 극미들의 체(體)의 상은 다르지 않다. 그러므로 화합한 분위는 화합하지 않은 분위의 색 등의 극미처럼 5식의 대상이 아니다.:『성유식론』1권(T.31, p.4中) 非諸極微共和合位可與五識各作所緣. 此識上無極微相故. 非諸極微有和合相. 不和合時無此相故. 非和合位與不合時此諸極微體相有異. 故, 和合位如不合時, 色等極微非五識境.

101) 아주 가는 실은 한 가닥만으로는 너무 가늘어 눈에 보이지 않지만 여러 가닥이 합해 있으면 눈에 보일 수 있다. 극미도 이처럼 결합함으로써 전5식의 대상이 된다.

102) "다수의 것이 아니다. 극미들 하나 하나는 인식되지 않기 때문에.": 宇井伯壽,『(四譯對照)유식이십론硏究』<大乘佛教硏究 v.4>(東京: 岩波書店, 1979), p.34

103) 방인, 앞의 논문, p.55 참조.

104) 전술하였듯이 구유부는 결합방식에 있어서는 화합설을 채택하고 있으면서도 실질적인 인식의 대상은 그 화합을 이루고 있는 다수의 극미로 규정하고 있다. 따라서 디그나가가 『관소연연론』에서 비판하고 있는 세 가지 외경실재론자의 견해—①극미, ②화합, ③화집—가운데 ①은 물론 ②에 대한 비판역시 구유부에도 적용될 수 있을 것이라 생각되는데, 구유부의 극미설에 대한 인식론적 비판을 보다 심층적으로 이해하기 위해 간략하게 소개하면 다음과 같다. 우선, 디그나가는 ①극미는 인식을 발생하게 하는 원인이기 때문에 인식의 대상이 될 수 있다고 주장하는 이의 견해(—"안(眼) 등 식(識)*들의 소연(所緣)이 외경(外境)이라고 주장하는 이는 그것<=식>의 원인이기 때문에 극미들을 소연이라고 한다……". gaṅ dag mig la sogs paḥi rnam par śes paḥi dmigs pa phyi rol gyi don yin paḥi phyir de dag ni deḥi rgyu yin paḥi phyir rdul phra rab dag yin pa……. dmig pa brtag paḥi ḥgrel pa, TD.4206, p.406171—)를 극미는 근(根)처럼 현현하지 않기 때문에 인식의 대상이 될 수 없다(—"근(根)의 파악의 원인이 극미들이라 할지라도 그것<=극미의 형상>으로 현현하지 않기 때문에 그것의 경(境)은 극미가 아니다. 근이 그렇듯이." dbaṅ poḥi rnam par rig paḥi rgyu // phra rab rdul dag yin mod kyi // der mi snaṅ phyir deḥi yul ni // rdul phran ma yin dbaṅ po bshin // dmig pa brtag paḥi ḥgrel pa, TD.4206, p.406171—)고 비판한다. 참고로 『관소연연론』을 한역한 현장은 대상을 4연(緣) 가운데 소연연(所緣緣)으로 간주하여 '소연'과 '연'의 두 조건으로 분석하여 대상[所緣緣]은 ①능연식(能緣識)이 그 상(相)을 지니고 일어날 수 있는 소연성(所緣性)과 ②실체로서 능연식으로 하여금 그것에 의탁하여 발생할 수 있는 두 조건을 갖춘 것인데(『관소연연론』<T.31, p.888中>. 所緣緣者, 謂能緣識帶彼相起, 及有實體令能緣識託彼而生), 극미는 연의 작용은 있을지라도 소연이 아니기 때문에 소연연이 될 수 없다(『관소연연론』<T.31, p.888中>. 色等極微設有實體能生五識容有緣義, 然非所緣). 그리고 ②화합의 상(相)이 식에 현현하기 때문에 인식의 될 수 있다고 간주하는 견해(……ḥam der snaṅ baḥi śes pa skye baḥi phyir de ḥdus pa yin par rtog graṅ na / dmig pa brtag paḥi ḥgrel pa, TD.4206, p.406171) 역시 화합은 두 개의 달처럼 인식의 원인이 될 수 없기 때문에 인식의 대상이 될 수 없다고 비판하

는데. 보다 상세히 소개하면 다음과 같다. 디그나가는 경부의 소연이기 위한 두 조건-①지(知)에 형상을 주는 것. ②지(知)의 원인인 것-을 채용하여 극미의 화합상은 ①의 조건은 충족시킬 수 있으나 ②의 조건을 충족시킬 수 없다(-"하지만 그 현현은 그것으로부터 [발생하지] 않는다." gaṅ ltar snaṅ de de las min // dmig pa brtag paḥi ḥgrel pa, TD.4206, p.406172-)고 비판한다. 왜냐하면 구유부-경부도 동일함-에 따르면 화합은 가현(假現)으로 실재가 아니며-"실재가 아니기 때문에." rdzas su med phyir. dmig pa brtag paḥi ḥgrel pa, TD.4206, p.406172-), 실재가 아닌 것은 대상이기 위한 ②의 조건을 발생시킬 힘이 없기 때문이다(山口益, 野澤靜證 共著, 『世親唯識の原典解明』<京都: 法藏館, 1965>, p.442). 이것은 마치 눈병이 있는 이에게 보이는 두 개의 달과 같은데. 두 개의 달은 비록 대상의 형상으로 나타나는 사현성(似現性)은 있을지라도 원인으로서의 달이 실재하는 것은 아니다(-"눈병 때문에 두 개의 달로 볼 경우 사현성은 있을지라도 그것의 대상은 없다." dbaṅ po mtsan baḥi phyir zla ba gñis mthoṅ ba ni der snaṅ ba ñid yin du zin kyaṅ deḥi yul ma yin no //dmig pa brtag paḥi ḥgrel pa. TD.4206, p.406172-). 두 개의 달처럼 화합도 실재가 아니므로 인식의 원인이 될 수 없으며, 따라서 대상이기 위한 ②의 조건을 충족할 수 없다. 이런 이유에서 화합은 대상이 될 수 없다. 그런데 한 가지 흥미로운 것은 불교지식론(佛敎知識論)의 대성자 다르마끼르띠(Dhar-makirti, 法稱. 600~680년)는 그의 주저 『쁘라마나바릿띠까(Pramāṇavārttika)』<현량장(現量章)> 제223. 224게송에서 스승과 달리 극미의 적집[和合]은 지(知)를 발생하게 하는 능력인 탁월성[atiśaya]을 갖기 때문에 소연의 두 조건(①.②)과 모순되지 않는다고 주장하면서 『관소연론』의 설과 상반되는 설을 서술하고 있다(戶崎宏正, 『佛敎認識論の硏究<上卷>』<東京: 大東出版社, 1979>, pp.38-39, pp.319-320 참조). *"안 등 식들"의 해석에 대해 논사들 사이에 이견이 있다. 현장은 5식으로 진제(眞諦)와 조복천(調伏天)은 6식으로 보고 있다.(《眞》若有人執眼等六識……『무상사진론(無相思塵論)』<T.31. p.882下>,《玄》諸有欲令眼等五識……『관소연론』<T.31. p.882中>)

105) 『순정리론』32권(T.29. p.522上) 참조.

106) "유대색(有對色. 저항성이 있는 색) 가운데 가장 미세한 것으로 더 이상 분석할 수 없는 것을 '극미'라 한다. 이러한 극미는 또 다른 색으로, 혹은 관념[覺慧]으로 [더 이상] 분석하는 것이 불가능하다. 이것은 색의 극소라 하는데, 더 이상 부분이 없기 때문에 극소라 한다. 한찰나라고 이름하는 시간의 극소를 다시 분석하여 반찰나라고 할 수 없듯이. 이러한 극미들이 전전화합(展轉和合)하여 결정코 분리되지 않는 것을 미취(微聚)라고 한다.": 『순정리론』10권 (T.29. p.383下) 有對色中最後細分更不可析. 名曰 '極微'. 謂此極微更不可以餘色覺慧分析爲多. 此卽說爲色之極少, 更無分故. 立極少名. 如一刹那名時極少更不可析爲半刹那. 如是衆微展轉和合定不離者說爲微聚.

107) 권오민, 『有部阿毘達磨와 經量部哲學』(서울: 경서원, 1994). p.164.

108) 『유식이십론』은 유식의 논서들 가운데서도 특히 유식무경설을 논증하고자 하는 목적에서 저술되었는데, 바수반두는 제10게송~제14게송에서 극미설을 비판하고 있다. 게송번호에 대해 언급하면 게송번호에 대해 역본 마다 차이가 있는데, 이 책에서는 현장역의 게송번호를 따랐다. 『유식이십론』의 이역본으로는 반야유지(般若流支) 역의 『유식론(唯識論)』(T.31), 진제(眞諦) 역의 『대승유식론』(T.31), 현장 역의 『유식이십론』(T.31), Tib.(TD.4057)이 있는데, 게송의 개수는 현장 역이 21개, 반야유지와 진제 역 그리고 Tib.은 22개이다. 게송 수가 차이나는 것은 다른 역본의 제1게송을 현장이 논으로 처리하고 있기 때문이다.

109) 『유십이십론』1권(T.31. p.75下). 極微與六合 一應成六分 若與六同處 聚應如極微.

277

110) 바수반두는『유식이십론』에서 극미를 말하자면 양적으로 분석하여 비판하고 있는 반면 산따 락쉬따는 바수반두의 극미의 부분이라는 관념을 극미의 본성이라는 관념으로 바꾸어, 말하 자면 질적으로 극미를 비판하고 있다. 하지만 가령 산 등이 하나의 극미 크기가 된다고 할 때 그의 질적 비판은 양적 비판과 반드시 구별될 수 있는 것은 아니다.: 카지야마 유이치 지음‧ 권오민 옮김,『인도불교철학』(서울: 민족사, 1994), p.110

111) ḫbyar ba daṅ ni bskor baḫam // bar med rnam par gnas kyaṅ ruṅ // dbus gnas rdul phran rdul gcig la // bltas paḫi raṅ bźin gaṅ yin pa //(11) rdul phran gźan la lta ba yaṅ // de ñid gal te yin brjod na // de lta yin na de lta bu // sa chu la sogs rgyas ḫgyur ram //(12) rdul phran gźan la lta baḫi ṅos // gal te gźan du ḫdod na ni // rab tu phra rdul ji lta bur // gcig pu cha śas med par ḫgyur //(13) dbu ma rgyan gyi tshig leḫur byas pa. TD.3884, p.197105-106.

112) 바수반두는 그의『유식이십론』에서 식(識)의 소연(所緣)이 외부에 존재한다고 생각하는 세 종류의 외경론설(一"그 대상[境]은 ①하나가 아니며, ②다수의 극미도 아니며, 또 ③화합 등 도 아니네. 극미는 성립하지 않기 때문에."(10):『유십이십론』1권<T.31, p.75下>. 以彼境 非一, 亦非多極微, 又非和合等. 極微不成故一)을 제시하고 그 하나하나를 논파하고 있는 데, 그 가운데 ③화합은 극미를 적집하게 하는 것이 지(知)의 소연이라는 설인데, 비니따데바 (Vinītadeva)에 따르면 간격 없이 모여 있는 갖가지 극미가 소연이라는 설이다(山口益‧野澤 靜證 共著,『世親唯識의 原典解明』<京都: 法藏館, 1953>, p.74). 이 설은 규기(窺基)에 따르 면 경부의 주장인데, 야마구치 수수무(山口益) 박사에 의해 그 옳음이 확인되고 있다(山口益 ‧野澤靜證 共著. 위의 책, p.78). 또한 이 설이 경부의 주장이라는 것은『땃뜨와라뜨나발리 (Tattvaratnāvalī)』에서도 확인된다(山口益‧野澤靜證 共著. 위의 책, p.4, p.33). 결국 유부 와 경부의 차이점은 경부는 집합한 극미와 극미 사이에는 빛 등이 들어갈 정도의 여지도 없 다고 주장한 반면 유부는 다른 극미가 들어갈 여지를 인정하고 있다는 점이다(핫토리 마사키 외‧이만 옮김,『인식과 초월』<서울: 민족사, 1991>. p.83 참조). 즉 경부에서는 극미가 간격 없이 집합할 경우 말 그대로 간격이 없는 것이지만 유부의 경우 극미는 간격을 보유하며 집 합하는 것이다.

113) 케시미르국 비바사사들은 "극미들은 무방분이기 때문에 서로 결합하는 뜻이 없다. [따라서] 전술한 것과 같은 과실은 없다. 다만 취색들은 유방분이기 때문에 서로 화합하는 뜻이 있 다."고 주장한다.:『유십이십론』1권(T.31, p.76上). 加濕彌羅國毘婆沙師言, "非諸極微有相 合義, 無方分故. 離如前失. 但諸聚色有相合理. 有方分故."

114) 위와 같음, 極微旣無合 聚有合者誰 或相合不成 不由無方分.

115) 『유십이십론』1권(T.31, p.76上). 旣異極微無別聚色. 極微無合聚色者誰? 若轉救言聚色展 轉亦無合義, 則不應言, "極微無合無方分故." 聚有方分亦不許合故. 極微無合不由無方分. 是故, 一實極微不成.

116) 위와 같음, ……無應影障無 聚不異無二.

117) 『유십이십론』1권(T.31, p.76上). 참조;『유식이십론술기』하권(T.43, p.996上). 참조;『성유 식론』1권(T.31, p.4上). 참조;『성유식론술기』제2권(본)(T.43, p.267上中). 참조.

118) 디그나가가『관소연연론』에서 비판하고 있는 세 가지 외경실재론자의 견해-①극미, ②화 합, ③화집-가운데 ③은 신유부의 극미설에 대한 인식론적 비판이다. 그런데『관소연연론』

의 비판은 『성유식론』에서 행해지고 있는 비판과 차이가 없기 때문에 여기서는 신유부의 극미설에 대한 비판을 보다 심층적으로 이해하기 위해 『성유식론』을 중심으로 신유부의 극미설이 갖는 인식론적 난점에 대해 간략하게 살펴보도록 하겠다. 신유부는 구유부와 달리 단일극미들의 협력을 통해 화집하여 화집상(和集相)을 만들어내는데, 신유부는 그 화집상은 실유이며 그 화집상이 전5식의 대상이 된다고 주장한다(『성유식론』1권<T.31, p.4中>. 이 책 각주19 참조). 즉, 구유부의 극미설의 경우 화합에 따른 비판─화합 이전에 보이지 않던 것이 화합 이후라고 하여 보일 수는 없다는 비판─은 정당하다 할지라도 화집을 이룰 경우에는 단일극미들이 협력하여 구체적인 새 모습을 이루기 때문에 전5식의 대상이 될 수 있다는 것이다(한자경, 앞의 책, p.47 참조). 『성유식론』에서는 이러한 신유부의 주장을 5가지 이유에서 성립될 수 없다고 다음과 같이 비판한다. "그들의 주장은 옳지 않다. ①함께 화집한 분위와 화집하지 않은 분위의 체(體)의 상(相)이 동일하기 때문에. ②단지와 사발등의 사물의 극미가 같다면 그 상을 반연하는 식(識)에 차이가 없을 것이기 때문에. ③함께 화집한 분위의 하나하나의 극미는 각각 미세하고 둥근 모양을 버려야 하기 때문에. ④추대한 상에 대한 식은 미세한 상의 대상을 반연하지 않는데, 여타의 대상에 대한 식이 여타의 대상을 반연하지 않기 때문에. ⑤하나의 식이 일체의 대상을 반연해야 하기 때문에."(『성유식론』1권<T.31, p.4中>. 彼執不然. 共和集位與未集時體相一故. 瓶甌等物極微等者, 緣彼相識應無別故. 共和集位——極微, 各各應捨微圓相故. 非麤相識緣細境, 勿餘境識緣餘境故. 一識應緣一切境故.)

119) 현대물리학의 바탕을 이루는 양자론에서 소립자는 부피를 가지지 않고 공간상의 한 점에 존재할 수 있는 '点입자'─양자론의 불확실성의 원리에 의해 입자가 한 곳에 정지해 있는 것은 불가능하다. 단지 어떤 특정한 위치에 존재할 확률만 알 수 있다. 그러나 이것이 공간상의 한 점에 존재할 확률이기 때문에 '점입자'라고 말할 수 있다─이다.: 김혜숙·안창림·김성구·임경순, 앞의 논문, p.128. 참고로 위의 논문에서 저자들이 특별히 소립자를 점입자라고 언급한 것은 불확정성 원리에 따르는 문제점을 설명하기 위한 것이다. 이론 물리학에서는 일반적으로 모든 입자를 모두 점입자로 간주한다. 태양도 행성도 모두 하나의 점으로 간주한다.

120) 참고로 한 가지 언급해 둘 것은 불확정성 원리(不確定性原理, uncertainty principle) 때문에 공간상의 어느 한 점에 가만히 머물러있는 소립자를 생각할 수 없을 만큼 현대물리학에서 말하는 소립자는 무척 동적(動的)이라는 사실이다. 불확정성원리란 "입자의 위치와 운동량(運動量, momentum)을 동시에 정확히 측정할 수 없다"는 것인데(고윤석, 『현대물리』<서울: 교학연구사 1993>, pp.87-89). 운동량은 입자의 질량(質量, mass)에 속도(速度, velocity)를 곱한 양(量)으로 불확정성 원리에서 운동량이란 말 대신 속도라고 해도 무방하다.

121) 힘은 일상경험의 세계와 같은 거시적(巨視的) 세계에서는 잘 정의되는 개념이다. 중력이 좋은 예다. 그러나 원자나 소립자와 같은 아원자(亞原子)를 기술하는 미시적(微視的) 세계에서는 불확정성 원리로 인하여 임의의 위치에서 입자의 운동량을 정확히 결정하는 것이 불가능하다. 그런데 힘은 운동량의 시간적 변화율이므로 입자가 있는 위치에서 운동량을 결정할 수 없다면 이 위치에서 힘도 결정할 수 없을 것이다.

122) 단지 이제껏 실험을 통해 확인된 소립자들이 점입자였을 뿐 가장 근본적인 물체가 점입자가 아닐 가능성은 얼마든지 있다. 현대물리학에서 일반상대성이론과 양자론을 통일시킬 때 발생되는 난점을 해결하기 위해 도입된 초끈이론(superstring theory)에서 가장 근본적인 물체는 플랑크 길이 정도의 극히 작은 크기를 갖는[有方分] 끈(string)이다. 즉, 지금껏 우리는 소립자가 점입자라고 생각한 것이지만 만약 매우 큰 배율의 장치로 확대한다면 사실은 점이 아니고 끈의 구조가 보인다는 것이 초끈이론의 설명이다(브라이언 그린<Greene, B> 지음·박병철 옮김, 『엘러건트 유니버스』<서울: 승산 2002>, pp.215-255). 이것은 무방분인 극미의 논리적 난점을 해결하기 위해 유방분인 일실극미(一實極微)를 상정한 경부와 유사해 보

인다.

123) 이 상호작용의 해명이 소립자물리학 그 자체의 탄생을 유도하였다고도 말할 수 있다.: 오노 슈(小野周) 감수・편집부 옮김,『現代物理學事典』(서울: 전파과학사, 1995), p.33

124) 소립자들은 4가지 상호작용에 의하여 힘을 주고받아 결합, 분리, 생성, 소멸 등의 천만변화를 일으킨다. 이들 상호작용은 전기적 상호작용, 약한 상호작용, 강한 상호작용, 중력 상호작용 이다. 전기적 상호작용을 일으키는 것은 입자들 간에 빛입자(광양자)를 주고받음으로써 이루 어진다. 다른 상호작용도 상응하는 주고받는 입자들이 있으며 이를 표로 보면 다음과 같다.

중력상호작용 －－－－ 중력자(아직 발견 안 됨)
전기적상호작용 －－－－ 광양자
약한상호작용 －－－－ W+, W-, Z0
강한상호작용 －－－－ 글루온8종

이들 중 전기적 상호작용과 약한 상호작용은 1967년 와인버그(S.Weinberg), 살람(A.Salam) 등에 의해 약・전기 상호작용이라는 하나의 방정식으로 통일되었다. 위의 4가지 상호작용을 하나의 것으로 통일하려는 통일장 방정식은 아직껏 실현되지 못한 큰 과제로 남아 있다.: 소광 섭,『물리학과 대승기신론: 관찰자와 현상』(서울: 서울대학교 출판부, 1999), p.37.

125) 이것은 이미 1911년 라더포드(E. Rutherford)의 실험에서 확인되었다.: 고윤석, 앞의 책, p.64.

126) 『구사론』13권(T.29, p.67中). 此所由業其體是何? 謂心所思及思所作. 유부가 업의 본질을 '사'와 '사의 소작'으로 정의한 이유는 신업(身業), 어업(語業), 의업(意業) 3업을 사에 수렴하 려는 견해에 반대하기 때문이다. 즉, 유부는 신업과 어업의 본질을 사의 소작으로 정의함으 로써 신업과 어업의 개별적 실재성을 주장하고자 했던 것이다.

127) 『중아함경』27권(T.1, p.600上). 云何知業? 謂有二業, 思已思業是謂知業.

128) '表'는 '表示'의 줄임말로써 산스끄리뜨어 'vijñapti'의 한역어이다. 'vijñapti'는 '알리는 것' 이라는 의미를 내포하고 있는데, 자신의 심(心)을 외부로 표시하여 다른 사람으로 하여금 알 게 하는 것을 의미한다. 따라서 표업(表業, vijñapti-karma)에는 3업 가운데 신업과 어업이 해당된다. '無表avijñapti'는 표의 반대말로서 '알리는 것이 아닌 것'이라는 의미를 내포하고 있다. 따라서 무표는 다른 이가 알 수 있는 것이 아니다. 그런데 무표업(無表業, avijñapti-karma)은 표업이 있는 경우에만 발생할 수 있기 때문에 의업에는 없다. 즉, 의업은 그 본질 인 사에 표업의 작용이 없기에 표업이라 명명할 수 없고, 또 표업의 성질을 갖지 않았기에 무 표업이라고도 명명할 수 없는 것이다.

129) 유부가 의업을 전적인 의지작용[思]으로 간주하여 심소법에 포섭시키고 신업과 의업을 표 와 무표를 기준으로 다시 표업과 무표업으로 세분하는 기저에는, 3업의 분류방식에서 발 견한 결점을 자파의 제법분류체계 속에 통합해서 보완하고자 하는 뚜렷한 동기가 전제되 어있다.: Etienne Lamotte・English translation by Leo M. Pruden, Karmasiddhipra-karana: the treatise on action by Vasubandhu (Asian Humanities press, Berkeley California 1987), p.18.참조.

130) 『중아함경』32권(T.1, p.628中). 此三業如是相似, 我施設意業爲最重.

131) Etienne Lamotte, 앞의 책, p.18. 보다 상세히 설명하면, 이것은 매우 상식적인 판단에 근 거한다. 일례로, 어떤 도둑이 금이라 생각하고 훔친 물건이 돌이었을 경우 동기적 측면[思]에 서 볼 때 도둑질이 되지만 결과적 측면[表業], 즉 훔친 물건과의 관계에서 볼 때는 도둑질이 아니다. 이렇듯 행위는 구체적인 대상과 관계되었을 때 행위자의 의도와는 다른 형태로 표출 될 수 있기 때문에 사와 표업은 구분된다.

132) 舟橋一哉, 『業の研究』(京都: 法藏館, 1969). p.43.

133) 유부에 따르면, 표업의 본질인 근본업도가 성취되는 순간의 행위자의 형색과 말소리는 곧바 로 소멸하는 것이 아니라 눈에 보이지 않는 형태[無表色]로 잔재·상속하다가 득(得)·비득(非 得) 등의 원리에 의해 심과 결합함으로써 미래세에 어떤 결과를 산출한다.(권오민, 『有部阿 毘達磨와 經量部哲學의 研究』(서울: 경서원, 1994). p.217) 여기에는 물론, 법체(法體)는 과 거세·현재세·미래세의 3세에 실유[三世實有]한다는 유부의 근본명제가 전제되어있다.

134) 경부에 따르면, 업의 인과상속은 유부와 같은 구체적인 물질을 통해 이루어지는 것이 아닌 업의 본질인 사종자의 상속·전변·차별을 통해 이루어진다. 왜냐하면 업의 본질을 사로 볼 경 우, 업은 사종자의 상속·전변·차별을 통해 진행되기 때문에 가행(加行), 근본(根本), 후기(後 起)라고 하는 다찰나에 걸친 업의 연속과 성취에 관한 난점이 해소될뿐만 아니라 업의 인과 상속 역시 사종자의 상속·전변·차별로써 충분히 설명될 수 있기 때문이다.: 권오민, 앞의 책, p.217.참조.

135) 유부에 따르면, 모든 물질은 극미로 구성되어 있다. 하지만 극미는 물질의 최소단위이기 때 문에 더 이상 분할될 수 없고[無方分, niravayava], 따라서 긴 모양(형색)과 청색(현색) 등의 자상도 갖지 않으며 변애(變礙)하지도 않는다. 이러한 단일한 극미 자체는 현상하지 않으며 다수의 극미가 적집[微聚]할 때, 다시 말해 4대종(大種)과 4대소조색(大所造色)이 구기(俱 起)할 때만 형색·현색의 자상과 변애를 갖는다. 유부에서는 전자를 사극미(事極微, dravya parmāṇu), 후자를 취극미(聚極微, saṃghatāparamāṇu)라 명명한다(상가바드라는 전자 를 假極微, 후자를 實極微라 명명한다). 그런데 취극미는 감관으로써 지각[現量]할 수 있지 만 사극미는 지각이 아닌 추리[比量]에 의해 알려진다. 유부가 극미를 이와 같이 이중구조 로 해석하고자 했던 것은 그들의 인식론적 전제 '인식에는 반드시 대응되는 대상이 실재한 다'[識有必境]의 자연스러운 귀결이다.

136) 유부가 그들의 인식론적 전제에 따라 사극미와 취극미를 상정했던 것과 달리 경부는 감관으 로 지각할 수 있는 취극미의 실재만을 인정한다. 왜냐하면 유부가 상정하고 있는 사극미는 지각될 수 없을 뿐만 아니라 실재하는 자상과 작용을 갖추고 있지 않기 때문에 추리될 수도 없기 때문이다. 이런 이유에서 경부는 오직 현색만을 실유로 인정한다.

137) 『성업론』1권(T.31, p.781中). 長等若是極微差別, 應如顯色. 諸色聚中――細分長等可取. 若是極微差別積聚, 此與顯色極微積聚有何差別? 即謂顯色積聚差別應成長等, 若別一物遍 色等聚, 一故, 遍故, ――分中, 應全可取. 於一切分皆具有故. 或應非一. 於諸分中各別住 故. 又, 壞自宗. 十處皆是極微積集. 又, 應朋助食米齊宗. 執實有分遍諸分故.

138) 이하에서 기술할 ①-ⓐ.ⓑ는 『구사론』에서 바수반두가 유부의 형색실유설을 부정하는 논거 로 사용하고 있다. 『구사론』에서 바수반두는 '형색은 실유가 아니며 현색의 배열의 차별을 가립한 것에 불과하다'는 주장을 피력한 뒤, 그 논거로서 ①-ⓐ.ⓑ를 서술하고 있다.

139) "ⓐ만약 [현색과] 다른 부류인 형색이 실유한다면, 하나의 색(色)이 두 근(根)에 파악되어야

할 것이다. 이를테면 색취(色聚)에서 긴 모양 등의 차별을 안근이 보는 것과 신근이 감촉하는 것이 함께해서 파악한다. 이 때문에 [하나의 색이] 두 근에 파악된다는 오류가 성립한다. [하지만] 이치상 색처(色處)는 두 근에 파악되지 않는다.": 『구사론』13권(T.29, p.68中). 若謂實有別類形色, 則應一色二根所取. 謂於色聚長等差別, 眼見身觸俱能了知. 由此應成二根取過. 理無色處二根所取.

그런데 바수반두는 ⓐ를 기술한 후 자신의 비판에 대한 유부의 해명을 임의로 상정한 후 다시 그것을 재비판한다. 보다 상세한 기술은 이 책 '2)상가바드라의 반론'에서 서술되기에 여기서는 후술할 상가바드라의 반론을 이해하는 범위에서 간략하게 그 비판요점만 소개하고자 한다. 바수반두가 상정한 유부의 해명은, 촉과 형색은 실유로서 하나의 색취 가운데 구기하기 때문에 신근이 촉경을 파악할 때 의식이 긴 모양 등의 형색을 기억하는 것이지 신근이 직접 긴 모양 등의 형색을 파악하는 것은 아니며, 이것은 안근이 불을 보고서 의식이 불의 연기를 기억하는 경우나 비근이 꽃의 향기를 맡고서 의식이 꽃의 색깔을 기억하는 경우와 동일하다는 것이다.(『구사론』13권(T.29, p.68中). 豈不觸形俱行一聚故,… 如見火色便憶火煖及嗅花香能念花色.) 하지만 그는 유부가 비유로 들고 있는 불과 연기 또는 꽃과 향기는 서로 분리되지 않는 관계에 있기 때문에 하나를 파악할 때 다른 하나를 기억할 수 있지만. 촉경과 형색은 그와 같은 관계가 아니기 때문에 유부의 비유는 성립될 수 없다고 재비판한다. 왜냐하면 촉경과 형색이 구기하지 않을지라도 촉경을 파악하면 형색을 기억해 낼 수 있다고 한다면 당연히 현색도 그러해야 할 것이며, 또는 현색과 촉경은 구기하지 않기 때문에 청색 등의 현색을 파악하지 못한다고 한다면 형색도 역시 촉경과 구기하지 않기 때문에 촉경을 취하더라도 긴 모양 등의 형색을 파악하지 못해야 하기 때문이다.(『구사론』13권(T.29, p.68中). 此中二法定不相離故因取一可得念餘,…是故形色非實有體.) 이러한 바수반두의 비판에 대해 상가바드라 또한 반론을 전개하는데 이것은 '2)상가바드라의 반론'에서 후술하도록 하겠다.

140) 佐藤密雄, 『大乘成業論』(東京: 厚德社, 1978), p.71참조.

141) "ⓑ또, 존재하는 모든 유대색은 반드시 실재하는 다른 부류인 [형색]극미를 가져야 한다. 하지만 극미를 긴 모양 등이라고 말할 수 없다. 따라서 다수의 사물이 이와 같이 배열된 차별상에 긴 모양 등을 가립한 것이다.": 『구사론』13권(T.29, p.68中). 又, 諸所有有對實色必應有實別類極微. 然無極微名爲長等故, 即多物如是安布差別相中假立長等.

142) 수마띠쉴라(Sumatiśila, 善慧戒)는 이 첫 번째 주장에 대해 16가지 부정적 추론식 가운데 하나인 '부정의 대상 자체에 대한 비인식'[svabhāvānupalabdhi]에 근거해서 다음과 같은 논증식[prayoga]을 제출하고 있다.
• 인식의 조건이 충족되었음에도 인식되는 않는 것은 '무'(無)라고 말할 수 있는 대상이다. 예를 들면 토끼 뿔처럼.
• 긴 모양 등의 형색도 현색극미 등이 배제될 때 인식되지 않기 때문에 자성을 얻을 수 없다[自性不可得]. 왜냐하면 그와 같이 양태로서 있는 것은 사유에 의해서 포섭•주연 [vyāpya]되기 때문에.
• 따라서 인식되지 않는 형색은 '무'라고 말할 수 있는 대상이다.: 山口益, 『世親の成業論』(東京: 法藏館, 1951), pp.67-68.

143) 현색의 적집의 차별을 형색으로 간주하는 경부의 견해는 다음의 경문을 통해 확인할 수 있다.

"만약 화합한 색의 적집들에 대해 한 면의 많음을 보면, 긴 모양[長]이라는 지각을 발생하고, 한 면의 적음을 보면 짧은 모양[短]이라는 지각을 발생하고, 네 면 등을 보면 네모난 모양[方]이라는 지각을 발생하고, 모든 면의 가득함을 보면 둥근 모양[圓]이라는 지각을 발생하고, 그것에서 볼록하게 튀어나온 것을 보면 우뚝 솟은 모양[高]이라는 지각을 발생하고, 그것에서 오목하게 패인 것을 보면 움푹 들어간 모양[下]이라는 지각을 발생하고, 면의 균등함을 보면 평평한 모양[正]이라는 지각을 발생하고, 면이 뒤섞여 어긋남을 보면 평평하지 않는 모양[不正]이라는 지각을 발생한다. 예컨대 돌아가는 바퀴에서 금수(錦繡)를 볼 때 여러 가지 다채로운 형태의 부류의 지각을 발생하지만, 실유의 다채로운 부류의 형색이 똑같이 한 곳에 있지 않는 것과 같다. 모든 현색이 그렇듯이. 만약 그렇다고 인정한다면 한 곳 한 곳에서 모든 형색의 지각을 발생할 것이다. 그러나 이런 일은 없다. 그러므로 형색에는 별도의 체(體)가 없다. 곧 모든 현색이 다방면으로 배열되어 긴 모양 등의 지각을 똑같이 발생하지 않는 것이다. 나무와 개미 등의 행렬이 그렇듯이 과실은 없다.": 『성업론』1권(T.31, p.781中~下). 即於和合諸聚色中, 見一面多便起長覺, 見一面少便起短覺, 見四面等便起方覺, 見諸面滿便起圓覺, 見中凸出便起高覺, 見中坳凹便起下覺, 見面齊平起於正覺, 見面參差起不正覺. 如旋轉輪觀錦繡時, 便生種種異形類覺, 不應實有異類形色同在一處. 如諸顯色. 若許爾者, 應於一一處起一切形覺. 然無是事. 是故, 形色無別有體. 即諸顯色於諸方面安布不同起長等覺. 如樹蟻等行列, 無過.

144) 여기서 '차별'(差別)은 일반적으로 말하는 다른 대상과의 구별이 아닌 '공능'(功能)과 같은 의미이다.: 佐佐木現順, 『業論の研究』(京都: 法藏館, 1990), p.480.

145) 『성업론』1권(T.31, p.785上). 業即是思差別爲性. … 隨作者意有所造作, 是爲業義.

146) Tib.역은 다음과 같다.
"업은 사(思)의 차별이다.": TD.4062, p.388.287 las ni sems pa'i kyad par yin no /
"만드는 자[byed pa po]의 의도가 만들어낸 것이 업이다.": 위와 같음. byed pa po'i yid mṅon par 'du byed pa ni las so /

147) 『성업론』1권(T.31, p.785下). 能動身思說名身業. 思有三種, 一, 審慮思, 二, 決定思, 三, 動發思. 若思能動身即說爲身業. 此思能引令身相續, 異方生因風界起故. 具足應言'動身之業', 除'動'之言但名身業. 如益力之油但名'力油', 如動塵之風但名'塵風', 此亦如是.

148) Tib.역은 다음과 같다.
"몸을 움직이는 업은 신업이다. 사(思)는 세 가지이니 숙고하는 [사], 결정하는 [사], 그리고 몸을 움직이고 발화하는 [사]이다. 그 [사]와 상응하는 상속(相續)이 다른 방향에 생기하는 것의 원인인 풍[계](風界)를 인기함으로써, 몸을 움직이고 발화하는 그 [사]를 신업이라고 한다. 중간의 말은 표기하지 않기 때문에 [신업이라고 하는 것이다]. '약초의 기름'을 ['약초기름'] 이라 하고 '먼지의 바람'을 ['먼지바람']이라고 하듯이.": TD.4062, p.388.287 lus gyo bar byed pa'i las ni lus kyis las so // sems pa ni rnam pa gsum ste / 'gro ba daṅ / ṅes pa daṅ / gyo bar byed pa'o // gaṅ gis de daṅ ldan pa'i rgyud yul gźan du 'byuṅ pa'i rgyu'i rluṅ sgrub pas / lus gyo bar byed pa de ni lus kyi las źes bya ste / bar gyi tshig mi mṅon par byas pa'i phyir / sman pa la'i 'bru mar lta bu daṅ / rdul gyi rluṅ źes bya ba bźin no //

149) 『구사론』에서는 이 세 가지 사를 '審勝思', '決勝思', '動發勝思'라고 서술하고 있다.

150) "이 주장은 옳지 않다. 왜냐하면 [형색과 현색은] 파악되는 상(相)이 다르기 때문이다. 만약 한쪽 면에 현색만이 많이 발생한다면 파악되는 상에 차이가 없을 것이다. [다시 말해] [*만약 형색이 현색을 본질로 한다면 파악되는 상에 차이가 없을 것이다.] [하지만] 이미 긴 모양과 백색 두 가지 파악되는 상이 다르기 때문에 현색 외에 별도의 형색이 있다. 경험하건대, 촉이 동일한 [신]근에 파악되어도 파악된 상이 다르기 때문에 체(體)에 차별이 있다. 단단함[堅]과 차가

283

움[冷] 또는 따뜻함[煖]과 단단함이 그렇듯이.": 『순정리론』34권(T.29, pp.535下~536上). 此理不然. 了相別故. 若一方面唯顯多生, 了相於中應無差別. 既有長白二了相異故, 於顯外別有形色. 現見, 有觸同根所取了相異故, 體有差別. 如堅與冷, 或煖與堅.

인용문 가운데 [*]은 보다 명료한 이해를 위해 『현종론(顯宗論)』에서 보강한 것이다.
[*]: 『현종론』18권(T.29, p.860下). 若形即用顯色爲體, 了相於中應無差別.

151) "만약 [현색과] 다른 부류인 형색이 실유한다면, 하나의 색이 두 근에 파악되어야 할 것이다. 이를테면 색취에서 긴 모양 등의 차별을 안근이 보는 것과 신근이 감촉하는 것이 함께해서 파악한다. 이 때문에 [하나의 색이] 두 근에 파악된다는 오류가 성립한다. [하지만] 이치상 색처는 두 근에 파악되지 않는다."

152) 이 부분의 의미는 『현종론』이 보다 명확하다.
"요컨대, 먼저 단단함 등의 상(相)을 분별한 후 비로소 긴 모양 등의 추리에 의한 지[比智]가 발생한다. 따라서 긴 모양 등의 형색은 신근의 경계가 아니다.": 『현종론』18권(T.29, p.861中). 要, 先分別堅等相已然後長等比智方生. 故長等形非身根境.

153) 『순정리론』34권(T.29, p.536上). 應二根取難亦不成, 長等但爲意識故. 以諸假有唯是意識所緣境界如前已辨. 能成長等如極微是安布說爲形色. 是無分別眼識所取非身能取如是形色. 如依身根色堅濕等, 了長短等不如是故. 以非闇中了堅濕等, 即於彼位, 或次後時即能了知長短等相. 要, 於一面多觸中, 依身根門分別竟已, 方能比度知觸俱行眼識所牽意識所受如是相狀差別形色. 如見火色及臭花香能憶俱行火觸花色.

154) 이것은 '사극미(또는 가극미)는 형색·현색의 자상과 변애를 갖지 않지만 다수의 사극미가 적집[微聚]한 취극미(또는 실극미)는 형색·현색의 자상과 변애를 갖는다'는 유부의 극미설에 기초한 것이다.

155) 안근과 비근이 각각 불의 색깔을 보거나 꽃의 향기를 맡으면서 이와 함께 작용하는 불의 감촉과 꽃의 색깔을 기억한다는 비유.

156) 『순정리론』34권(T.29, p.536中). 現見世間諸麤聚中有形色故 … 謂煖觸於色及白色於香亦無有定, 如形於觸, 不應因彼火色花香便能念知火觸花色故.

157) "또, 존재하는 모든 유대색은 반드시 실재하는 다른 부류인 [형색]극미를 가져야 한다. 하지만 극미를 긴 모양 등이라고 말할 수 없다. 따라서 다수의 사물이 이와 같이 배열된 차별상에 긴 모양 등을 가립한 것이다."

158) [*]은 보다 명료한 이해를 위해 『현종론』에서 보강한 것이다.
[*]: 『현종론』18권(T.29, p.861上). 若謂形色無別極微如顯極微故非實者, 亦不應理. 許形極微如顯有故非不實有. 如諸顯色.

159) 이 부분의 의미는 『현종론』이 보다 명확하다.
"형색극미도 이와 동일한데, 어찌 유독 실재하는 [형색]극미가 있다는 것을 인정하지 않는가?": 『현종론』18권(T.29, p.861上). 形色極微亦應如是, 寧獨不許有實極微?

160) 『순정리론』34권(T.29, p.536中~下). 豈不已說, 即形極微如是安布眼識所得積集差別假立長等? … ——極微無獨起理. 設有獨起, 以極細故非眼所得, 於積集時眼可得故, 證知定有顯

色極微. 形色極微亦應如是, 寧獨不許自相極成? 諸有對色所積集處皆決定有極微可得, 旣
於衆色差別生中有形色生不待於顯, 如不待餘顯有餘顯覺生. 是故, 定應別有如種能成長等
形色極微.

161) 뒤에 말하겠지만, 바수반두는 신표업과 동일하게 어표업의 본질을 발화하는 사로 보고 있으
며, 상가바드라는 정통유부의 견해를 따라 말소리로 보고 있다.

162) 名[nāman]은 '色'·'聲'·'香'·'味' 등과 같이 그 명칭에 의해 의식 속에 관념을 떠오르게 하
는[作想] 힘을 담지하고 있는 명사적 단어를 의미하며, 句[pada]는 '모든 行은 無常하다'와
같은 문장으로[章, vākya] 표현하고자 하는 어떠한 의미체계를 완전하게 표현한 것[詮義究
竟]을 말하는데, 이러한 문장에 의해 동작[業用, kriyā]·속성[德, guṇa]·시제[時, kāla] 등
의 관계가 이해된다. 그리고 文[vyañjana]은 a·i·i 등과 같은 단음의 음소[字, varṇa]를 의
미한다. 유부는 이러한 名·句·文의 집합을 각기 名身[nāma kāya], 句身[pada kāya], 文身
[vyañjana kāya]으로 설정하여 그 실재성을 주장한다. 그런데 한 가지 주의해야할 점은 유
부가 실체적 존재로 설정한 名·句·文이 일반 언어학에서 말하는 단어·문장·음소를 지칭하는
것이 아니라, 그것은 차라리 문법학파의 스포타(sphoṭa)와 같이 개개의 단어·문장·음소로
하여금 어떤 의미체계를 이해하게 하는 힘 - 名은 단어에 의미를 부여하는 힘, 句는 문장에
의미를 부여하는 힘, 文은 소리 혹은 발성에 의미를 부여하는 힘 - 을 의미한다는 사실이다.

163) "단 음성을 모두 말이라고 하는 것은 아니다. 요컨대, 그것 때문에 의미를 이해할 수 있는 이
와 같은 음성만을 비로소 말이라고 하기 때문이다. [그렇다면] 어떤 음성이 의미를 이해시킬
수 있는가? 능설자(能說者)가 온갖 의미 가운데 함께 세운 표현하고자 하는 의미의 한계를
정한[能詮定量] 음성이다. 예컨대, 옛날 아홉 가지의 의미에 대해 함께 'go'라는 하나의 음성
을 세워 표현하고자 하는 의미의 한계를 정하였다.": 『구사론』5(T.29, p.29上~中). 非但音聲
皆稱爲語. 要, 由此故義可了知如是音聲方稱語故. 何等音聲令義可了? 謂能說者於諸義中
已共立爲能詮定量. 且如, 古者於九義中共立一'瞿'聲爲能詮定量.

164) "방위, 짐승, 땅, 빛, 말, 금강, 눈, 하늘, 물, 이러한 9가지 의미에 대해 지자(智者)는 'go'라
는 음성을 정하였네.": 『구사론』5권(T.29, p.29中). 方獸地光言 金剛眼天水 於斯九種義 智
者立瞿聲.

165) "[어업의] 말은 말의 음성을 본질로 한다. 이것은 말하고자 의미를 표현하기 때문에 '말'이
라고 하는데,…": 『성업론』1권(T.31, p.786上). 語謂語言音聲爲性. 此能了所欲說義故名爲
'語'.…

166) "원래의 음성[自然音] 그 자체가 언어를 구성하는 것이 아니라 일정한 음성을 언어 구성의
단위라고 인공적으로 약속하고 있으며 그 약속에 있어서 언어를 구성하는 文이 있다고 하는
말일 것이다. 소쉬르는 어떤 음소가 들리는 것은 다른 음소와의 차이 탓이고 어떤 음소는 다
른 음소와 규칙적으로 서로 어긋남으로써 대립하는데, 중요한 것은 그 차이나 대립의 규칙성
이고 물리적인 음성의 개인차는 아니라고 주장했다. 文이 소리의 굴절이나 차별 위에 있다고
말하는 것은 바로 이 점을 가리키는 것이다. 이 文을 근거로 하여 名과 句가 있다. 名은 語,
句는 문장이라고 일단 말해두자. 특히 언어는 음소를 떠나서는 있을 수 없다는 사고방식이
여기에 있다. 그렇다고 하여 언어는 음소를 자유롭게 조합함으로써 무제한으로 만들 수 있는
것도 아니다. 여기서는 음소와는 별도의 표의기능을 주도하는 것이 있지 않으면 안 될 것이
다. 세간에서 공통적으로 개념이나 사태를 표현할 때 쓰이는 법칙[문법]이라 불리는 것이 있
지 않으면 안 된다. 개개의 음소는 특정한 表意개념으로부터 자유롭게 독립하여 존재하고 있
지만, 음소를 떠난 개념이나 이에 근거하는 언어 표현은 있을 수 없을 것이다. 이처럼 언어는

음소와 개념이라는 이중구조를 지니고 있고. 이것을 소쉬르는 기호[언어]의 자의성, 즉 기호에 있어서 청각적 인상[기표]과 개념[기의]의 관계로서 지적했다.”: 다케무라 마키오·정승석 역, 『유식의 구조』(서울: 민족사. 1989), pp.71~72.

167) “항상 오직 文만이 별도의 실재[體]로 있다고 주장해야할 것이니. 곧 이것의 집합이 名身 등이다.”:『구사론』5권(T.29, p.29中). 或唯應執有文體, 即總集此爲名等身.

168) “<바수반두>이 셋을 말을 자성으로 삼기에 소리를 본질로 하니 색(色)의 자성에 포섭되어야 하지 않겠는가? [그런데] 어떤 이유에서 심불상응행법에 포섭된다고 말하는가? <유부>이 셋은 말을 자성으로 삼지 않는다. [왜냐하면] 말은 곧 음성으로 오직 음성이 바로 의미를 이해하게하는 것은 아니기 때문이다.”:『구사론』5권(T.29, p.29上). 豈不此三語爲性故用聲爲體 色自性攝. 如何乃說爲心不相應行? 此三非以語爲自性. 語是音聲非唯音聲即令了義.

169) 『순정리론』14권(T.29, p.414上). 是故, 聲者但是言音, 相無差別. 其中屈曲必依迦遮吒多波等.

170) “말이 名을 발생하고 名이 의미를 드러낸다. 따라서 名과 음성은 다르다.”:『순정리론』14권(T.29, p.414上). 語能發名, 名能顯義. 故名聲異.
“[그렇다면] 어떻게 [의미를] 이해하게 되는가? 말이 名을 발생하고 名이 의미를 드러내니 이에 [의미를] 이해하게 된다.”:『구사론』5권(T.29, p.29上). 云何令了? 謂語發名, 名能顯義, 乃能令了.

171) 권오민, 앞의 책, p.137.

이와 관련해서 말하면, 나까무라 하지메(中村元)는 인도언어철학을 말[śabda]은 영원하고 소리[nāda]에 현현한다는 顯現論[abhivyakti vāda]과 말은 무상하며 소리에 의해 생기한다는 生起論[janma vāda]으로 대별해서 설명하고 있는데(『ことばの形而上學』(東京: 岩波書店, 1956), p.217. 참조.), 유부와 경부는 각각 顯現論과 生起論에 해당한다고 볼 수 있다. 또한 동일한 관점에서 코워드(H.G.Coward)가 그의 저서 The Sphoṭa Theory of Language(Delhi: Motial Banarsidas, 1986, pp.17~18.참조.)에서 구분한 두 범주―바라문 전통과 자연주의적 전통―가운데 각각 바라문 전통과 자연주의적 전통에 해당한다고 볼 수 있다.

172) 『구사론』13권(T.29, p.68下). 語表業體謂即言聲.

173) 『구사론』13권(T.29, p.68下). 立形爲身表但假而非實.

174) 『성업론』1권(T.31, p.786上). 語謂語言音聲爲性. 此能了所欲說義故名爲‘語’, 能發語思說名語業. 或復, 語者字等所依, 由帶字等能詮表義故名爲‘語’. 具足應言‘發語之業’, 除‘發’之言但名語業. 喩說如前.

175) 『현종론』18권(T.29, p.861中). 語表業云何? 謂言聲爲體. 離聲無別語能表故.

176) 인도인들에 의하면 언어가 단순한 소리(sound) 혹은 소음(noise)이 아닌 언어일 수 있는 있는 이유는, 언어가 대상을 지시하는 기능을 가지고 있기 때문이다. 따라서 대상을 지시하는 힘[śakti]이 있는 것만이 언어가 되는 것이며, 이 힘이 부재한 것은 단지 소리에 불과하다. 다시 말해 언어는 어떤 대상을 지시되는 것([vācya]과의 관계에 의해 언어일 수 있는 것이다. 인도 언어론에서는 이러한 ‘언어와 피지시자의 관계’[vācya-vācaka-saṁbandha]를 의미

라고 부른다.: 이지수,『산스끄리뜨 意味論의 諸問題』(한국언어학회 제15호, 1993), p.320

177) 『순정리론』14권(T.29, pp.413下~414上). '有時得字不得聲'者. 謂不聞聲而得了義. 現見. 有人不聞他語睹脣等動知其所說, 此不聞聲得了義者, 都由己達所發文故.

178) "저 입술 등의 형색과 구분하기 위해서이다. 그것은 그것(=입술 등의 형색)을 반연해 심 등을 발생하는 것이 아니다. 말소리를 반연해 심 등을 발생하기 때문이다.":『성업론』1권(T.31, p.781中). 爲欲簡彼脣等形色. 彼非緣彼心等所生. 以緣言音心等生故.

179) 추악어도 원칙적으로는 名身 등에 의지해서 일어난다. 하지만 유정처(有情處)에 의지해서 일어난다고 하는 것은 말만으로 그 업도가 성취되지 않기 때문이며, 또 추악한 말을 할 때 어떤 가식의 말도 하지 않기 때문에이다.:『현종론』22권(T.29, p.880上). 麤語雖依名身等起, 恐謂唯依外此業道亦成故, 說唯依有情處起. 又發麤語不假飾詞故不說依名身等起.

180) 『현종론』22권(T.29, p.880上). 虛誑語等三名身等處起. 語體必依名等起故. 語雖亦託有情等生, 而正親依名身等起.

181) 조원규 편저,『웰다잉과 행복성찰』(서울: 책과 나무, 2013), 20쪽 참조.

182) 안성두 외,『죽음, 삶의 끝인가 새로운 시작인가』(서울: 운주사, 2011), 203쪽 참조.

183) 傅偉勳 지음·전병술 역,『죽음, 그 마지막 성장』(서울: 청계, 2001), 40쪽 참조.

184) 이병찬·이철영·최청자 공저,『죽음준비교육과 삶』(서울: 효사랑, 2007), 25쪽 참조.

185) 퀴블러 로스(Elizabeth Kübler-Ross)는 죽음을 앞둔 이의 심리현상을 ①죽음을 무조건 부인하고 고립화하는 단계(the stage of denial and isolation), ②왜 내가 죽어야 하느냐는 분노의 단계(the stage of anger)이며, ③죽음과 일종의 타협을 벌이는 단계(the stage of bargaining), ④극복할 수 없는 죽음으로 인한 우울의 단계(the stage of depression), ⑤타협이 잘 되지 않는데서 모든 것을 포기하고 죽음 자체를 받아들이는 수용의 단계(the stage of acceptance)의 5단계로 구분하여 설명한다(퀴블러 로스 지음·성염 옮김,『인간의 죽음』(칠곡: 분도출판사, 2000), 79-177쪽 참조).

186) 전설에 따르면 석존은 출가하기 전 동쪽 문에서 늙어 괴로워하는 노인을, 남쪽 문에서는 병에 신음하며 괴로워하는 병자를, 서쪽 문에서는 죽은 이를 장례 지내는 행렬을, 그리고 북쪽 문에서는 출가 수행자를 만나 그의 숭고한 모습에 감동하여 출가하였다고 전해진다.

187) SN., p.113. "Na hi so upakkamo atthi, yena jātā na miyyare, jaram pi patvā maraṇaṃ, evaṃdhammā hi pāṇino.(575) Phalānam iva pakkānaṃ, pāto papatanā bhayaṃ, evam jātāna maccānaṃ niccaṃ maraṇato bhayaṃ.(576) Daharā ca mahantā ca ye bālā ye ca paṇḍitā sabbe maccuvasaṃ yanti, sabbe maccuparāyaṇā.(578) Tesaṃ maccuparetānaṃ gacchataṃ paralokato na pitā tāyate puttaṃ, ñātī vā pana ñātake.(579) Pekkhataṃ yeva ñātīnaṃ, passa lālapataṃ puthu ekameko va maccānaṃ, go vajjho viya niyyati.(580)"

188) 4성제 가운데 고성제(苦聖諦)는 '괴로움', 고집성제(苦集聖諦)는 '괴로움의 원인', 고멸성제(苦滅聖諦)는 '괴로움의 소멸', 고멸도성제(苦滅道聖諦)는 '괴로움을 소멸하는 방법'이다.

287

189) '일체개고'에는 태어나는 괴로움[生苦]·늙는 괴로움[老苦]·병드는 괴로움[病苦]·죽는 괴로움[死苦]과 미워하는 이를 만나는 괴로움[怨憎會苦]·사랑하는 이와 헤어지는 괴로움[愛別離苦]·구하는 것을 얻지 못하는 괴로움[求不得苦]·인간 존재인 5가지 구성요소의 괴로움[五陰盛苦]이 있다.

190) SN., p.113. "Evam abbhāhato loko maccunā ca jarāya ca, tasmā dhīrā na socanti, viditvā lokapariyāyaṃ.(581) Yassa maggaṃ na jānāsi āgatassa gatassa vā, ubho ante asampassaṃ niratthaṃ paridevasi.(582) Na hi ruṇṇena sokena santiṃ pappoti cetaso, bhiyyassuppajjate dukkhaṃ, sarīraṃ cupahaññati.(584)"

191) 『잡아함경』12권(T.2, p.79c). "我憶宿命未成正覺時, 獨一靜處專精禪思生如是念. '世間難入. 所謂若生, 若老, 若病, 若死, 若遷, 若受生. 然諸衆生。 生老病死上及所依不如實知."

192) 『잡아함경』12권(T.2, p.80b). "我憶宿命未成正覺時, 獨一靜處專精禪思生如是念. 何法有故老死有, 何法緣故老死有? 即正思惟生如實無間等. 生有故老死有, 生緣故老死有."

193) 『잡아함경』12권(T.2, p.80a). 我時復作是念. 何法無故無此老病死, 何法滅故老病死滅? 即正思惟起如實無間等. 無生則無老病死, 生滅故則老病死滅.

194) 불교에서 '죽음'은 늘 '태어남'과 함께 짝지어지며, 또 괴로움의 해탈역시 죽음뿐만 아니라 태어남까지 아우르는 해탈을 의미하기 때문에 불교의 죽음학은 '사망학'(thanatology, studies of death and dying) 또는 '임종학'(臨終學)이라는 용어보다 '생사학'(生死學, studies of life and death)이라는 말이 더 적합하다(김용표, 『불교에서 본 죽음과 종교교육』『종교교육학연구』 제19권, 한국종교교육학회, 2004), 58쪽 참조).

195) 우희종, 『즐거운 과학기술의 달콤한 유혹』『문화과학』 60호, 문화과학사, 2009), 319-339쪽 참조.

196) '심폐기능사'는 죽음에 대한 가장 전통적인 정의로 평가되는데, '심장 및 호흡기능과 뇌 반사의 영구적 손실'을 의미한다. '뇌사'는 전통적인 심폐기능사와 달리 뇌기능 전체의 비가역적인 영구 손실로, 말 그대로 뇌의 사망을 의미한다. 뇌의 거의 모든 조직이 파괴되어 뇌가 죽으면 그 기능도 모두 상실되기 때문에, 이어서 호흡 및 심박동의 불가역적 기능 정지가 유도되기 때문에 결국 심장사를 하게 된다. '세포사설'은 죽음을 생명체가 기능하는데 필요한 모든 화학적·물리적·생리적 활동의 소실로 특징지워지는 인체의 불가역적인 변화로 볼 때, 개체를 이루고 있는 최소단위인 세포의 죽음을 말한다. 세포가 죽는 방식에는 '괴사'(necrosis)와 '세포자살'(apoptosis) 두 가지가 있는데, '괴사'는 외부로부터의 타박, 화상, 약물 등의 자극의 정도가 높아서 일종의 사고사에 해당되며, '세포자살'은 유전자에 의해 제어된 능동적인 세포의 죽음을 말한다(안성두 외, 『죽음, 삶의 끝인가 새로운 시작인가』, 274-277쪽 참조).

197) 안성두 외, 『죽음, 삶의 끝인가 새로운 시작인가』, 266쪽 참조.

198) 『잡아함경』제21권(T.2, p.150b). "壽暖及與識 捨身時俱捨 彼身棄塚間 無心如木石. … 捨於壽暖, 諸根悉壞, 身命分離, 是名爲死."

199) 셀리케이건은 그의 주저 『죽음이란 무엇인가』에서 통상적으로 우리들이 규정하는 죽음은 신체기능과 인지기능의 소멸을 말하지만, 아래의 도표와 같이 인지기능의 작동이 소멸되더라

도 신체기능의 작동이 되는 특수한 경우를 상정한 뒤 죽음의 본질에 대한 보다 심층적인 논의를 전개하고 있다. 간략하게 그의 논의를 요약하면 그는 육체 관점을 받아들이느냐 인격 관점을 받아들이느냐에 따라 죽음의 순간이 달라진다고 보고 있는데, 만약 인격 관점을 받아들이면 '나'의 죽음은 인지기능의 죽음 곧 <*1>에서 일어나는 반면, 육체 관점을 받아들이면 '나의 육체'의 죽음은 신체기능의 죽음, 곧 <*2>에서 일어난다. 특히 그는 ⓓ단계에서 나는 존재하지도 살아있지도 않지만 나의 육체는 시체 상태로 얼마간 존재하기 때문에 나는 살아있기는 하지만 인간으로서 존재하는 것은 아니라고 말하고 있다(셀리 케이건 지음·박세연 옮김, 『죽음이란 무엇인가』(서울: 엘도라도, 2013), 246-266쪽 참조).

200) 『구사론』제5권(T.29, p.26b). "命體即壽. 故對法言, '云何命根? 謂三界壽.' 此復未了. 何法名壽? 謂有別法能持煖識說名爲壽. 故世尊言, '壽煖及與識 三法捨身時 所捨身僵仆 如木無思覺.' 故有別法能持煖識相續住因說名為壽. 若謂此壽何法能持? 即煖及識還持此壽. 若爾三法更互相持相續故, 何法先滅由此滅故餘二隨滅? 是則此三應常無謝. 既爾此壽應業能持. 隨業所引相續轉故."

201) 『구사론』제5권(T.29, p.26b). "若爾, 何緣不許唯業, 能持煖識而須壽耶? 理不應然, 勿一切識從始至終恒異熟故. 既爾, 應言業能持煖煖復持識, 何須此壽? 如是識在無色界中應無能持, 彼無煖故."

202) '심불상응행법'은 색법도 심법도 아니며 또한 그것들과 관계·상응하지도 않지만 그 자체 생멸·변천하는 개별적인 힘[行]으로, 존재로 하여금 다양한 존재 방식에 따라 존재하게끔 하는 일종의 원리이다. 이것은 존재의 양태에 관한 관념을 추상화시켜 얻은 개념으로 유부에서는 이를 특이하게도 실유의 법으로 파악하고 있다. 그런데 심불상응행법의 법수는 통시적으로 고찰할 경우 시대의 변천에 따라 가감이 있는데(→『품류족론』·『법온족론』16개, 『아비담감로미론품』17개, 『잡심론』14개, 『입아비달마론』14개, 『구사론』14개, 『순정리론』15개→), 이것은 심불상응행법이라는 범주의 성립이 어느 특정한 한 시기에 결정된 것이 아니라 시간의 흐름 속에 변화과정을 거친 후에 확정되었음을 의미한다. 참고로 미즈노 코겐(水野弘元)은 '불상응행'(不相應行)이라는 개념을 초기경전에 서술된 22근(根) 가운데 하나인 명근(命根)으로 설명하고 있는데, 5위 체계의 하나로서 구축된 것은 후대 유부에 이르러서이다(水野弘元, 『心不相應行法の概念の發生』, 『印度學佛敎學硏究』8(東京: 三陽社, 1956), 116-117쪽 참조).

203) 유부 교학의 전반에 이의를 제기하며 날선 비판을 가했던 유부의 강력한 대론자 경부는 유부의 이러한 해석에 동의하지 않는다. 왜냐하면 그들에게 있어 목숨[命根]은 3계(界)의 업에 의해 인기된 동분(同分)이 머무를 때까지의 세력을 일시적으로 가설한 개념에 불과하기 때문이다. 즉 3계의 업에 의해 인기된 동분이 머무를 때의 세력은 머물러야 할 시간에 따라 그 상속이 결정되며, 또 머물러야 할 만큼의 시간만을 머물게 되기 때문에 이러한 세력을 설하여

목숨이라고 하는 것이다. 이것은 예컨대 곡식의 종자가 발아하여 익을 때까지의 세력이나, 또는 활시위를 떠난 화살이 그 힘이 다해 땅에 떨어질 때까지의 동분의 세력과 같다(『구사론』제5권(T.29, p.26b). "謂三界業所引同分住時勢分說爲壽體. 由三界業所引同分住時勢分 相續決定隨應住時, 爾所時住故, 此勢分說爲壽體. 如穀種等所引乃至熟時勢分, 又如放箭所 引乃至住時勢分."). 그러나 그렇다고 해서 경부가 '목숨' 자체의 존재성(假有]을 부정한 것 은 아니며, 다만 목숨을 유부와 같이 심불상응행법이라는 범주에 포섭시켜 별도로 실재성[實 有]을 인정하지 않았을 뿐이다(『구사론』제5권(T.29, p.26b). "今亦不言全無壽體, 但說壽體 非別實物.") 따라서 유부든 경부든 자파교학체계에 근거한 해석의 차이는 있지만 석존의 교 설에 근거하여 목숨·체온·의식의 관계성 속에서 죽음에 대한 정의를 내린 것은 동일하다.

204) 『구사론』9권(T.29, p.46a). "종합해서 말하면, 유정의 본질은 5취온(聚蘊)인데, 여기서는 [유정의 전후] 상태의 차별을 4가지로 분석하였다. 첫째는 중유(中有)로, 그 뜻은 앞에서 설 한 바와 "[중유란] 사유 이후 생유 이전, 곧 [사유와 생유의] 그 중간에 존재하는 [5]온 자체로 서, 태어나야 할 곳에 이르기 위해 이러한 몸을 일으킨 것이며, 2취의 중간에 존재하기 때문 에 '중유'라고 하였다."(『구사론』8권(T.29, p.44b). "論曰: 於死有後在生有前. 即彼中間有 自體, 起爲至生處故起此身, 二趣中間故名中有.")—와 같다. 둘째는 생유(生有)로, 온갖 취 (趣)에서 결생(結生)하는 찰나의 존재[有]를 말한다. 셋째는 본유(本有)로, 태어나는 찰나를 제외하고 그 이후부터 죽기 이전의 단계이다. 넷째는 사유(死有)로, [현재세의] 최후찰나 곧 중유 이전의 차례이다(總說有體是五取蘊, 於中位別分析爲四. 一者中有, 義如前說. 二者生 有, 謂於諸趣結生刹那. 三者本有, 除生刹那死前餘位. 四者死有, 謂最後念, 次中有前.)"

205) 『중아함경』37권,(T.1, p.666a). "그대들은 혹 수태(受胎)를 스스로 아는가? 그 선인들이 답 했다. "압니다. 3사(事) 등이 합해져 수태하였습니다. [3사란] 부모의 회합(會合), 만족스럽지 않은 상황에 대한 견딤(=어머니의 월경 즉 배란을 의미), 향음(香陰=中有)의 이르름 등입니 다. 아사라여! 이런 [3]사 등이 합해서 어머니에게 입태하였습니다('汝等頗自知受胎耶?' 彼 諸仙人答曰. '知也. 以三事等合會受胎. 父母合會, 無滿堪耐, 香陰已至. 阿私羅! 此事等會, 入於母胎.)"

206) John Hick, Death and Eternal life(westminster/john knox Press, 1994), 97-101쪽 참조.

207) 김인자 편역,『죽음에 대한 심리적 이해』(서울: 서강대 출판부, 1984), 111쪽 참조.

208) 『잡아함경』10권(T.2 66c). "所謂此有故彼有, 此生故彼生. 謂緣無明有行, 乃至生老病死憂 悲苦惱, 苦集."

209) SN., p.142. "이 무명이라고 하는 것은 큰 미혹이다. 이로 인해 영겁의 윤회가 일어난다.그러 나 밝은 지혜에 도달한 중생들은 다시 생존을 받는 일이 없다.(Avijjā hāyaṃ mahāmoho, yenidaṃ saṃsitaṃ ciraṃ, vijjāgatā ca ye sattā, nāgacchanti punabbhavinti.)"

210) 『잡아함경』10권(T.2 66c). "所謂此無故彼無, 此滅故彼滅. 謂無明滅則行滅, 乃至生 老病死 憂悲苦惱, 苦滅."

211) 불교에서 죽음을 '滅' 혹은 '滅盡'이라는 한역술어로 표현하는 것은 그것이 '無常'임을 달리 표현한 것으로 생각된다. 예를 들면『증일아함경』제12권(T.2, p.607c)에서는 "무엇을 멸진 (滅盡)이라고 하는가? 죽음을 말한다. 생명이 다하여 머무름이 없고, 무상하여 음(陰)들이 흩 어져 파괴되고, 종족(種族)이 별리하여 명근(命根)이 단절된다. 이것을 일러 멸진이라고 한 다.(彼云何爲滅盡? 所謂死. 命過不住, 無常諸陰散壞, 宗族別離命根斷絶. 是謂爲滅盡.)"고

설해져 있다.

212) 『잡아함경』1권(T.2, p.2a). "諸比丘! 色無常. 無常即苦. 苦即非我. 非我者亦非我所. 如是觀者名真實正觀." 참고로 원문에는 "苦即非我"에서 "非我"는 'anatta'의 한역어이지만, 학자들마다 'anatta'의 한역어가 '非我'인지 '無我'인지에 대한 이견(異見)이 있다. 그런데 일반적으로 상기 경문은 불교의 3법인을 나타내는 정형 문구로 인식되고 있기 때문에 필자는 이 책에서 "無我"로 번역하였다.

213) 존 화이트(John White)는 'death'와 'dying'의 의미를 'death'는 육체적인 죽음으로, 'dying'은 죽음에 대한 정신적 인식으로 구분한다(John White, Practical Guide to Death and Dying(Quest books, 1980): 김용표, 『불교에서 본 죽음과 종교교육』, 58쪽에서 재인용).

214) 사전의료의향서는 회복 불가능한 상태에 빠졌을 때 인공호흡기 등을 장착하거나 심폐소생술 등을 할지, 무의미한 연명치료를 지속해야 할지를 정상적인 의식이 있을 때 미리 결정해두는 것을 말한다.

215) 조원규 편저, 『웰다잉과 행복성찰』 : 이병찬·이철영·최청자 공저, 『죽음준비교육과 삶』: 차미영 지음, 『웰다잉을 위한 죽음의 이해』(서울: 상상커뮤니케이션, 2006).

216) 6가지 죽음불안은 ①고통에 대한 불안, ②고독에 대한 불안, ③가족과 사회에 부담이 되는 것에 대한 불안, ④알지 못하는 것을 눈앞에 대하고 있는 불안, ⑤인생을 불완전한 상태로 마치는 것에 대한 불안, ⑥자기 소멸에 대한 불안 등을 말한다(알폰스 데켄 저·오진탁 역, 『죽음을 어떻게 맞이할 것인가』(서울: 궁리, 2005), 128-132쪽 참조).

217) 7가지 죽음불안은 ①소멸과 불확실성에 대한 공포, ②죽음과 관련된 통증에 대한 공포, ③신체처분에 대한 염려, ④무기력과 통제력 상실에 대한 공포, ⑤사후에 대한 염려, ⑥시신이 부패하는 것에 대한 공포, ⑦사추 처리에 위임장을 남기는 염려 등을 말한다(Thorson JA. & Powell FC., Elements of death anxiety and meaning of death, (Journal of Clinical Psychology Vol 44, 1988), 691-701쪽 참조).

218) Templer DI., The construction and validation of death anxiety scale, (Journal of General Psychology Vol 44, 1970), 165-171쪽.

219) 엄정식 외, 『동서양 철학 콘서트: 서양철학편』(서울: 이숲, 2008), 37쪽.

220) 김숙·한정란, 『성인들의 죽음에 관한 인식, 죽음준비, 죽음불안』(『인구교육』 제5권, 인구교육센터, 2012), 24쪽 참조.

221) 이병찬·이철영·최청자 공저, 『죽음준비교육과 삶』, 69쪽 참조.

222) 위의 책, 77쪽 참조.

223) 안성두 외, 『죽음, 삶의 끝인가 새로운 시작인가』, 95쪽 참조.

224) 雲井昭善, 『佛敎興起時代의 思想研究』(京都: 平樂寺書店, 1967), 419쪽.

225) '부정관(不淨觀)'은 외적으로 타인의 시체가 부패하여 백골(白骨)로 변개하는 9가지 모습[九

想] 혹은 10가지 모습[想]을 육안으로 직접 보고 난 후 상기하는 방법과, 내적으로는 자신의 몸을 구성하는 요소를 상기하면서 부정(不淨)하다고 생각하는 수행법으로 탐욕이 강한 사람이 수행을 통해서 감각적 욕망을 다스리는 것을 목적으로 삼고 있다.

226) '염사(念死)' 혹은 '사념(死念)'은 10가지 마음챙김[十念] 가운데 하나로 초기경전에서 십념(十念)이라는 용어로 정리되어 있는데, 죽음에 대해서 잊지 않고 마음을 챙기는 수행인 사념이라고 한다. 사념을 닦으면 모든 번뇌가 소멸하고 죽음이 없는 불사의 경지에 도달한다고 하는 것은 엄격하게 자신의 죽음을 자각하면서 수행해 나갈 때, 죽음을 초월하게 된다는 점을 강조하고 있음을 알 수 있다. 참고로 『청정도론』에서 십념은 십수념(十隨念)으로 정리되어 있는데, 이 가운데 죽음에 대한 염사 혹은 사념은 7번째 '죽음(死)에 대한 반복적인 마음챙김(死隨念, maraṇānussati)'으로 등장한다.

227) '사상死想'은 '죽음에 대한 상기(想起)'는 5상(想)·7상·9상·10상 가운데 하나로 제시되어 있다. 경전에 따르면 이 사상을 거듭해서 지속적으로 닦으면 생명에 대한 집착이 극복되고 분명한 앎[正知]를 얻게 되어, 궁극적으로 죽음을 넘어서는 불사(不死)의 경지에 도달하게 된다고 한다.

228) 김용표는 불교 죽음관이 지닌 종교 교육적 의미를 '①죽음은 인간의 궁극적 관심사이며 그 극복을 위한 용기가 필요하다.', '②육신의 죽음과 무상한 삶의 현실을 적극적으로 긍정한다.', '③죽음에 대한 두려움과 공포는 무지에 연유된 것이다.', '④죽음으로부터의 해탈이 아니라 생과 사로부터의 해탈을 추구한다.', '⑤육신의 생사보다 마음속의 생사를 중요시 한다.', '⑥생사 가운데서 생사를 초월한 삶은 항상 현전성(現前性)이 있다.'의 5가지로 대별한다. (김용표, 『불교에서 본 죽음과 종교교육』, 69-74쪽 참조).

229) 김용표, 『불교에서 본 죽음과 종교교육』, 77쪽 참조.

230) 『논어』<陽貨>, "性相近也, 習相遠也."

231) 『논어』에 실제로 공자가 '성'에 대해 직접적으로 언급한 부분은 드물다. 그래서 제자 자공은 "선생님의 문장은 얻어들을 수 있지만, 선생님이 성과 천도에 대해 말씀하신 것은 얻어듣지 못했습니다"라고 했다. 그렇다고 해서 공자가 인성에 대해 충분한 생각을 가지고 있지 않았거나 중시하지 않았던 것은 아니다. 실제로 공자는 그의 인성관을 뒷받침 해 줄 수 있는 다양한 의견을 제시하였는데, 대략 다음 세 가지로 압축될 수 있다.

① 공자의 인성론은 대표적인 도덕적 덕목인 인(仁)과 이에 대한 적극적인 추구에 그 목적을 두었다.
② 공자의 인성론은 인간과 그 인격을 아끼는 애인(愛人)사상에 기초하고 있다.
③ 공자의 인성론은 인간본연의 자연적, 육체적 속성을 초월하여 도덕적, 정신적 가치를 강조하고 있다.: 박영진, 『유가의 인성론에 나타난 도덕성 연구』『韓國敎育論壇』제4권(한국교육포럼, 2005), pp.20-22 참조.

232) 『맹자』<告子上>. 公都子曰, 告子曰, '性無善無不善'也. 或曰, '性可以爲善, 可以爲不善'. 是故文武興, 則民好善, 유려흥, 則民好폭. 或曰, '有性善有性不善'. 是故, 以요爲君而有象, 以고수爲父而有순, 以주爲兄之子且以爲君, 而有微子계 王子비간. 今曰 '性善'. 然則彼皆非與.
"성무선무불선설(性無善無不善說)"은 고자(告子)가 정초한 이론으로 고자는 식욕이나 색욕과 같은 생물적인 본능을 인간의 본성으로 보았는데[生謂之性], 이러한 본성은 인간이면 누구나 갖추고 있는 것으로 선하지도 불선하지도 않다. 즉 식욕이나 색욕 등을 그 내용으로 하는 인간의 본성은 선·악 규정의 대상이 될 수 없는 것이다. 따라서 인간의 도덕행위도 선천적인 본성과는 무관하게 후천적으로 이뤄진다고 본다. 다음으로 "성가이위선가이위불선설(性可以爲善可以爲不善說)"은 선천적인 본성이라든가 그것의 차별성, 선·악의 문제 등에 대해서는 아무런 규정이 없다. 다만 인간의 가소성(可塑性)을 강조한 뒤 선·불선의 나뉨은 어디까지나 후천적인 것임을 말하고 있다. 이런 의미에서 고자의 인성론과 가깝다고 할 수 있다. 마지막으로 "유성선유성불선설(有性善有性不善說)"은 선천적인 본성이 무엇인지에 대한 어떤 언급 없이 선천적인 차별성을 극단적으로 강조하여 선한 사람과 불선한 사람을 선명히 나누고 있다. 결과적으로 불선한 사람은 끝내 도덕적일 수 없게 된다. 이 이론은 공자의 "上知"와 "下愚", "生而知之者"와 "學而知之者" 등의 구분을 적극적으로 계승한 이론이라고 볼 수 있다. 훗날 성을 상중하의 세 등급으로 나누어진다는 이론[性三品說]도 동일한 계열로 볼 수 있다.: 홍원식,『인간의 본성에 관한 논쟁: 고자와 맹자, 맹자와 순자간의 논쟁』『중국철학』(중국철학회, 1994), p.68 참조

233) 신동호는 중국사상사에서 인성론에 관한 학설을 크게 5가지로 대별해서 분류하고 있는데, 다음과 같다.
   (1) 성의 본래적 선·악 여부: ①性善說(맹자), ②性惡說(순자), ③性無善性不善說(고자)
   (2) 성선·성악 양설의 절충: ①性有善有惡說(왕충), ②性善惡混說(양웅)
   (3) 성·정의 관계: ①性情一元說(왕안석), ②性情相應說(유향), ③性善情惡說(이고)
   (4) 성의 성(聖)·범(凡)적 차이: ①萬人同性說(맹자,순자,고자,양웅), ②性三品說(한비)
   (5) 성의 내용적 분석: 本然之性·氣質之性說(주자): 신동호,『성선설 연구: 그 연원 및 연역적 논거를 중심으로』『철학연구』3권(철학연구회, 1968), pp.99-100.

234) 류蘇화, 조종정 주편,『中國儒學學術思想史』(濟南: 山東敎育出版社, 1996), p.282.

235) 박영진, 앞의 논문, pp.20~22 참조.

236) 『설문해자(說文解字)』에서는 "성(性)은 사람의 양기의 성을 뜻하는 것으로서 선한 것이다"라고 하였고, "정(情)은 사람의 음기의 성으로서 욕망이 있는 것이다."라고 성을 정의하고 있다.: 정진일 지음,『유교윤리』(서울: 청암미디어, 2002), p.97.

237) 회소욱, "정현광명·온장여비"『中國文化新論: 思想篇一, 理想與現實』(臺北: 聯經出版事業公司, 1987), p.11.

238) 신광래(信光來)는 『맹자와 중국사상』이란 정치한 저서와『맹자의 인성론』이라는 논문에서 맹자 전후의 성 개념의 용법에 대해 면밀한 검토를 하고 있는데, 다음과 같은 두 가지 일반적인 합의 사항이 도출되었다고 주장하고 있다. 性(心+生)은 ①生(life, growth)에서 유래하며 사물의 생장과 밀접한 연관성이 있으면서도 ②(파생적인 의미가 발생하여) 사물의 생(生)의 방향 혹은 사물의 생장 방향을 가리키는 말로 사용되었다. 즉 성이란 맹자를 전후로 사물의 단순한 생 이상으로서 사물이 살아서 지니는 어떤 욕구 혹은 경향, 그리고 특성을 나타내는 말로 사용되었다.<Kwong-loi, Mencius and Early Chinese Thought, Stanford Univ Press, 1997, Chapter 6장 & "Mencius on Jen-Hsing", Philosophy East and West, Vol 47. UH Press, 1997, pp.1-20.

239) 한국동양철학회 편,『동양철학과 본체론과 인성론』(서울: 연세대학교 출판부, 1982), p.173 (김충렬,『동양 인성론의 서설』)

240) 『맹자』<盡心下>. 口之於味也, 目之於色也, 耳之於聲也, 鼻之於臭也, 四肢之於安佚也, 性也, 有命焉, 君子不謂性也. 仁之於父子也, 義之於君臣也, 禮之於賓主也, 智之於賢者也, 聖人之於天道也, 命也, 有性焉, 君子不謂命也.

241) 『맹자』<盡心上>. 君子所性 仁義禮智根於心.

242) 『순자』<正名>. 生之所以然者, 謂之'性'. 性之和所生, 精合感應, 不事而自然, 謂之'性'.

243) 풍우란(馮友蘭)은 일찍이 '천' 개념을 '物質之天', '主宰之天', '運命之天', '自然之天', '義理之天'으로 분류하면서 순자의 천 개념을 '自然之天'의 대표적인 예로 꼽고 있다.: 풍우란•박성규 옮김, 『중국철학사(상)』(서울: 까치글방, 2002), p.61.

244) 순자의 사상체계에서 천인지분(天人之分)이 근간이 되고 있다는 사실은 여러 학자들에 의해 지적되고 있는데, 예컨대 정인재는 순자사상의 핵심인 예론은 공맹과는 다른 순자의 천인지분에 근거하고 있으며, 인성론에서 천인지분의 논리가 성위지분의 논리로 그대로 이어지고 있어서 천인관계론이 순자 이론체계의 바탕이 되고 있음을 지적하고 있으며, 채인후는 공맹순의 철학사상을 논의하면서 공자와 맹자를 다룰 때에는 각각 인론(人論)과 심성론(心性論)을 출발점으로 삼고 있지만, 순자를 다루면서는 천론(天論)을 출발점으로 함으로써 순자에서 천인관계론이 갖는 핵심적 중요성을 부각시키고 있다.(조긍호, 앞의 책, p.188) 비판①의 핵심명제인 성위지분 역시 근원적으로 천인지분의 연장선상에서 파악할 수 있다. '스스로 그러한' 자연적 자발성을 기초로 한 천의 영역은 인간이 '일삼는' 대상이 아니다. 인간과 천의 구분은 인간이 자신의 실천적 노력을 통해 성취할 수 있는 영역과 그렇지 않은 영역과의 구분을 의미하는 것이기도 하다. 이러한 시각에서 볼 때 성은 인간에게 주어진 생물학적 속성, 즉 식색의 욕구와 희노애락의 감정, 그리고 감각기관의 활동과 같이 인간에게 자연발생적인 이미 주어진 영역을 대변하는 것이고 위는 인간의 주체적이고 실천적인 노력을 통해 이룩한 지극히 인간적인 영역이라 할 수 있다. 맹자의 성 개념은 순자가 보기에 이러한 주어진 것과 성취해야 할 것의 경계를 흐릴 뿐 아니라 유가적 가치의 적극적 선양이 주어진 인성의 발휘라는 소극적인 영역으로 축소될 위험성을 내포하고 있었기에 비판한 것이다.(이장희, 앞의 논문, p.227)

245) 『순자』<天論>. 不爲而成, 不求而得.

246) 上同. 不爲堯存, 不爲걸亡.

247) 『순자』<性惡>. 凡'性'者, '天'之就也, 不可學, 不可事.

248) 『순자』<禮論>. '性'者. 本始材朴也.

249) 『순자』<性惡>. 生而有질惡焉, … 生而有耳目之欲, 有好聲色焉,….

250) 『순자』<榮欲>. 凡人有所一同. 飢而欲食, 寒而欲暖, 勞而欲息, 好利而惡害. 是人之所生而有也, 是無待而然者也. 是우걸之所同也. 目辨白黑美惡, 耳辨音聲淸濁, 口辨산함甘苦, 鼻辨분방성조, 骨體부리辨寒서질양. 是又人之所生而有也, 是無待而然者也. 是禹桀之所同也.

251) 순자는 '성', '정', '욕'의 상관관계를 다음과 같이 정의하고 있다.
'성'이라는 하늘에 의해 주어진 것이고, '정'이란 이 성의 바탕이며, '욕'이란 정이 반응하는 것이다.: 『순자』<正名>. '性'者, 天之就也, '情'者, 性之質也, '欲'者, 情之應也

252) 蔡仁厚,『孟子筍哲學』(臺北: 唐山出版社, 1984), p.390

253) 풍우란은 맹자가 성선설을 정초한 이유에 대해 "공자는 인(仁)을 주장하였지만 어째서 인간이 인을 실천해야 하는가에 대한 이유를 설명하지 아니하였다. 맹자는 바로 이러한 질문에 해답을 주려고 하였으며, 그것이 바로 성선설이다."고 말하고 있다.: 馮友蘭, A short history of Chinese philosophy(臺北: 雙葉書店, 1948), p.106.

254) Needham, J.『중국의 과학과 문명 Ⅱ』, 이석호·이철주·임정대 역(서울: 을유문화사, 1986), pp.21-29 참조.

255) 『맹자』<公孫丑上>. 人皆有不忍人之心.… 所以謂人皆有不忍人之心者, 今人사見孺子將入於井, 皆有출척 惻隱之心. 非所以內交於孺子之父母也, 非所以要예於향당朋友也, 非오其聲而然也. 由是觀之, 無惻隱之心非人也, 無羞惡之心非人也, 無辭讓之心非人也, 無是非之心非人也. 惻隱之心仁之端也, 羞惡之心義之端也, 辭讓之心禮之端也, 是非之心智之端也. 人之有是四端也, 猶其有四體也.

256) I. Bloom, "Mencian Argument on Human Nature(Jen-hsing)", Philosophy East and West, Vol 44·N1, UH Press, pp.29-33 참조.

257) 이 논변을 요약·정리하면 다음과 같다.

(1) 모든 사람은 공통된 '不忍人之心'을 지니고 있다. <전제>
(2) 옛 선왕은 그 공통된 마음으로 정사를 펴서 평천하를 이루었으며, 현재 또한 그럴 수 있다.
(3) 모든 사람은 어린아이가 우물에 빠진 것을 보면 깜짝 놀라 구하려는 마음을 갖는다. 이로 보아 모든 사람은 '不忍人之心'이 있다. <전제의 증명>
(4) 그 공통된 '不忍人之心'은 순수 인간적인 동기에서 유래된 것이다.
(5) 측은지심은 일련의 4단 중의 하나이다. <추가논변>
(6) 4단은 우리가 4체를 지니고 있는 것만큼 모든 인간에 예외 없이 공통적으로 분명히 존재한다.
(7) 4단이 분명히 있음에도 불구하고 스스로 인에 기거하고 의에 말미암을 수 없다고 하는 사람은 스스로를 해치는 자며, 자신이 섬기는 임금이 인정을 행할 수 없다고 하는 자는 그 임금을 해치는 자이다.
(8) 우리에게 4단을 확충하면 너무나도 자연스럽게 최상의 성취를 가져올 수 있으나, 그렇지 못하면 최소한의 인간적인 것도 이룩할 수 없다.: 임헌규 지음,『유가의 심성론과 현대심리철학』(서울: 철학과 현실사, 2001), pp.62-63.

258) 『맹자』<告子上 7>. 故, 凡同類者擧相似也 , 何독至於人而疑之. 聖人與我同類者. … 口之於味也有同기 焉, 耳之於聲也有同聽焉, 目之於色也有同美焉, 至於心獨無所同然乎. 心之所同然者何也? 謂, '理'也 , '義'也. 聖人先得我心之所同然耳. 故理義之悅我心 , 猶추환之悅我口.

259) 김형효는 동류사성관 논증 가운데 논증②에 대해 "실재론적 유비개념에 의하여 성선의 보편성을 유추함"이라는 제목을 달고 다음과 같이 말하고 있다.
"맹자 사상의 전체적 구도에서 보면, 그가 감각적 실재론 보다 정신적 실재론을 겨냥하고 있고, 감각적 지각 행위에 불신을 두고 있는 것은 사실이다. 그러나 그는 정신적 실재의 보편성을 이해시키기 위하여, 경우에 따라 필요하면 감각적 실재의 보편성을 가시화하여 정신적 실재의 불가시성(不可視性)을 유비적으로 암시하고 있다.": 김형효,『맹자와 순자의 철학사상:

철학적 사유의 두 원천』(서울: 삼지사, 1990), pp.50-52.

260) 자세한 내용은, 전손 저, 『선진유학』, 백종석 역(서울: 學古房, 2009), pp.163-164 참조.

261) 조긍호, 『유학심리학―맹자·순자 편』(서울: 나남출판, 1998), pp.85-90 참조.

262) 이상은, 『맹자의 성선설에 대한 연구』『유학과 동양문화』(서울: 범학도서, 1976), p.116 참조.

263) 조긍호, 앞의 책, p.210

264) 『순자』<性惡>. 孟子曰: 人之學者, 其性善. 曰: 是不然. 是不及知人之性, 而不察乎人之性偽之分者也. 凡性者, 天之就也, 不可學, 不可事. 禮義者, 聖人之所生也, 人之所學而能, 所事而成者也. 不可學不可事, 而在天者, 謂之'性', 可學而能, 可事而成之在人者, 謂之'偽'. 是性偽之分也.

265) 이장희, 『순자 性惡說의 의미』, 『사회와 철학』 제9호(사회와 철학 연구회, 2005), pp.225-226 참조.

266) 『순자』<性惡>. 人之性惡, 其善者偽.

267) 순자는 <성악>편 첫 대목에서 이 부분을 다음과 같이 언급한다.
"사람의 본성[性]은 악하며 그 선함은 인위[偽]에 의한 것이다. 사람의 본성은 태어나면서부터 이익을 좋아하는데, 이것을 따르기 때문에 쟁탈이 생기고 사양함이 없어진다. 사람은 태어나면서부터 질투하고 미워하는데, 이것을 따르기 때문에 잔적이 일어나고 충신이 사라진다. 사람은 태어나면서부터 귀와 눈 [등의 감각기관의] 욕구가 있어 아름다운 소리와 색을 좋아하는데, 이것을 따르기 때문에 음란이 생기고 예의문리(禮義文理)가 사라진다. 그러므로 사람의 본성[性]을 따르고 사람의 감정[情]을 좇는다면, 반드시 쟁탈이 빚어지고 분수를 어기고 이치를 어지럽게 되어 난폭함으로 귀결된다. 그러므로 반드시 스승과 법도에 의한 교화와 예의의 교도가 있어야 한다. 그런 연후에 사양하게 되고 문리(文理)에 부합케 되어 다스림으로 귀결될 것이다. 이러한 사실을 미루어 볼 때 사람의 본성은 악한 것이 분명하며, 그 선함은 인위에 의한 것이다.": 『순자』<性惡>. 人之性惡, 其善者偽也. 今人之性生而有好利焉, 順是, 故爭奪生而辭讓亡焉. 生而有疾惡焉, 順是, 故殘賊生而忠信亡焉. 生而有耳目之欲, 有好聲色焉, 順是, 故淫亂生而禮義文理亡焉. 然則, 從人之性, 順人之情, 必出於爭奪, 合於犯分亂理而歸於暴. 故, 必將有師法之化·禮義之道. 然後, 出於辭讓, 合於文理, 而歸於治. 用此觀之, 然則人之性惡明矣, 其善者偽也.

268) 『순자』<性惡>. 孟子曰: 今人之性善, 將皆失喪其性, 故惡也. 曰: 若是則過矣. 今人之性生而離其朴, 離其資, 必失而喪之. 用此觀之, 然則人之性惡明矣.

269) 『순자』<性惡>. 今人之性, 飢而欲飽, 寒而欲暖, 勞而欲休, 此人之情性也. 今人飢, 見長而不敢先食者, 將有所讓也, 勞而不敢求息者, 將有所代也. 夫子之讓乎父, 弟之讓乎兄, 子之代乎父, 弟之代乎兄, 此二行者, 皆反於性而悖於情也. 然而孝子之道, 禮義之文理也. 故順情性則不辭讓矣, 辭讓則悖於情性矣. 用此觀之, 然則人之性惡明矣, 其善者偽也

270) 『순자』<性惡>. 孟子曰: 人之性善. 曰: 是不然. 凡古今天下之所謂善者, 正理平治也, 所謂惡者, 偏險悖亂也. 是善惡之分也已.

271) 황지원,『인성론의 기반 위에서 본 순자의 공부론』『중국철학』제11권(중국철학회, 2003년). p.34

272) 순자는 성은 악하며 선은 위로써 후천적인 것으로 경험에 의해 습득되는 것이라고 본다. 그러므로 이러한 도덕 가치는 객관적으로 성 밖에 존재하는 것이며, 이것을 "예"라고 보았다. 순자에게 있어 예는 그의 모든 덕목을 대표하는 성격을 갖는다.: 김병채,『순자의 맹자비판』『동양철학연구』Vol 15(동양철학연구회, 1995), p.117.

273) 이철승,『유가철학에 나타난 인간 본성론의 구조와 현실적 의미: 성선설과 성악설의 구조와 의미를 중심으로』『동양철학연구』36권(동양철학연구회, 2004), pp.403-404 참조.

274) 여기서 한 가지 주의할 점이 있다. 그것은 순자가 일반적으로 성위지분의 입장에서 성(性)을 말할 때는 좁은 의미에서 생물학적인 욕구를 가리키는 반면(性=欲), 성위지합이라는 넓은 의미에서 성을 말할 때는 생물학적인 욕구뿐만 아니라 인식능력인 '지'(知)와 행위능력인 '능'(能)까지도 포함하고 있다는 점이다. 만일 지와 능이 없다면 성과 위가 합해질 수 있는 근거가 없게 된다. 즉 인간의 본성을 변화시켜 인위를 일으킬 가능성이 사라지는 것이다. 욕과 지와 능은 인간이 선천적으로 타고난다는 점에서 넓은 의미의 본성 안에 포함된다.

275) 분석종합의 의미로, 분별이 사실과 잘 합치되는 것.

276) 징험이 사실과 잘 부합되는 것.

277) 『순자』<性惡>. 故, 善言古者必有節於今, 善言天者必有徵於人. 凡論者, 貴其有辨合·有符驗. 故, 坐而言之, 起而可設, 張而可施行.

278) 『순자』<性惡>. 今孟子曰: 人之性善. 無辨合符驗. 坐而言之, 起而不可設, 張而不可施行, 豈不過甚矣哉. 故, 性善則去聖王, 息禮義矣. 性惡則與聖王, 貴禮義矣. 故, 檃栝之生, 爲枸木也, 繩墨之起, 爲不直也. 用此觀之, 然則人之性惡明矣, 其善者僞也.

279) 『순자』<性惡>. 今誠以人之性固正理平治邪. 則有惡用聖王, 惡用禮義矣哉. 雖有聖王禮義, 將曷加於正理平治也哉. 今不然, 人之性惡. 故古者聖人以人之性惡, 以爲偏險而不正, 悖亂而不治, 故爲之立君上之勢以臨之, 明禮義以化之, 起法正以治之, 重刑罰以禁之, 使天下皆出於治, 合於善也. 是聖王之治而禮義之化也. 今當試去君上之勢, 無禮義之化, 去法正之治, 無刑罰之禁, 의而觀天下民人之相與也, 若是, 則夫 강者害弱而奪之, 衆者폭과而화之, 天下之悖亂而相亡不待頃也. 用此觀之, 然則人之性惡明矣, 其善者僞也.

280) 황지원, 앞의 논문, pp.39-40 참조.

281) 맹자는 인간의 본성의 선함을 주장함으로써 인정(仁政)을 강조하였고, 순자는 인간의 본성의 악함을 주장함으로써 예치(禮治)를 강조했다.

282) 이철승, 앞의 논문, pp.405-408 참조.

283) 이완재,『공자에서 퇴계까지』, 이문출판사, 2001, 344쪽.

284) '심학'이라는 용어는 두 가지 의미로 사용되는데, 하나는 육상산·왕양명의 心卽理說에 근본한 철학적 인식으로서의 심학이며, 다른 하나는 도학에서 心性修養論으로서의 심학이다. 도

학의 수양법으로서의 '심학'이라는 용어는 퇴계자신도 즐겨 사용하고 있다.

285) 유명종은 '퇴계의 이학비판'을 다루면서 육상산·왕양명 등을 주관적 관념론의 비판으로, 서화담·이연구·나흠순·이이제 등을 '主氣說'의 비판으로 제시하고 있다.: 劉明鐘, 『퇴계와 율곡의 철학』, 동아대 출판부, 1987, 205-241쪽 참조.

286) 퇴계는 도학의 학문적 수준을 심화시킴으로써 정도전의 경우처럼 불교와 노장 등 유교 외적인 이념을 이단으로 배척하는 차원을 넘어 성리학의 전통 안에서도 氣哲學(氣學)과 心哲學(心學)의 입장을 주자학 정통에서 벗어나는 것으로 규정하여 비판의 초점을 더욱 엄격하게 확립하였다. 그것은 주자의 主理철학을 송대 이후 신유학의 전통 속에서도 도학적 정통으로 정립하는 작업이요, 조선시대 도학의 정통이 추구하는 학문적 기반과 나아가야 할 방향을 더욱 순정純正하게 규정하는 작업이기도 하다.: 금장태, 『退溪門下의 陽明學 이해와 비판』, 『陽明學』 제2호, 한국양명학회, 1998, 24쪽.

287) 張立文 著·李允熙 譯, 『退溪哲學入門』, <社>퇴계학연구원, 1990, 9쪽 ; 아베요시오 지음·김석근 옮김, 『퇴계와 일본유학』, 전통과 현대, 1998, 80쪽 참조

288) '조선의 주자' 혹은 '조선유학의 제1인자'라는 평가만큼이나 퇴계에 대한 연구는 다양한 분야에서 이루어지고 있다. 예컨대 국내연구의 경우 2002년 이미 30여권의 저서, 34편의 박사논문, 100편의 석사논문, 700여편이 넘는 연구논문이 있을 정도로 방대하다.: 예문동양사상연구원·윤사순 편저, 『퇴계이황』『부록: 퇴계 관련 연구물 목록』, 예문서원, 2002, 409-456쪽 참조.

289) 왕양명의 사상을 그의 문인 서애가 문자로 모아 최초로 기록한 14조목의 어록이다. 여기에 육징과 설간의 기록이 추가되어 1518년 양명 47세에 『傳習錄』 상권이 이루어졌고, 또 1524년 양명 53세에 누락된 서간문을 모아 새로이 편집 『傳習錄』 중권이 만들어졌다. 그리고 양명 사후 1527년 그의 문인 전덕홍이 상권과 중권에 빠진 어록을 모아 하권을 추가하여 비로소 『傳習錄』 전권을 간행하였다.

290) 중종·명종대의 심학화 현상이나 심성논쟁이 명과의 관련 속에서 이해할 수 있기 때문이다. 더욱이 조선과 명과의 체재적 동질성과 두 나라 사이의 긴밀한 외교관계를 미루어볼 때 사신을 통한 문화교류 차원에서 양명학에 관련된 서적이 전래되는 것은 자연스러웠으리라는 생각이 지배적이다. 1533년(중종 28년) 북경에 갔던 소세양蘇世讓이 그곳에서 양명학자들과 교류를 하였고(蘇世讓, 『陽谷集』, 『北京日記』, 중종 26년 2월 8일 조), 1539(중종 34년)에 래조來朝한 명의 정사正使 화찰華察과 부사副使 벽연총薛延寵 두 사신의 일행이 주자학의 지리한 변통을 비판했던 문헌적 사실이 이를 뒷받침하고 있다.(『卯皇華集』, 중종 34년 刊): 유준기, 『한국근대유교개혁운동사』, 아세아 문화사, 1999, 225쪽에서 재인용.

291) 정동국·정덕희, 『공자와 양명학』, 태학사, 1999, 26쪽 참조.

292) 윤사순, 『鄭齊斗(霞谷) 陽明學의 研究』, 『한국학 연구』 제4집, 고려대학교 한국학연구소, 1991 참조.

293) 조선시대 초기 양명학의 수용자의 한 사람인 장유張維(1587~1638년)는 조선유학사의 총론으로 간주되는 『谿谷漫筆』에서 "중국의 학술에는 갈래가 많아서 正學(유교)·禪學·丹學이 있고 또 程朱學을 배우자가 있으며 陸氏를 배우는 자도 있어 (학문하는) 길이 한 가지가 아니다. 그런데 우리나라는 유식·무식을 논할 것 없이 책을 끼고 글을 읽는 사람이라면 모두 程

朱를 외울뿐이고 다른 학문이 있다는 것은 듣지 못했다."라고 통탄하였다.: 崔在穆, 『退溪의 陽明學觀에 대하여』, 『退溪學報』第113輯, 퇴계학연구원, 2003, 4쪽 참조.

294) 최재목, 『동아시아의 양명학』, 예문서원, 1996, 99쪽 참조.

295) 載瑞坤, 『中日韓朱子學與陽明學』, 文史哲出版社, 中華民國91, 192쪽 참조.

296) 중국근세사상사에서 대표적인 불교배척론자로 꼽혔던 주자는 겉으로는 유자儒者이지만 속으로는 불자佛者인 이른바 '陽儒陰釋'인 자들의 저술을 홍수와 맹수에 비유하면서 그 흐름을 필사적으로 저지하고자 노력하였다. 그리고 이러한 노력을 국가권력에 의해 그 정통성을 보장받게 되면서 선禪 또는 선적禪的인 유자들로 하여금 모두 '이단'이라는 꼬리표를 달도록 추동하였으며, 이 시기부터 '선'이라는 명칭은 정통에 반항하는 발칙한 자들을 지칭하는 대명사가 되었다. 퇴계가 양명학을 비판하는 가운데 심심치 않게 등장하는 '선학'이나 '불학'이니 하는 비판패턴역시 이러한 관점에서 이해해야 한다.

297) 吉田公平, 『陽明學か問いかけるもの』, 研文出版, 2000, 36쪽 참조.

298) 신귀현, 『퇴계 이황』, 예문서원, 2002, 137쪽 참조.

299) 鄭德熙, 『陽明學의 性格과 朝鮮的 展開』, 『大東漢文學』제40집, 大東漢文學會, 2001, 12-13쪽 참조 ; 尹南漢, 『朝鮮時代의 陽明學 研究』, 집문당, 1982 참조.

300) 『道一編』은 총 6권으로 된 책으로 왕양명 이전에 주자와 육상산에 대한 논쟁이 심화되었을 때, 朱·陸 양자간의 조화(朱陸調和)를 꾀한 책이다. 『道一編』이전의 주륙조화론이 양자간의 사상적 동일점과 차이점을 논하고 그 조화를 도모한 정태적인 것이었다면, 『道一編』은 편년編年(시간에 따른 고정考訂)이라는 방법을 사용하여 양자간의 사상적 동일점과 차이점을 동태적으로 검토하여 그 사상적 추이와 발전을 밝혔다.: 吉田公平, 『陸象山と王陽明』, 研文出版, 1999, 211-222쪽 참조.

301) 『學蔀通辨』는 주자와 육상산의 학문적 성격과 차이를 편년체 방식으로 고증한 책으로, <前篇>, <後篇>, <續編>, <終篇>으로 구성되어 있다. 조선에 전래·간행된 이후 책 속에 포함된 反양명학적 논의는 조선의 학계에 적극 수용되어 양명학을 인식하는데 주요한 선입견(편견)으로 작용하였다. 그런데 이 책의 영향력은 조선에만 국한되지 않았다. 일본 근세유학사에 중추적인 역할을 담당했던 하야시 라잔(林羅山, 1583~1657년)이 주자와 육상산의 논쟁을 안 것도 바로 조선간행본 『學蔀通辨』이었으며, 라잔 역시 양명학을 오류의 학문체계라고 이해하였다. 이렇게 해서 일본에서도 조선과 마찬가지로 양명학의 전개는 그 비판서로부터 시작되는 이른바 불행한 출발을 할 수 밖에 없었다.

302) "나는 『道一編』과 『學蔀通辨』 두 책을 모두 보지 못하여 한스럽습니다.": 『퇴계전서』21권 (『增補 퇴계전서』제1권, 530쪽). 『道一編』… 『學蔀通辨』… 二書恨皆未之見也.

303) 李瀷, 『李子粹語』4권. "只是一超頓悟之學, 以窮理爲疲精神, 不做問學工夫, 正如釋氏不立文字·見性成佛何異."

304) 『퇴계전서』41권, 1.31-32, <抄醫閭先生集附白沙陽明抄後復書其末> 이 글은 퇴계가 『延平答問』의 뒤에 진헌장의 『白沙詩教』와 왕양명의 『傳習錄』을 초록하여 붙이고, 그 뒤에 진헌장의 문인인 의려醫閭 하흠賀欽의 문집을 다시 초록하여 붙이고 그 뒤에 자신의 논평을 붙일 글이

다. 그의 초록본은 남아 있지 않으나 '靜坐'의 문제가 그 중심내용일 것으로 추정된다.

305) 『퇴계전서』41권. "其心强狠自用, 其辯張皇震, 使人眩惑而喪其所守, 賊仁義亂天下未必非此人也."

306) (자는 曰仁, 호는 橫山, 1487~1517년)는 왕양명이 용장龍場에서 '心卽理'를 자득한 후 주자학과 결별한 뒤 최초로 양명문하에 들어가 제자가 된 이다. 서애는 양명보다 16세 연하였는데, 스승의 사랑을 가장 많이 받았다. 양명의 아버지 왕화王華는 서애의 인격과 재능을 높이 평가해서 그의 딸(양명의 여동생)과 결혼시켜 사위로 삼았다. 왕양명도 그에게 각별한 관심을 가졌고 장래에 학문적으로 대성할 것으로 기대했다. 그러나 서애는 애석하게도 건강이 좋지 않아 정덕 13년(1518년) 양명이 47세 되던 해 31세의 나이로 요절하고 만다. 그 후 양명학파에서는 서애를 공자의 아끼는 제자로 요절한 안회顔回에 비겨서 '王門의 顔回'로 불렀다.

307) 금장태는 퇴계의 『전습록논변』이 『전습록』 상편의 첫머리에 서애가 기록한 내용 중에서 처음 몇 조목만을 인용·비판한 것으로 볼 때, 과연 그가 『전습록』 전체의 내용을 철저히 읽고서 체계적인 논술을 전개한 것이 아니라는 의혹을 제기한 바 있다(금장태, 『退溪門下의 陽明學 이해와 비판』, 32-33쪽 참조). 그리고 퇴계의 비판은 주자학이 양명학보다 우위에 있다는 기본전제 하에 이루어진 것으로 양명을 비판하기 위한 자료로 인식한 그의 공격적 비판은 객관성에 입각한 올바른 비판이 아니었음을 지적하였다(금장태, 『宋·明 理學의 두 主流와 退溪의 陽明學 批判』『동덕여대논총』 제10집<동덕여대 출판부, 1980> p.58). 바로 이러한 점에서 퇴계의 비판논리가 양명학의 입장에서 다시 재비판할 수 있는 소지를 남겨두었다고 송하경 교수님도 검토한 바 있다(송하경, 『한국양명학의 전개와 특징』, 『양명학』 제2집, 한국양명학회, 1998, 228쪽).

308) 엄밀하게 말하면 퇴계는 『전습록논변』에서 왕양명의 『전습록』 구절을 크게 네 가지 단락으로 인용하여 구분 비판하는데, 각 단락별 주된 내용의 요지는 다음과 같다.

(1) 『大學』의 3강령 가운데 원문의 '在親民'에서 程朱가 '親'을 '新'으로 고친데 대하여 양명이 '親'자가 옳다고 주장하는 것에 대한 반론
(2) 事事物物에서 理를 구하는 것을 부정하고 마음에서 理를 구해야 한다는 心卽理 학설에 대한 반론
(3) 事事物物 상에서 所當然의 理를 구하는 것을 비판하여 배우(扮獻者)에 비유하는 것에 대한 반론
(4) 如好好色 如惡惡臭를 증거로 知行合一을 주장하는 것에 대한 반론: 송하경, 『한국양명학의 전개와 특징』, 230쪽 참조.

309) 『전습록(상)』, <서애록>, 제1조목. 愛問, '在親民', 朱子謂當'作新民', 後章'作新民'之文似亦有據. 先生以爲宜從舊本'作親民', 亦有所據否? 先生曰, '作新民'之'新', 是自新之民, 與'在新民'之'新'不同. 此豈足爲據? '作'字卻與'親'字相對, 然非'新'字義. 下面治國平天下處, 皆於'新'字無發明. 如云, '君子賢其賢而親其親, 小人樂其樂而利其利', '如保赤子', '民之所好好之, 民之所惡惡之', 此之謂民之父母之類, 皆是'親'字意. '親民'猶孟子'親親仁民'之謂, 親之卽仁之也. 百姓不親, 舜使契爲司徒, 敬敷五敎, 以親之也. 『堯典』克明峻德, 便是'明明德'. '以親九族', 至'平章協和', 便是'親民', 便是'明明德於天下'. 又如孔子言'修己以安百姓', '修己'便是'明明德', '安百姓'便是'親民'. 說親民便是兼敎養意, 說新民便覺偏了.

310) 『퇴계전서』41권, <전습록논변>. 此章首曰, '大學之道, 在明明德'者, 言己之由學以明其德也. 繼之曰, '在新民'者, 言推己學以及民 使之亦新其德也. 二者皆帶'學'字意作一說, 與'養之'·'親之'之意, 初不相涉. 陽明乃敢肆肆然排先儒之定論, 安引諸說之髣率合附會略無忌憚, 可見其學之差而心之病矣.

311) 금장태는 왕양명의 親民說과 퇴계의 新民說에 입각한 비판을 다음과 같이 종합적으로 평가하고 있다.
"양명은 오히려 경전의 문맥에서 논거를 찾는 논증적 입장을 취하고 있다면, 퇴계는 程·朱의 정통을 확신하고 이를 수호하는 방어적 입장을 보여준다. 왕양명의 '親民說'은 親愛의 직접적인 정감과 그 실천을 요점으로 하는데 비해, 퇴계는 주자의 '新民說'을 따라 學을 통한 자신의 德을 계발하고 백성의 德을 끌어올리는 점진적인 학문과정과 교육적 실천방법을 요령으로 삼는 것으로 평행하는 두 가지 방법을 보여준다.": 금장태,『退溪門下의 陽明學 이해와 비판』, 34쪽.

312) 『전습록(상)』, <서애록> 제3조목. 愛問: 至善只求諸心, 恐於天下事理有不能盡. 先生曰: 心卽理也, 天下又有心外之事, 心外之理乎? 愛曰: 如事父之孝, 事君之忠, 交友之信, 治民之仁, 其間有許多理在, 恐亦不可不察. 先生嘆曰: 此說之蔽久矣.…且如, 事父, 不成去父上求簡孝的理, 事君, 不成去君上求忠的理. 交友治民, 不成去友上民上求簡信與仁的理. 都只在此心, 心卽理也. 此心無私欲之蔽, 卽是天理, 不頂外面添一分. 以此純乎天理之心, 發之事父便是孝, 發之事君便是忠, 發之交友治民便是信與仁. 只在此心去人欲存天理上用功便是.

313) 『퇴계전서』41권, <전습록논변>. 本是論窮理工夫, 轉就實踐功效上曩說.

314) 김용재는 퇴계의 이 두 번째 비판이 양명의 사상체계를 근본적인 입장에서 분석하지 않은 채 주자학적 견지에서 그저 되풀이한 것에 불과하다고 논평하고 있다. 일면 타당한 점이 있기 때문에 퇴계의 비판에 대한 보다 심층적인 이해를 위해 소개하면 다음과 같다.
"(퇴계의 이 논변은) 주자의 인식론이 窮理와 居敬으로써 설명될 수 있다는 주자학적 견지의 되풀이다. 주자학에서 居敬과 窮理는 수레의 두바퀴 혹은 나비의 두 날개로 비유되는 불가분의 관계다. 하지만 그의 인식론을 총괄적으로 분석하면 居敬보다는 窮理에 치우쳐 있고 卽物窮理說은 주지하다시피 인식대상과 인식주체를 분리하는 데서부터 출발하기 때문에 주자학 입장에 있었던 퇴계역시 양명의 이론을 반박하는 것은 어쩌면 당연한 일이었다. 그러나 그 반론의 근거가 너무 희박하였고, 良知에 대한 구체적인 논리전개가 다루어지지 않았다는 점에서 퇴계 자신이 양명학에 대한 이해가 부족하였으리라는 의구심을 자아내게 한다. 아마도 퇴계는 양명이 窮理工夫의 문제를 實踐功效로 혼동하고 있다고 논박하였지만, 程朱學에 있어서 窮理의 문제가 양명에게는 더 이상의 窮理의 대상이 될 수 없다는 것에서 출발해야 함을 간과한 듯하다. 程·朱와 양명의 학문적 경계와 본질적이고도 근본적인 입장이 분석되지 않은 상태에서 지엽적인 것으로써 논박을 하는 것은 객관적 정신이 투철하지 못함을 퇴계스스로 보여주는 것이다. 왜냐하면 퇴계는 窮理를 사사물물의 所以然의 理를 구명하는 단순한 인식의 주체와 객체간의 인식적인 활동으로 파악한 것이지만, 양명은 窮理를 이미 내 마음 안에 갖추어져 있는 良知가 인식의 주체이자 인식의 대상이라는 곳에서 출발하였기 때문에, 居敬과 窮理를 다른 것으로 파악하였다면 오히려 양명의 인식론은 성립되지 않았을 것이다."
그리고 김용재는 퇴계가 만일 퇴계가 양명의 心卽理說에 대한 비판과 居敬窮理에 대한 비판 태도를 확실하게 논박하기 위해서는『전습록』<서애록> 제3조목이 아닌 상편 후반부에 양명과 양일부와의 문답이 있는 대목을 재인용했어야만 했다고 보고 있는데, 이 주장 역시 퇴계의 비판에 대한 보다 심층적인 이해를 가능케 하기 때문에 소개하면 다음과 같다.

"또한 만일 퇴계가 양명의 心卽理說에 대한 비판과 居敬窮理에 대한 비판태도를 확실하게 논박하기 위해서는『전습록』상편 후반부에 양명과 양일부와의 문답이 있는 대목을 재인용했어야만 했다. 왜냐하면 양명학에서의 居敬과 窮理에 대한 근본적인 입장이 상세하게 언급되고 있는 부분이며, 여기에서 공부에 관한 이론적 구분이 명확해지기 때문이다."

(중략)

"양일부는 주자학적 견지에서 居敬과 窮理는 서로 다른 두 가지의 공부라고 여겼다. 곧 주자학에서 말하는 居敬은 存養의 공부이고 이 存養은 바로 본심의 天理를 간직하라는 공부라는 것이다. 또 居敬의 敬은 마음을 한 곳을 집중하는 主一無敵으로 얻을 수 있다고 한다. 한편 窮理는 사물의 理를 궁구히 하는 것으로서 부모를 섬기는 경우에는 孝의 理를 궁구히 하며 임금을 섬기는 경우에는 忠의 理를 궁구한다는 것이다. 그러나 양명은 居敬과 窮理에 대한 기본입장을 '忠孝의 理는 나 자신에 내재되어 있는 본심에 있는 것이지 임금이나 부모에게 있는 것은 아니다.'(는 언급을 통해 밝히고 있다.) 이 말은 곧 부모나 임금은 인간 자신이 효와 충을 실천하는 대상에 불과한 것이다. 효와 충의 理를 궁구하는 것은 곧 자신의 본심의 理를 궁구히 하는 것이기 때문에 窮理와 본심이 天理를 存養한다는 것은 결국 이름만 다를 뿐 동일한 내용의 공부라고 지적한다. 결국 양명학에서의 居敬은 맹자가 말한 存養工夫에 해당되고 窮理는 所當然의 理를 찾게되는 실천적 의미로 확대된다. 만일 居敬과 窮理를 서로 다른 두 가지의 공부라고 한다면, 사물과 자신, 혹은 내와 외가 인위적으로 둘로 나뉘게 되며, 心과 理가 둘로 나뉘게 되므로 그의 心卽理說 자체가 모순되는 오류가 나오게 된다.": 김용재,『退溪의 陽明學 批判에 대한 考察』,『陽明學』제3호, 한국양명학회, 1999, 40-43쪽 참조.

315) 『전습록』2권. "致吾心良知之天理於事事物物, 則事事物物, 皆得其理矣. 致吾心之良知者, 致知也, 事事物物, 皆得其理者, 格物也. 是合心與理而爲一者也."

316) 양명학과 불학(선학)의 연관성에 관련된 선행연구들이 있어왔는데(-김길락,『상산학과 양명학』, 예문서원, 1995 ; 송하경,『양명학의 儒·佛·道 사상배경에 관한 연구』,『동서철학연구』제1집, 한국동서철학회, 1984 등-), 김길락은 이러한 선행연구결과들을 대략 다음의 세 가지로 분석·정리하고 있다. 첫째, 양명학을 선학으로 보려는 견해로 나흠순·진건·육룡기·이학 등이다. 둘째, 양명학을 선학으로 보는 견해에서 후퇴하여 양명학을 중국전통철학의 발전선상에서 고찰하는 견해로 왕기·나여방·나홍선·유종주·황종희·모종삼 등이다. 셋째, 양명학의 선학적 요소를 인정하면서 양명학을 전통 유학의 적통으로 이해하려는 입장으로 진영첩·서복관·당군의·나광 등이다.: 김길락,『상산학과 양명학』, 예문서원, 1995, 147쪽.

317) 『大學集註』1장. "至善, 卽事理當然至極也."

318) (主敬以立其本, 窮理以致其知)『퇴계전서』41권, <전습록논변>.

319) 퇴계는 주자의 性卽理說과 居敬窮理說에 근거하여 세계의 객관적 존재원리(物則=所以然之故)와 당위의 도덕규범(民彝=所當然之則)으로서 '理'가 인간마음에 내재된 것이 바로 인간의 '性'이라는 性卽理說의 입장을 명확하게 견지한 것이다. 그리고 居敬을 통해 理에 대한 인식주체를 확고하게 한 이후에 窮理를 통해 理를 궁구하여 理와 義를 명확하게 인식함으로써 내외(주객)가 합일되는 경지에 이를 수 있다는 입장을 견지한다.: 김세정,『양명심학과 퇴계심학의 비교연구』,『동서철학연구』제43권, 한국동서철학회, 2007, 302쪽 참조.

320) 『퇴계전서』41권, <전습록논변>. "陽明徒患外物之爲心累, 不知民彝物則眞至之理, 卽吾心本具之理, 講學窮理, 正所以明本心之體, 達本心之用, 顧乃欲事事物物一切掃除, 皆攬敵人本心說了, 此與釋氏之見何異. 而時出言稍攻釋氏, 以自明其學之不出於釋氏, 是不亦自欺以誣人乎."

321) 송하경은『陽明學이 佛學이라는 批判에 대한 陽明學的 解明』이라는 논문에서 양명학의 ①良知·②心·③致良知 工夫를 불학과 비교하여 그 차이점을 밝혀냄으로써 양명학이 불학이라는 비판을 양명학적 관점에서 해명하고 있는데, 여기서는 이 책의 주제와 관련하여 ②에 대한 내용을 간략하게 소개하면 다음과 같다.』

왕양명의 心卽理에 기반한 '心外無理'·'心外無事'·'心外無物' 등의 언급은 왕양명으로 하여금 주관적 유심주의자로 몰아세울 수 있는 단초를 제공하였다. 왕양명의 心卽理說에 따르면 심의 본체가 완전무결하므로 本體心 이외에는 외부의 그 어떤 것도 요구되지 않는다. 오로지 자기 心體 상에서의 體認과 自證만이 있을 뿐 기타의 어떤 외적요구도 불필요하다. 이러한 왕양명의 본체관은 심성의 완전성을 철저하게 믿고 외적추구를 빌리지 않는 선종의 본체관 자못 흡사한 듯 보이지만, 왕양명이 말하는 '心外無理'·'心外無事'·'心外無物'에서 理·事·物이 지칭하는 구체적인 대상이 불학과 확연하게 구분되기 때문에 양자사이에는 분명한 차이점을 지닌다. 그런데 왕양명이 말하는 理·事·物은 주희의 格物致知說을 비판하고 心卽理를 제창하게 된 과정 속에 도출되었는데, 주희의 理는 필경 자연계의 생성·운행의 법칙이라는 면과 인간계의 윤리규범이라는 두 의미로 집약된다. 그러나 윤리규범으로서의 理를 聖經賢傳 속에 들어 있는 것으로 보고 경전을 통해 사회의 전통적 관습과 예절을 익혀야 한다고 보았기 때문에 주희는 卽物窮理는 결국 기성의 타율적 규범윤리의 탐구로 귀결되고 독서위주의 '主知主義的 向外工夫'로 경도되었다. 왕양명이 육상산의 心卽理說을 계승하여 적극 제창한 의도는 바로 심성위주의 尊德性을 문제삼는 '主心主義的 向內工夫'를 통해 독서위주의 道問學을 문제삼는 주지주의적 항외공부의 폐단을 극복하려는데 있었다. 그러므로 주희의 性卽理와 왕양명의 心卽理의 취지는 어디까지나 '윤리적 합리주의'라고 할 수 있으며, 다시 주희의 性卽理를 '객관윤리적 합리주의'라고 한다면 왕양명의 心卽理를 '주관윤리적 합리주의'라고 말할 수 있다. 따라서 왕양명의 心卽理는 '心卽倫理' 혹은 '心卽事理'라 할 수 있으며, 왕양명의 '心'은 '倫理心' 혹은 '事理心'이라고 할 수 있으며, '心外無理'·'心外無事'·'心外無物'은 곧 '心外無倫理'·'心外無倫理之事'·'心外無倫理之物'이라고 할 수 있다. 이러한 경향을 이해한다면 왕양명의 '心'은 불학의 '心'과 동일할 수 없다. 이런 이유에서 왕양명은 "그러므로 성인의 學은 盡心에서 벗어나지 않는다. 禪學에서 마음을 말하지 않는 것은 아니니, 그들의 생각에 達道라고 여기는 것은 진실로 나의 마음이다. … 이것들 역시 그들이 말하는 盡心이라고 할 것이겠지만, 이미 自私自利에 푹 빠져버린 것을 알지 못하고 있다. 이런 까닭에 인륜과 사물을 버리고 獨善할 뿐이니 혹 이에 능하거나 하고자 한다할지라도 국가와 천하를 다스릴 수 없는 것이다. 대저 聖人의 學은 타인과 나, 그리고 안과 밖을 나누지 아니하고 천지만물과 하나가 되는 것을 마음으로 삼는다. 그러나 석가의 학은 自私自利에서 일어난 안과 밖을 나누는 것을 면하지 못하고 있다. 이것이 儒佛 양자가 달라지게 되는 까닭이다."(『王陽明全集』7권, <文錄>4)고 양자의 심을 명확하게 구분하여 말하고 있는 것이다.: 송하경,『陽明學이 佛學이라는 批判에 대한 陽明學的 解明』,『양명학』제5권, 한국양명학회, 2001, 17-23쪽 참조.

322) 금장태,『퇴계의 삶과 철학』, 서울대학교 출판부, 2003, 115-116쪽 참조.

323) 왕양명이 知行合一說을 주창한 배경에는 다음의 세 가지 이유가 있었다.

(1) 당시 사회와 관직사회 사람들의 知行이 어긋나고 언행이 일치하지 않으며 인의도덕을 말로만 많이 하고 행동하는 것은 오히려 돼지나 개와 같이 하던 일들에 대해 일침을 가하기 위해서이다.
(2) 책벌레들이 맹목적으로 책만 읽으며 온종일 휴지더미 속에서 맴도는 것과 같이 비실제적인 것으로 미루어 행하는 나쁜 풍조에 일침을 하기 위해서이다.
(3) 머릿속에 있는 악념惡念은 아무 관계가 없다고 생각하여 제거하려는 노력을 하지 않아 마

침내 재화災禍를 빚어내는 사람들에 대해 일침을 가하기 위해서이다.

그의 이러한 종지를 놓고 볼 때 知行合一說의 내부에는 부동한 요구와 긴장관계가 존재한다. ⑴,⑵를 들어말한다면 왕양명은 사람들로 하여금 行을 중시한 것을 요구하였다. 따라서 그는 行을 知의 범주에 포함시킴으로써 行이 知의 중요한 구성요소와 眞知와 假知를 검증하는 기준이 되도록 하였다. ⑶에서 본다면 왕양명은 사람들에게 오히려 知를 중시할 것을 요구하였다. 그는 知는 곧 行이라고 강조하고 知를 行의 범주에 포함시킴으로써 知와 行의 경계가 불명확하게 하였다.: 김훈(역), 『번역문-양명의 '지행합일'설에 퇴계의 대한 비판을 평함』, 『양명학』제4호, 한국양명학회, 2000, 173-175쪽 참조.

324) 『퇴계전서』41권 <전습록논변>. "今人且講習討論待知得眞了, 方做行的工夫. 遂終身不行, 亦遂終身不知."

325) 『퇴계전서』41권 <전습록논변>. "且言切中, 末學徒事口耳之弊."

326) 『퇴계전서』41권 <전습록논변>. "義理之知行, 合而言之, 固相須竝行 而不可缺一, 分而言之, 知不可謂之行, 猶行不可謂之知也. 豈可合而爲一乎."

327) 인성론은 인간의 본질과 속성에 관한 유가의 대표적인 이론 체계이다. 유가의 인성론은 춘추시대 "애인"愛人 혹은 "중민"重民사상 등을 배경으로 점차 이론화되기 시작했는데, 본격적인 논의의 촉발을 일으킨 것은 공자의 "성性은 서로 가깝지만 습習에 따라 서로 멀어진다."(性相近也, 習相遠也)는 구절이다. 공자 이후 유가의 인성론은 인간이 공통적으로 가지고 있는 선천적 "본성"本性과 사람마다 서로 다르게 형성된 후천적인 "습속"習俗이 화두가 되어 비교적 다양한 관점으로 전개되었는데, 이러한 다양한 관점은 주로 인간의 선·악의 문제를 축으로 전개되었다. 이를 정리하면 크게 ①성에는 선도 불선도 없다는 이론[性無善無不善說], ②성은 선을 행할 수도 불선을 행할 수도 있다는 이론[性可以爲善可以爲不善說], ③성에 선함도 악함도 있다는 이론[有性善有性不善說], ④성은 선하다는 이론[性善說], ⑤성은 악하다는 이론[性惡說] 등으로 대략 5가지로 대별될 수 있다. 이 가운데 첫 번째 설(性無善無不善說)이 바로 고자가 정초한 이론이다. 고자는 식욕이나 색욕과 같은 생물적인 본능을 인간의 본성으로 보았는데[生謂之性], 이러한 본성은 인간이면 누구나 갖추고 있는 것으로 선하지도 불선하지도 않다. 즉 식욕이나 색욕 등을 그 내용으로 하는 인간의 본성은 선·악 규정의 대상이 될 수 없는 것이다. 따라서 인간의 도덕행위도 선천적인 본성과는 무관하게 후천적으로 이뤄진다고 보았다.

328) 『퇴계전서』41권 <전습록논변>. "使若仁者, 得君而行其志, 則斯文斯世之禍, 未知其孰烈於秦也."

329) 이요(李瑤)의 적극적인 소개로 유성룡柳成龍의 비판적 주장이 있었음에도 불구하고 선조는 양명학에 대해 매우 호의적인 태도를 보였다. 선조는 "양명은 재주가 높아서 우리나라의 재질이 낮은 사람은 배울 수가 없다. 그의 이른바 항상 마음을 돌아본다는 설을 보면 그렇다."(『宣祖實錄』, 27년 7월 17일)고 언급하기도 하였다.

330) 鄭寅普, 『陽明學演論』, 삼성문화재단, 1972, 148쪽 참조.

331) 載瑞坤, 『陽明學說對日本之影響』, 台北文化大學出版部, 1981, 258-263쪽 참조.

332) 일본의 실학개념은 '실제로 도움이 되는 학문', 곧 '실생활에 도움이 되는 실업의 학문'(實業

學)을 의미한다. 실업학으로서 이러한 일본의 실학개념은 조선의 실학개념은 물론 중국의 실학개념과도 이질적인 일본 특유의 개념으로, 특히 동아시아 3국 중 가장 먼저 서구식 근대화에 성공한 '일본 근대화'에 있어 지대한 공헌을 한 개념이다. 따라서 일본실학개념의 특수성을 올바르게 파악하기 위해서는 일본의 근대화 과정 속에서 그 실마리를 찾을 수밖에 없다. 그런데 일본의 근대화는 프랑스·영국 등의 서구의 근대화와는 태생적 이질성을 함축하고 있다. 서구의 근대화가 자생적으로 이룩해낸 결과라고 한다면, 일본의 근대화는 서구의 자생적 근대화의 영향을 받음과 동시에 일본 고유의 역사적 전통을 기반으로 이룩해낸 복합적 결과물이다. 현재 일본에서는 이러한 일본 특유의 근대화 과정에 기초해서 일본실학에 대한 연구가 대략 두 가지 관점에서 진행되고 있다. 첫째는 일본 근대 여명기에 실학이라는 개념을 천하에 통용시킨 후쿠자와 유키치(福澤諭吉)가 『學問のすすめ』에서 주장한 '實業之學'으로서의 실학개념이다. 후쿠자와의 실학개념은 전후 마루야마 마사오에 의해 새롭게 해석하여 재탄생된 개념인데, 마루야마는 "송학宋學이나 고학古學이나 심학心學이나 미토학水戶學의 '실학'에서 후쿠자와의 '실학'으로의 비약은 실로 윤리학에서 물리학으로의 전회가 나타난다."고 주장하고 있다. 이후 후쿠자와-마루야마의 실학개념에 찬동하는 연구가 과학사 분야를 중심으로 전개되어 일본실학 연구의 중요한 한 맥을 형성하고 있다. 둘째는 일본사 및 일본사상사 연구 분야에서 마루야마의 '실학'의 전회라는 개념에 반론을 제기한 미나모토 료엔의 유학적 입장에서의 실학개념이다. 그는 마루야마의 연구에 동감을 하면서도 마루야마가 간과하고 있는 문제점에 대해 일본 사상사적 관점에서 반론을 제기하였다. 단순하게 둘의 차이점에 대해 말한다면, 마루야마의 실학의 전회는 일본사상사에서 주자학이 붕괴됨으로써 얻어진 근대임에 비해 미나모토는 일본의 주자학적 전통이 준비한 것이 근대라는 입장이다. 미나모토는 이러한 관점을 중심으로 "근세의 사상적 동력은 역시 유학에 있다"는 반론과 함께 그 예증으로 일본실학이 어떻게 수용·형성·발전되었는지를 통시적 관점을 중심으로 엄밀하게 논증하였는데, 흔히 이것을 미나모토의 '실학의 역사'라고 지칭한다. 현재 미나모토의 연구는 학계의 시민권을 획득하여 이견 없이 인용되고 있는데, 그는 일본의 유학사를 대략 네시기로 대별하고 있다.(源了圓, 『近世初期實學思想硏究』, 創文社, 1980, 91쪽)

- 제1기: 후지와라 세이카(藤原惺窩)~오규 소라이(荻生徂徠) (에도시대 전기)
   Ⓐ근세 초기~간문(寬文)시기
   Ⓑ간문 시기~소라이학(徂徠學) 성립 이전
- 제2기: 오규 소라이(荻生徂徠)~아이자와 세이시사이(會澤正志齊) (에도시대 후기)
- 제3기: 1820년~메이지유신(明治維新)
- 제4기: 메이지유신 이후

그런데 이 가운데 본 발제문의 주제와 연관해서 주목할 내용은 일본 근세유학의 수용시기인 제1기(A)시기에 조선과 달리 주자학뿐만 아니라 양명학 그 위에 조선 유학이 동시에 수용되어 유학자들은 그 가운데서 선택할 수 있었다는 점(예컨대 초기 유학자 나카에 도주'中江藤樹, 1608~1648년'·구마자와 반잔'熊澤蕃山, 1619~1691년' 등은 모두 양명학을 자신의 사상의 출발점으로 삼았음)과 그러한 양명학적 전통아 근세 전제시시와 근대초기까지 이어저 메이지유신(1868년)과 서양의 경제·정치·사상·문화를 학습하는 '문명개화'·'서양화'를 가능케 한 사상적 동인이 되었다는 점이다.

333) 黃秉泰, 『儒學與現代文化』, 中國社會科學文獻出版社, 1980, 387쪽.

334) 김길락, 『한국양명학의 전개』, 『동양학 논총』 안진오 박사 회갑 기념 논문집, 동양학논총편찬위원회, 1990: 金容載, 『退溪의 陽明學 批判에 대한 考察』, 25쪽에서 재인용.

335) 일본 『國史大辭典』의 실학의 항목에서는 실학을 "일반적인 통념으로는 실제로 도움이 되는

학문을 의미"하며, "현실성, 실용성, 진실성, 실리성, 공리성, 합리성, 비판성, 실증성, 실천성, 확실과 같은 요소를 다소 구비하고 있는 애매다의한 용어"라고 정의하고 있다.: 『國史大辭典』『實學』(吉川弘文館, 1988)

336) 현재 일본 각 출판사의 신간 안내문 중에 '비즈니스의 실학'이라던가 '실학적 경영', 또는 각 대학의 법학부·경제학부 응용과학부 등의 교육과정 설명 문구에서 자주 접하는 실학이란 용어의 용례에서도 알 수 있다. 예를 들면, 마츠시다(松下) 전기제품의 창업자에 대한 사상과 실천을 분석한 책으로 阿部博人의『松下幸之助の實學』(廣濟堂出版 1988)가 있다.

337) 실업학으로서의 일본실학의 개념은 17C후반~19C초반에 걸쳐 주자학에 대한 반성 및 서학의 영향으로 형성 전개되었던 새로운 학문적·사상적 개념을 실학으로 간주하였던 조선의 실학과도, 또 북송의 성리학자들에게서 시작되어 주자 등이 당시의 불교와 도교를 허학虛學으로 지칭하는 대신에 자신들의 성리학을 실학實學으로 지칭하였던 사례나 명말청초의 역사 전환기에서 주자학과 양명학을 허학으로 비판했던 중국의 실학개념과도 이질적이다.

338) "17세기 중엽에서 19세기 중엽까지의 약 200여년(일본에서는 이 시기를 근대와 구별하여 근세라고 부르고 있다) 사이에 발흥하고 개화한 학문을 실학이라는 이름으로 연구해온 나라는 한국(조선)이다. 약 70년 내지 80년의 역사이다. 그런데 일본에서 이 시기의 학문을 실학으로 파악하고 연구한 것에는 두 종류가 있다. 그 하나는 사상사의 입장이고 다른 하나는 과학사의 입장이다.": 오가와 하루히사(한예원 譯), 『일본실학의 형성과 발전』『일본사상』 8권 (한국일본사상사학회, 2005), pp.1-2 참조.

339) 일본에서 주자학이 수용되어 자리잡기 이전 불교가 종교와 학문을 일괄적으로 총괄하였지만, 주자학의 수용을 계기로 주자학이 근세 일본의 학문영역을 담당하면서 학문이 종교 담당자의 소관에서 독립되게 되었다.

340) <실학 對 허학>의 구조의 실학개념은 북송의 학자들과 조선 중기 유학자들 역시 사용했던 패턴이기 때문에 그다지 새로울 것이 없다. 다만 일본의 경우 특이한 점은 주자학 수용의 초기단계에서 이러한 의론이 제시되었다는데 있다. 이것은 근세 일본이 주자학 수용의 굳건한 발판을 마련하고, 유학을 불교에서 독립시키기 위한 전투적 주장의 하나였다고 생각된다.: 한예원, 『일본의 실학자 계보』『일본실학』 9권(한국일본사상사학회, 2005) pp.30-31 참조.

341) 源了園,『實學概念の檢討』『近世初期實學思想の研究』(創文社, 1980); 堀米庸三,『虛學の精神あるいは學文の沒意味性について』,『李刊芸術』 第二号, 1969.

342) 마루야마는 1946년에 발표된『근대적 사유』라는 논문에서 "우리나라에 있어서 근대적 사유는 초극은커녕 진실로 획득된 것조차 없다."라고 서술하고 있는데, 이러한 사실을 통해 그가 오규 소라이, 후쿠자와 유키치를 계승한 제3의 근대화를 지향하려 했다고 생각된다.: 사와이 게이이치(沢井啓一), 『마루야마 마사오와 근세 일본사상사 연구』『일본사상』 3권(한국일본사상사학회, 2001). p.232.

343) 오가와는 근대적 실학개념을 마루야마와 달리 "근세 말기 혹은 근대 전야에 있어서 난학자에 의해 준비되었으며 그 핵심어를 실측實測의 학이라는 점에서 주목하면 대체로 16세기말 이래의 서학의 영향"으로 보고 있다. 그리고 오가와는 이러한 근대적 실학과는 다른 또 하나의 근세적 실학으로 실심을 중시하는 실심실학이 있음을 주장하고 있는데, 그에 따르면 수기치인 곧 수기와 이용후생의 학의 총체가 바로 그것이다.: 小三晴久 著·하우봉 譯,『한국실학과 일본』(한울, 1995). pp.168-169 참조.

344) 전후 실학연구는 마루야마의 유형론적 실학분석에 기초를 두고 실증적 연구로 발전•전개시
켜나갔는데, 과학사와 국학에 있어 상당한 진전이 있었다. 과학사에 있어 대표적인 연구는
스기모토 이사오(杉本勳)의『近世實學硏究』가 있으며, 국학영역에 있어서는 호가노보루(芳
賀登) 등의 연구가 있다.: 한예원,『일본의 실학에 관하여』『일본사상』 6권(한국일본사상사
학회, 2004), pp.227-228 참조.

345) "학문이란 단지 어려운 글자를 알고, 해석하기 어려운 고문을 읽고, 와카(和歌)를 즐기고, 시
를 짓는 등, 세상에 도움 안 되는 문학을 말하는 것이 아니다. 이들 문학도 스스로 사람의 마
음을 기쁘게 하여 상당히 쓰임이 편리하기도 하지만, 예로부터 세상의 유자'儒者'나 화학
자'和學者'가 말하는 것처럼 우러러 숭배할 것은 못된다. 예로부터 한학자 중에 세대주 노릇
을 잘하는 사람이 적었으며, 와카도 잘 짓고 장사도 능숙한 조닌(町人)은 드물다. 이 때문에
의식 있는 조닌이나 학쇼(百姓)는 자기 자식이 학문에 힘쓰는 것을 보게 되면, 끝내 재산을
탕진하고 말 것이다 하고 걱정하는 부모가 많았다. 끝내 재산을 탕진하고 말 것이다 하고 걱
정하는 부모가 많았다. 그것이 그 학문이 실에서 멀어져 일용의 쓰임에 마땅하지 않은 증거
이다. 그렇다면 이런 실이 없는 학문은 우선 다음으로 돌리고, 오로지 힘써야 할 것은 사람들
의 보통 일상생활에 도움이 되는 실학이다.": 위의 논문. p.212에서 재인용.

346) 그는 서양학을 "天眞之學"으로 부르면서 "사람으로서 배우지 않으면 안 되는 요무"라고 강
조한다. 그는『慶應義塾之記』에서 서양학을 배우는 것은 어렵지만, 어렵다고 하여 배우려
하지 않고, 이익이 있는 것을 알면서도 그것을 열심히 하지 않는 것은 "보국'報國'의 의'義'
가 없음에 비슷하다."고 까지 말하고 있다.

347) 한예원,『일본의 실학에 관하여』, p.213에서 재인용

348) 마루야마는 송학의 해체는 도쿠가와 시대를 통해 점차 진행되었지만 "도의 학문이 모든 학
문의 이상적 모습이고, 그 '도'에 물리와 윤리가 존재적인 법칙과 가치적인 규범으로 미묘하
게 교차하고 있다는 사정 때문에 결국 변혁을 보지 못하였다."고 진단하고 있다. 이러한 사
회체재 아래 일정한 사회관계의 틀 속에서 성장한 인간에게는 사회질서와 자연질서를 동일
시하는 의식이 형성되는데. 마루야마는 "인간은 자신을
둘러싸고 있는 사회적 환경과의 괴리를 자각할 때, 그는 비로서 무매개의 객관적 자연과 대
결하고 있는 자신을 발견한다. 사회로부터의 개인의 독립은 동시에 사회로부터의 자연의 독
립이며, 객관적 자연, 모든 주관적 가치이입을 제거한 순수하게 외적인 자연의 성립을 의미
한다. 환경에 대한 주체성의 성립을 의미한다. 환경에 대한 주체성을 자각한 정신이 비로서
'법칙'을 '규범'에서 분리하고, '물리'를 '도리'의 지배에서 해방하는 것이다."는 언급을 들며
후쿠자와가 그것을 성취하였다고 보았다(ㅡ그는 예증으로 "물(物)이 있은 다음에 윤리가 있
고, 윤리가 있은 다음에 물이 생기는 것이 아니다. 억측으로 우선 물의 윤리를 설명하고, 그
윤리에 따라 물리를 해쳐서는 안 된다."『文明論之槪略』는 언급을 인용하고 있다). 이렇게
하여 후쿠자와는 사회질서의 선천성을 불식하여 제거함으로써 '물리'의 객관적 독립성을 확
보하였다. 그리고 이러한 물리 정신의 탄생은 신분적 계층질서에 대한 반역 없이는 불가능한
데, 마루야마에 따르면 이미 이러한 사실이 후쿠자와에게 자각되어져 있었다고 한다. 즉 마
루야마는 뉴튼 역학이라는 결정을 산출한 근대 자연과학의 눈부신 발흥이 데카르트 이후의
강렬한 주체적 이성의 자각에 의해 뒷받침된 것과 유사하다고 생각하고 있는 것이다.

349) 17세기 송•명학의 영향을 받아 심학적 경향이 강한 도덕적 실천의 실학이 형성되었다. 에도
중기에는 고학자들뿐만 아니라 주자학계의 사람들에 의해서도 경험주의적 경향의 실학이 주
장되고, 민생에 도움되는 이용후생의 실학이 주창되기 시작하였다. 그 후 오규 소라이(荻生
徂徠)는 사실에 입각한 학문이야말로 실학이라 하고, 에도 후기의 실증성과 유용성이 결합

한 실학을 전개하는 길을 열어 놓았다. 그리고 이 시기에 란학蘭學계의 실학, 양학의 자극 아래 유교를 환골탈태한 실학, 제도론적 관점에 서는 경세제민의 실학 등 여러 종류의 실학이 생겨났다.

350) 실제로 막부 말기에서 메이지 초기에 걸친 일본의 전환기에 유교개혁의 실학과 근대적 서구적 실학은 서로 배제하는 것이 아니라 원활히 결합하였다. 미나모토는 그 예로 "유교 특히 주자학의 '리(理)' 관념의 경험적 측면이 바탕이 되어 주자학과 서양의 자연과학이 결합하기도 하고, '리'관념의 가치적 측면이 바탕이 되어 국제적 자연법 사상을 수용하기도 하였다", "유교의 '천'개념에 근거하여 국제적 평등(四海平等)의 사상과 천부인권의 사상이 수용되었다."고 말한다.: 한예원, 『일본의 실학에 관하여』, pp.220-221 참조.

351) 위의 논문, p.221에서 재인용.

352) 본장은 중국, 일본, 조선실학의 비교에 있어 고전이라 불리는 『中國·日本·朝鮮實學比較』(李甦平 等著, 安徽人民出版社, 1995) 제3장 제1절(pp.120~154)을 번역·요약하였으며, 별도의 설명이 필요한 경우에는 각주를 달고 "필자 주"로 명기하였다.

353) 【필자 주】자연지리학적 측면에서 볼 때 일본의 본도本島는 한 줄기 남북으로 뻗은 산맥에 의해 동서(東西) 양대 부분으로 나뉜다. 이런 이유에서 일본에서는 동국·서국, 동해도·서해도, 동일본·서일본, 관동·관서 등 대칭형식의 호칭들이 사용되었다. 이러한 지리적 조건은 예로부터 일본인들의 생활과 활동에도 상당한 영향을 주었는데, 역사적으로 볼 때 가마쿠라 막부(鎌倉幕府)는 관동에, 조정(朝廷) 및 무로마치 막부(室町幕府)는 관서에 위치하여 각각의 특성이 그 지역사회에 반영되었다. 특히 전국시대를 거쳐 최후의 승리자인 도쿠가와 이에야스(德川家康)는 거주지를 관동의 에도(江戶)로 정한 뒤 관서의 조정과 일정한 거리를 유지하며 도쿠가와 막부(德川幕府)를 설립하였다. 이런 이유에서 에도(동경)는 이후 막부 정치활동의 거점이 되었다. 그리고 나라시대(奈良時代) 이래 사람들에게 알려진 관서의 난바(難波)는 교토(京都)와 함께 요도가와(淀川) 강을 연결고리로 하여 연결된 오사카(大阪)만 입구에 당시 이미 오사카 거리(大阪街)를 형성하여 상업활동이 시작되었는데, 이런 이유에서 교토는 조정을 중심으로 하는 일본 각 업계의 중추도시로서, 그리고 오사카는 상업도시로서 분명한 도시의 성격을 지니게 되었다. 일본사회·지리적 환경으로 볼 때 일본의 3대 주요도시인 에도(동경)·교토·오사카는 각기 다른 특성과 독립성을 지니지만 본질적으로 모두 '개방 자유형 도시'에 속한다. 여기서 '개방'이란 이 3대 도시 자체에 지하자원이 부족하고 자원이 희소하기 때문에 서민들의 생계유지를 위해 반드시 대외개방을 통해 유용한 학설과 기술을 적극 수용하여 실리를 적극적으로 제창함을 의미하며(이 방면에는 오사카가 두드러짐), '자유'란 이 3대 도시에 역사적으로 낡은 방법을 답습하거나 융통성 없고 불합리한 규범의 풍습이 없어 재능 있는 선비들이 3대 도시 간 자유롭게 교류하여 유용한 학문과 기술들이 도시 간 서로 교류될 수 있음을 의미한다. 이러한 3대 도시의 사회·지리적 특징으로 인해 일본실학사상은 발생하여 성숙될 때까지 비교적 그 시간이 짧았다.: 李甦平 等著, 앞의 책, pp.120-134.

354) 【필자 주】송하촌숙(松下村塾)은 일본의 무사 겸 학자인 타마키 분노신이 개설한 사설학당이었다. 타마키 분노신의 뒤를 이어 타인이 인수하여 운영하던 것을 요시다 쇼인이 다시 인수하여 운영하였다. 이곳에서 요시다에 의해 많은 인재가 길러졌고 학숙과 가까운 곳에 살던 이토 히로부미(伊藤博文) 또한 신분을 가리지 않는 요시다의 교육방침에 의해 이곳에 입학할 수 있었다. 요시다 쇼인이 제포되어 처형당하고 1860년에 폐쇄되었다. 1922년 국가사적으로 지정되었다. 송하촌숙 입구에는 '메이지유신의 태동지'라는 입석이 있다.

355) 【필자 주】일본에서 자주 사용된 옛 교과서인 <實語教> 중에서 불교와 유교 등이 혼연 일체

된 도덕정신의 훈도(訓導)를 그 근저로 함을 명확하게 발견할 수 있다. 그러나 그것은 세속 인간관계의 논술을 완벽히 갖추고 있지 않으며, 오히려 일상생활을 결합한 격언형식으로 기술되어 있다. 이 외에도 옛 교과서로는 <商讀往来> 및 <職人往来> 등과 같이 일반적으로 업종에 따라 편집되어 공작 상 필요한 용어와 설명 혹은 고유의 공구·재료 명칭 등 생활과 밀접하게 관련된 내용들을 확실히 포함하고 있다.: 李甦平 等著, 앞의 책, p.136.

356) 【필자 주】서민교육용 교재에 보이는 세속성과 공리성, 다시 말해 실용성은 옛 교과서뿐만 아니라 새 교과서에도 보인다. 이것은 그림(圖繪)을 서민교육 용 서적으로 채택한 다수의 저서들을 보아도 알 수 있는데, 예컨대 삽화로 유명한 세계 최초의 교과서 17세기 J.코메니우스가 제작한『世界圖繪』를 동일한 시기인 도쿠가 막부 시기에 출판된『訓蒙圖繪』나『人倫訓蒙圖繪』등과 비교하면 그 차이점을 명확히 알 수 있다.『世界圖繪』가 처음부터 끝까지 인간과 신의 종적 관계에서 인간과 동물의 각종 생존방식을 명확히 표명했다면, 일본도회들은 거의 대다수 인간을 중심으로 하고 있다. 뿐만 아니라 그림에서 인간과 연관되는 각 활동영역과 업종 등에는 모두 지명과 점명이 표시되어 있으며 매우 구체적이다. 이는 일본 도쿠가와 시대 사회의 실제상황을 반영한 것이며, 업종분화의 이러한 치밀함은 상당히 진보적인 것이다. 이렇듯 아주 미세한 업종 분업의 실제형태를 교과서의 내용으로 한 것은 서민을 대상으로 진행한 일종의 공리주의 교육이다.: 李甦平 等著, 앞의 책, pp.136-137.

357) 【필자 주】메이지 시대 신소학교 내부의 실제교육은 실학적 색채가 농후했다. 이것은 '서물시교'라고 불리는 교육방법을 통해서 그 일단을 살펴볼 수 있다. 서물시교란 일종의 실물교육을 의미한다. 정부는 이러한 실물교육을 위해 그림으로 제작한 교재를 채택하였으며, 문부성은 동경사범학교 외에 별도로 문부성 제본소를 설립하여 그 개발과 제작을 진행하였다. 이외에 메이지 10년(1897년) 우에노(上野)가 설립한 교육박물관 역시 실물교육의 진열장이자 교재의 개발중심지였다. 이러한 시각교재들은 단지 아동 학교교육의 도구일뿐만 아니라 일반 성인을 대상으로 한 계몽교재이기도 하였다. 특히 만국박람회 및 권업勸業박람회에서 제작한 각종 그림류는 학교와 사회에서 모두 사용할 수 있었으며, 매우 실용적인 교육재료였다. 이러한 실물교육의 특징은 가까운 곳에 존재하는 사물을 중심으로 하여 실물 및 그와 비슷한 사물(도화, 모형 등)을 제시하여, 교사와 학생 간에 문답을 통해 학생의 사고능력을 계발하는 것이다. 학제(규칙)의 조문 상, '문답과問答科'는 비록 비교적 독립적인 형식의 과목으로서 제시된 것이지만, 실제로 역사·지리·산수·도덕 등 각 교과를 포괄하는 종합교육이라 할 만하다. 이는 각 교과 모두 채택할 수 있음을 의미한다. 다음은 '돌'을 소재로 한 실물교육의 한 예 가운데 문답의 말미 부분이다.

- 교사: (처음부터) 보석류는 광택을 지니고 있었는가?
- 학생: 그렇습니다.
- 교사: 너의 말은 틀렸다. 옥이라는 것은 인간의 손을 거친 후에 비로소 광택이 발생한다. (옥이) 처음 광산에서 채굴되었을 대는 아직 다듬고 갈지 않은 돌덩이로 (일반) 돌조각과 다름이 없다. 그러나 공인(장인)이 그것을 두드리고 다듬어서 그 형상을 옥석이 되게 하면, 가치 있는(아주 진기한 보물) 찬란한 빛을 발하게 된다. 사람도 이와 같아서 배우지 않으면 비록 재능과 지혜가 있어도 쓰이는 데 적합할 수 없으므로, 너희들은 반드시 절차탁마하여 아름다운 옥이 되어야 하며, 무용한 기와조각과 같은 사람이 되지 않아야 한다. (이런 이유에서) 옛 성현들께서는 "옥은 다듬고 갈지 않으면 광택이 없고, 인간은 배우지 않으면 알지 못한다."고 말하였던 것이다.
- 학생: 스승의 가르침을 삼가 받들겠습니다.

상기 인용문에서는 돌이 소재가 되었지만, 다른 글들에서는 예컨대 '시계'를 매개로 한 문답에서는 시간의 중요성을, 그리고 '벼'를 매개로 한 문답에서는 쌀 한 톨의 중요성 등을 강조하고 있다. 이러한 문답식 '서물시교'의 한 가지 중요한 특징은 '공용'을 극히 강조했다는 것이다. 이는 어떤 사물은 마땅히 어떤 작용, 곧 '공용'과 '효용' 등을 가지고 있어야 하며, 이에 대해 십분 주의해야 함을 말한다. 즉 신변에 가까운 일용실물을 포착하여 그 공용과 특징에 대한 질문을 제기하고 시종 '공(功)'과 '리(利)' 두 측면에서 교육을 파악하는 것이다. 이러한 교수법은 실질적으로 국가 공리주의가 결정하는 큰 테두리 안에 머물고 있으며, 특히 교육의 최종목적이 국가 방면에 치우치기 때문에 국가에 대해 실용과 실리가 있다.: 李甦平 等著, 앞의 책, pp.142-143.

358) 【필자 주】메이지 시대의 대학교육은 인문주의의 고전학 연구와 교육을 중심으로 한 서양의 대학들과는 달리 법률•경제 등의 이공 영역을 포함하여 모두 응용과학 및 기술을 의향으로 한 뚜렷한 특징을 함축하고 있다. 동경대학교, 공부(工部)대학교, 사법성법(司法省法)학교, 삿포로 농업학교(札幌農學校) 등 모두 국가현실의 실천과제에 대응하여 설립된 것으로 강렬한 실학적 성격을 지닌다. 다시 말해 이러한 교육의 최종목적은 모두 국가에 유용한 실학, 곧 국가 공리주의이다. 그리고 명치시대 일본교육의 공리주의 성격은 결코 서양교육에 대한 모방이 아니며 도쿠가와 시대의 실용실리 교육의 발전과 연장이긴 하지만 그것은 더욱 편중되게 국가목적에 종속된다.: 李甦平 等著, 앞의 책, pp.143-144.

359) 【필자 주】이것은 일본실학이 불교사상이 아닌 주자학을 발단으로 성립케 된 사회적 원인이다.: 李甦平 等著, 앞의 책, p.146.

360) 【필자 주】도쿠가와 막부시대의 사회는 사(무사)•농•공•상의 소위 '4민(民)' 등급으로 엄격히 구분되었다. 이 중 '사'는 통치계급에, '농'•'공'•'상'은 피통치계급에 속하는 평민으로 상하간의 존비(尊卑)가 엄격하였다. 봉건영주 계급 내부에는 또한 막부장군을 수장으로 하여 수많은 계급으로 나눠진다. 막부장군 아래는 제후인데, 제후는 '대명(大名)'이라고도 불리며, 그들이 분할 받아 점유한 영지를 '번국(藩國)'이라 부른다. 이런 이유에서 도쿠가와 막부의 통치제도를 '막(幕)(부府)번(藩)국(國)' 체제'라고 부르기도 한다. 이처럼 막부장군을 수장으로 층층의 신분등급의 경계가 분명한 왕국에서 삼강오륜의 윤리체계의 명분 아래 사농공상의 엄격한 신분계급의 반영하고 무사계급 내부의 모순을 조정할 필요성이 나타났다. 이러한 필요성은 의식형태의 반영으로 각 각론의 윤리관념에 대한 요구이다. 따라서 막번체제의 특징으로서 엄밀한 사농공상의 신분제와 무사단 내부의 계층구조 유지를 위해 통치사상으로서 봉건신분제도 유지를 취지로 한 중국 주자학이 도쿠가와 초기의 관방 철학사상이 되었다.: 李甦平 等著, 앞의 책, pp.147-148.

361) 【필자 주】중세 일본에 있어서의 주자학은 단독으로 전해진 것이 아니었다. 중국과 일본의 선승들에 의해 선(禪)과 짝이 되어 전래•수용되었다. 선진유학이 박사가(博士家)의 독점적 전유물이었던 것에 비하여 주자학은 박사가뿐만 아니라 선문(禪門)에서 널리 연구하고 강학하였다. 다라서 이 시기의 주자학과 불교의 관계는 주자학은 선에서 나왔기 때문에 올바르다는 형태로 승인되었고, 3교일치론자들은 유교•도교는 선(불교)에 포함되고 선에서 나왔기 때문에 3교는 일치한다고 주장하면서 불교가 주도권을 장악하였다. 이 단계에서는 선승들이 불교에 대해 자신감을 갖고 있으면서 주자학 또는 선진유학을 활용하려 하였던 것이 대세였다. 이 시기가 '선유일치(禪儒一致)'의 시기이다. 그러나 점차로 오산(五山)의 선승들조차도 불교에 대해 차츰 자신감을 잃고, 유교와 불교가 병립하는 형세에 이르렀다. 선(불교)의 보조역할을 하였던 주자학에 기울어지는 선승들이 늘어나 '치복(緇服)의 유자(儒者)'라는 호칭이 퍼져 나갔으니, 모양은 승려이지만 내용은 거의 유자인 선승이 생겨났음을 의미한다. 그 경향이 일본 진전하여 에도시대 초기의 후지와라 세이카와 하야이 라잔처럼 선림(禪林)에서 분리•독립하여 유자로서 단독의 사화적 지위를 점하기에 이르렀다. 이 시기 오산의 선승들은 일반적으로 도피적 서양의 소시승(小詩僧)에 전락하고 말았으나, 박사가인 기오하라가에

서 오산의 학문을 흡수하고 신고주(新古住)를 절충하여 놀라운 학문적 진전을 이루었다. 그리고 특히 오닌의 난(亂) 이후, 선승과 공경(公卿), 박사가의 사람들은 지방으로 분산·진출하여 전국의 다이묘들과 접촉하기에 이르렀다. 그러면서 근세의 주자학은 중세의 유학과 달리 불교를 배제하게 되었고, 불교와의 단절을 통하여 유교(주자학)의 독립을 달성하려 하였다.

362) 【필자 주】이것은 사상사적 입장에서 일본실학의 발전단계를 4단계로 구분한 미나모토 료엔의 연구를 전제로 한 것이다. 상세한 내용에 대해서는 다음 장을 참조하기 바란다.

363) 【필자 주】조닌은 도시에서 생산과 생활에 종사하는 상인과 수공업자들을 가리키는데, 에도시대 4민 계급 중 '공'과 '상'계급이 여기에 해당한다. 조닌은 에도시대 중기, 특히 에도시대 후기에 이르러 경제적 역량과 함께 사회적 지위 및 문화 창조력이 점차 향상되었으며, 그에 따른 의식 역시 향상되어 그들 스스로 통치계급이었던 무사보다 사회적으로 열등한 존재가 아니며 오히려 무사와는 다른 자신들만의 존중받을만한 자랑거리를 지니고 있다고 생각했다.("공경, 대명과 비교할 때 조닌은 수많은 금·은을 보유하고 있으니 이보다 더 좋은 직업은 없을 것이다.") 뿐만 아니라 그들은 정통 주자학에서 가볍게 여겼던 경제이익(利)을 적극 도덕과 밀접한 상관관계를 맺고 있음을 강조하며 자신들의 화폐이윤 추구의 합리성을 적극 설명했으며("무사는 이利를 버리고 명名을 추구하지만, 정인은 명을 버리고 이를 추구하여 금·은을 축적하는데 이것이 모두 도道이다."), 신용과 계산의 중시, 근면 성실한 노력 모두를 조닌이 마땅히 따라야 하는 도덕규범으로 강조했다.("이 돈이 없다면, 인의예지의 큰 도 역시 행해질 수 없다.", "하루라도 인의에서 멀어지면 인간의 도가 아니다. 그러나 계산없이, 지나치게 자비로운 것 또한 어리석은 짓이다. 인의를 지키는 것은 장사에도 이득이라는 것을 명심해야 한다.") 이러한 조닌사상을 가장 잘 대표하는 것이 바로 *이시다 바이간이 주창한 '석문심학(石門心學)'인데, 이 심학의 최대 특색은 바로 조닌의 직업과 그 영리추구의 합리성을 적극적으로 긍정하는 것이다.: 李甦平 等著, 앞의 책, pp.150-151.

* 이시다 바이간(石田梅巖, 1684~1744년): 석문심학을 신봉하는 석문학파의 주창자이며, 현대 일본이 최적공업사회가 될 수 있도록 사상적 토대를 마련하였다. 평민들에게 윤리의식을 심어주기 위해 '심학'이라는 도덕교육운동을 창시했다. 이시다 바이간은 1685년 탄바(丹波)의 가난한 농가에서 태어났다. 그의 원래 이름은 오키나가(興長), 통칭은 칸페(勘平)이다. 그는 8세에 쿄토로 나와서 포목상의 도제(견습사원)가 되었는데, 그후 그 포목상이 도산한 이후에도 무보수로 도제일을 계속했다. 이는 정직, 근면, 신의를 가르친 엄격한 부친의 영향이 컸다고 한다. 몇년 후, 아들의 비참한 생활을 목격한 부친에 의해 낙향한 바이간은 탄바에서 농사를 짓다가 20세가 넘어서 다시 쿄토로 나와서 쿠로야나기(黑柳)라는 포목상의 도제가 되었다. 40세가 되어서야 겨우 반토(番頭, 상점지배인)가 되었다. 42세로 은퇴하기까지 주경야독으로 유불신(儒佛神)의 철학을 독학으로 마치고 은퇴 후에는 쿄토의 오구리료운(小栗縮雲)이라는 은자를 스승삼아 그에게서 선(禪)을 사사받고 그사이 여러 계시를 받아 석문심학의 진리, 곧 '무아(無我)의 경지에 인간의 본성이 있다.'는 것을 깨쳤다. 그는 45세가 되어서 향후 15년간 전국을 돌며 설법을 하였는데, 특히, 여성차별이 심하던 사회분위기에도 불구하고 여성에게도 좌석을 설치하고 학문개방을 시도한 개혁적인 면모를 보였으며, 당시의 신흥계급인 조닌의 사회적 지위의 확립에 노력하고, 그를 위해서 조닌자신의 사회적 자각과 항상 변하지 않는 도덕적 향상심의 필요성을 역설하였다. 이러한 그의 사상은 당시대에 설득력을 얻어 점차 그를 따르는 제자들이 늘어나 석문학파를 이루고, 그의 사상을 전파하여 오늘날 일본인들이 지닌 노동관 혹은 근로윤리의 근간을 이루게 되었다. 그의 핵심사상은 "諸業卽修行" 혹은 "諸業卽修業", 곧 '모든 노동 자체가 곧 정신수양이며 자기의 완성이므로 일하는 자체가 곧 도를 닦는 것과 같다. 돈보다 귀중한 것은 자신<인격>의 완성이니 일생동안 이익이 없더라도 대가를 바라지 말고 열심히 정진하라.'는 것이다. 저서로는 『都鄙門答』, 『齊家論』, 『石田梅岩先生語錄』 등이 있다.

364) 【필자 주】도쿠가와 실학사상을 배태한 또 다른 모체는 바로 안도 쇼에키(安藤昌益, 1703~1646년)를 대표로 하는 '농민사상'이다. 사실 메이지유신 이전까지 일본 인구의 절대 다수를 차지한 것은 바로 농민(인구의 80%)이었다. 이러한 사실을 미루어볼 때 농민사상과 실학사상의 형성과 발전은 일정한 관계를 지닌다고 볼 수 있다. 안도 쇼에키의 최고의 도덕 원칙은 '직경(直耕)' 곧 몸소 농업노동에 참가하는 것이었다.("곡식 경작에서 내가 기른 것을 먹는 것이 하늘의 도이다. 이렇게 하지 않고 타인이 베푼 것을 먹는 자는 하늘의 도를 훔치는 것이다.") 이런 이유에서 그는 통치자(무사)가 출현한 것이 곧 모든 사회 죄악의 근원이라고 여겼다. 왜냐하면 통치자는 직접 경작하지 않고 남이 경작한 것을 탐하기 때문이다.("위에 서서 경작하지 않고 먹을 것을 탐하면 하늘의 도를 훔치고 뿌리를 훔치는 것이다. 이 뿌리에 서부터 줄기와 잎의 도적이 생겨난다." "[무사는] 뭇 사람이 직경한 곡식생산을 탐하고, 경작하지 않고 먹을 것을 탐하는 [죄인]") 그는 일종의 자연세(自然世)의 이상사회 곧 만인이 '자연직경(自然直耕)'하는 사회를 동경했는데, 이는 실제로 농민의 자급자족경제를 원형으로 하는 농민 '유토피아'의 사회이다. 비록 이러한 사회가 영원히 실현 불가능할 수도 있지만 현존하는 봉건사회의 대립물로 농민의식의 자각과 반봉건 정신을 반영하였다는 점에서 중요한 의의를 갖는다. 뿐만 아니라 그는 농민의 입장에서 서서 유교와 불교에 대해서도 맹렬한 비판을 전개하였는데, 이러한 反봉건적 사상은 실제로 反봉건 실학 등의 사상적 맹아였다.: 李甦平 等著, 앞의 책, pp.151-152.

365) 【필자 주】불교의 경우 신정부는 일찍이 '페불훼석(廢佛毀釋)'의 명령을 하달하여 부산번(富山藩)에만 1,600여개의 사원을 폐쇄하였으며, 수많은 승려들이 강제로 환속되었다. 뿐만 아니라 금속제 불상들은 강제로 몰수하여 대포로 주조하였으며, 유명한 사찰인 흥복사(興福寺) 오중탑(五重塔)은 30엔(한화 45,000원)에, 삼중탑(三重塔)은 3.6엔(한화 5,400원)에 팔리기도 하였다. 신도의 경우 일부 국학가(國學家)와 신도가(神道家)들은 이미 일찍이 신도의 국제화를 적극 추진하여 1872년 교부성(教部省)과 중앙·지방 각급의 교원을 설립하기도 하였지만, 민중과 개화관료들의 저항으로 인해 대교원(大教院)과 교부성은 차례로 해체되었다. 이것은 신도 교화 기도의 실패를 상징한다. 신정부는 유학에 대해서도 비판적 태도를 견지하였다. 1872년 8월 발표한 학제에 관한 공포문에서 유학은 "수사와 암송 같은 사소한 일에 힘쓰고 공리공론의 잘못된 길에 빠져 그 이론이 비록 고상한 것처럼 보이지만 몸소 힘써 실천하는 자는 극히 적다."고 비판하였으며, 신학제에 근거하여 유학교육을 실행하는 사숙과 사자옥寺子屋의 대부분을 강제 폐쇄하였다.: 李甦平 等著, 앞의 책, pp.152-153.

366) 본장은 본장은 중국, 일본, 조선실학의 비교에 있어 고전이라 불리는 『中國·日本·朝鮮實學比較』(李甦平 等著, 安徽人民出版社, 1995)와 미나모토 료엔의 『도쿠가와 시대의 철학사상』, 기타 논문류(오가와 하루히사의 『일본실학의 형성과 발전』, 한예원의 『일본실학자 계보』·『일본의 근세유학과 실학(Ⅰ),(Ⅱ)』·『일본의 실학에 관하여』, 엄석인의 『일본근세유학의 전개와 그 특징』 등)를 참고하여 정리하였다. 별도의 보충설명을 하거나 출처의 근거가 필요할 경우 각주에 명기하였다.

367) 源了圓, 『近世初期實學思想研究』(創文社, 1980), p.91.

368) 한예원은 실학형성 전기에 해당하는 이 시기를 '주자학 수용기'로 명명하고 있다.: 한예원, 『일본의 근세유학과 실학(Ⅰ)』『한국실학연구』 9권(한국실학학회, 2005년), p.376.

369) 1543년 포르투갈 상선의 우연한 표착이 계기가 되어 서양문물이 처음으로 알려지면서 구교국들인 포르투갈과 스페인에 관한 서양학을 '남만학'이라 불렀다. 그러다가 약 80년이 지나서 실행된 도쿠가와 정권의 쇄국정책에 의해 두 나라와 일체 교섭이 금단되고, 대신 1641년 신교국인 화란(和蘭, 네덜란드)만이 나가사키에 상관을 개설하는 것이 허용되면서 이제 '남

만학'은 '화란의 학문'이라는 '난학'으로 탈바꿈한다.

370) 이름은 숙(肅), 자는 렌부(斂夫), 세이카(惺窩)는 대표적인 그의 호 가운데 하나이다. 그는 가인歌人 집안인 사다가(定家)의 12대 손으로 태어났는데, 18세 되던 해 전란으로 아버지와 형제를 잃자 어머니와 동생과 함께 쇼코쿠지(相國寺)에 들어가 그 시대의 선승들처럼 유불도 3교에 관심을 갖는 일종의 선유(禪儒)가 되었다. 1593년에는 다이묘의 가중(伽衆)의 자격으로 1593년에는 에도에 가서 이에야스(家康)에게『貞觀政要』를 강의하기도 하였다. 이런 선유의 시절은 세이카가 38세(1598) 때 임진왜란의 포로로 잡혀갔던조 강항과 만나 그의 영향을 받을 때까지 지속되었다. 세이카는 강항과 약 21년 반 정도 교제를 하였는데, 강항의 영향으로 주자학에 기울어지는 동시에 육왕학에 대해서도 관심을 갖게 되었고, 곧 환속하여 결혼하였으며 1남 1녀를 두었다. 세이카는 제자이며 후원자인 아가마츠(赤松光通)가 이에야스에 의해 자살하게 되자 이에야스의 막부에 출사하지 않았다. 그러나 이에야스를 만날때는 유복(儒服)인 심의도복(深衣道服)을 입고 나타나 선유들에게 미움을 받았으며, 이후에도 출사하지 않고 궁핍한 은거생활을 보냈다. 세이카는 44세(1604) 되던 해 22살의 하야시 라잔(林羅山)을 제자로 맞이하여 자신의 정치·사회에 대한 이상을 제자를 통하여 펼치게 된다. 저서에는『寸鐵錄』,『大學要略』,『四書五經倭訓』,『文章達德綱領』등이 있다.

371) 그의 이름은 노부가츠(信勝, 또는 忠), 자는 자신(子信), 호를 라잔(羅山)이라고 하였다. 충자신(忠子信), 라잔등의 호칭은 후지와라 세이카가 지어준 것이다. 아버지는 신시(信時), 어머니는 전중씨(田中氏), 형제 4명 중의 장남이었으며 아내는 아라카와씨(荒川氏)로 4남 1녀를 두었다. 라잔은 교토의 몰락한 사무라이 집안의 장남으로 태어나 미곡상인 백부 길승(吉勝)의 양자로 성장하였다. 13세(1595) 때 낙동산(洛東山) 건인사(建仁寺)의 대통암(大統庵)에 들어가 치아(稚兒)가 되었다. 15세 때 건인사 승려들은 그를 출가시키려 하였으나, 라잔은 몰래 집으로 돌아가 유학에 전념하였다. 그는 부모의 은혜를 받으면서 자손을 끊는 대불행을 자기는 하고 싶지 않다고 하여 출가를 거부하였다. 청년시절의 라잔은 지적인 호기심으로 유교계통의 경학뿐만이 아니라, 제자·시서·병서·박물학·본초학 관계저서·천주교 관계저서·법률서·문학서·불서·일본고전 등 여러 분야의 엄청난 분량의 서책을 섭렵하였으나 그의 학문의 핵심은 주자학이었다. 25세(1607) 때 스승의 인도로 에도 막부에 출사하여 삭발하고 법호를 도춘道春이라 하였다. 이후 에이야스(家康)·히데다가(秀忠)·이에미츠(家光)의 자문에 응하여 유서를 진강(進講)하고 막부의 법령과 외교문서를 기초하였다. 저서는『本朝編年錄』,『四書集註抄』,『性理字義諺解』,『儒門思問錄』등이 있다.

372) 조선시대 최고의 교육기관이었던 성균관과 공자에게 제사를 드렸던 대성전을 일본근세에서 찾고자 한다면, 하야시 라잔이 세웠던 공자묘를 5대 장군 츠나요시(綱吉)가 유시마(湯島)로 옮겨서 개축하고 유시마 세이토(湯島聖堂)라고 불렀던 쇼헤이 자카(昌平坂) 학문소學問所가 그것이다. 이후 하야시 가(家)는 세습적으로 이 세이토를 운영하며 막부 문교행정의 수뇌가 되었는데, 이처럼 라잔의 일본 근세유학의 수용에서 전개에 걸친 역할은 굉장히 중요했다.

373) 불교에 대해서는 비판적 입장을 견지했지만 신도(神道)에 대해서는 관계를 끊지 못하였다. 오히려 유교에 의해 신도의 기초를 만드는 결과를 초래하였는데, 그의 성리설(性理說)은 신도설神道說로 전개되었다.

374) 우주론에 있어서도 도주는 왕양명의 심본체론(心本體論)을 계승하였다. 그는 "심(心)이란 전체적인 총칭이요, 태극의 다른 이름이다. 심은 리(理)와 기(氣)를 합하고 심과 성(性)을 통괄하여 비록 주재한다 하더라도, 기실 천지의 형체 밖에까지 통한다. 그것을 크다고 하면 밖이 없고, 작다고 하면 안이 없으니, 바로 조화의 하늘이요, 그것 역시 나에게 주어져 존재한다.(『翁問答』)고 말하였는데, 이는 '심'이 우주의 본체인 동시에 천지만물과 모든 리理의 근

313

원임을 의미한다. 그러나 도주의 주관적 관념론의 이론체계가 비록 왕수인의 철학체계를 계승하고 있을 지라도 둘 사이에는 엄연한 차이가 존재한다. 둘 모두 양지(良知)와 명덕(明德)을 통일시켜 규정하지만, 왕양명과 달리 도주는 '효'를 명덕의 본질로 간주함과 동시에 인류사회 최고의 도덕적 법칙과 우주 만물의 시원으로 여겼다.

375) 그는 24세 때『林氏削髮僧位辨』는 논문을 지어 하야시 라잔은 '명덕친민(明德親民)의 실학'이 있음을 알지 못한다고 비판하고 있는데, 라잔은 앞서 살펴보았듯이 '유교는 실이고, 불교는 허'라고 주장하며 자기가 신봉하는 주자학이 실학이라고 주장하던 자이다. 그런 라잔의 학문을 실학이 아니라고 비판하는 도주 역시 당시 열렬한 주자학의 신봉자였다. 따라서 이것은 주자학을 수용함에 있어 두 사람의 입장의 차이가 있음을 유추할 수 있다.

376) 구마자와 반잔의 이름은 백계(佰繼), 자는 료스케(了介), 호는 식유헌(息遊軒), 불감산인(不敢散人), 불영산인(不盈散人), 유종암주(有終庵主)다. 일반적으로 반잔을 아호처럼 사용하였다. 반잔은 교토의 도하(稻荷)의 몰락무사의 집에서 태어나, 16세(1634)에 오카야마(岡山)의 이케다 미츠마사(池田光政, 1609~1682)의 아소성이 되어 섬기고, 일단 사직하였다가 27세부터 다시 출사하였다. 번주 이케다 미츠마사의 측근으로서 겨우 나이 30살에 천하에 이름을 떨치게 되었다. 나카에 도주의 제자가 되어 사사받은 뒤 문무이도를 사(士)의 본령으로 삼고 문무를 수련하였다. 그는 39세의 나이로 은퇴하고 저작활동에 힘썼지만 계속해서 막부의 중추부(中樞部)에 강한 영향력을 끼쳤다. 에도에서 반잔의 명성이 높아짐에 따라 주자학을 신봉하던 하야시 라잔은 반잔의 심학을 당시 금지되었던 '예수교의 변법(變法)'이라고 무언(誣言)하였다. 이윽고 확립하려는 막번체제를 근원적으로 비판하였기 때문에 막부는 70세가 된 노인을 금고형을 내렸고 끝내 풀려나지 못한 채 죽었다. 저서의『大學或問』에 예리한 경세비판이 보인다. 주요저서로『集義和書』,『集義外書』,『大學小解』,『孝敬小解』등이 있다.

377) 가이바라 엣켄은 큐슈 하카타에서 태어났다. 아버지는 구로다(黑田)번의 번사였다. 3대 장군 이에미츠(家光) 때이다. 이름은 독신(篤信), 젊었을 때는 의사로서 삭발하고 유제(柔齊)라고 하였고, 뒤에 머리를 길러 손헌이라고 호하였다. 엣켄(益軒)이라고 호하게 된 것은 만년에 이르러서이다. 19세 때 구로다번(黑田藩)에 출사하였으나 22세 때 번주의 노여움을 받아 7년 동안 로닌(浪人)생활을 보냈다. 그 사이에 에도·교토·오사카·나가사키에서 로닌 생활은 '민생일용의 학'을 지향하게 하였다. 출사하게 되었을 때도 반비(藩費)로 교토에 유학하여 주자학과 본초학을 배웠다. 귀번 한 뒤에 주자학파의 유학자로서 번주와 번의 사무라이들에게 유서를 강의하고『黑田家譜』를 편찬하고 조선통신사를 응대하였다. 자연과학에 대해서는『大和本草』를 간행하였고, 자택에 꽃과 야채를 재배하고 그 경험에 근거하여『花譜, 菜譜』를 간행하였다. 또한 근처에 사는 농학자 미야자키에게 중국 농서를 강의하였다.

378) 진사이는 자신의 저서에는 '고의古義'라는 제목을 붙였으며, 자신의 사설학교에는 '고의당古義堂'이라 이름을 붙였다.

379) 나가오 다케시 著·박교태 譯,『일본사상 이야기』(예문서원, 2002), p.163 참조.

380) 사실 소라이의 고문사학은 진사이뿐만 아니라 16세기 후반 명나라 때 고문사(古文辭)를 주창하여 진한과 그 이전 시대의 문장을 탐색하여 재기있는 시문을 썼던 이반룡(李攀龍), 왕세정(王世貞) 등의 영향도 함께 받았다.: 미나모토 료엔 지음·박규태/이용수 옮김,『도쿠가와 시대의 철학사상』(예문서원, 2004) p.83.

381) 전설에 따르면 소라이가 진사이를 비난하게 된 배경은 상당히 흥미로운데 소개하면 다음과

같다. 멀리 에도에 살고 있던 소라이는 어느 날 동경의 마음을 품고 진사이에게 편지를 보냈다. 그 편지는 자부심 강한 소라이에게서는 좀처럼 찾아볼 수 없는 겸사의 말로 가득 찬 것이었다. 소라이는 진사이의 답장을 기다리고 또 기다렸으나, 결국 답장은 오지 않았다. 소라이는 진사이의 답장을 기다리고 또 기다렸으나, 결국 답장은 오지 않았다. 소라이는 깊은 마음 깊이 상처를 받았다. 그런데 당시 건강 상태가 좋지 않았던 진사이는 얼마 지나지 않아 불귀의 객이 되고 말았다. 소라이는 이런 사실을 전혀 알지 못했으며, 오해는 더욱 깊어만 갔다. 그러던 중 진사이가 죽은 후 그의 아들 도가이가 소라이의 양해없이 소라이가 진사이에게 보낸 편지를 유고집에 실었다. 그러자 자존심이 상한 소라이의 분노는 정점에 달했고, 이후 소라이는 진사이를 맹렬하게 비판하기 시작했다. 그 단적인 예로 소라이의 중년기의 대표작인 『蘐園隨筆』을 들 수 있다. 여기서 '훤(蘐)'이란 억새풀을 뜻하는데, 당시 소라이가 가야바마치에 살고 있었기 때문에 이런 표제가 붙어진 것으로 보인다. 여기서 유래하여 소라이학파를 훤원학파(蘐園學派)라고도 한다. 이 『蘐園隨筆』로부터 시작된 진사이에 대한 맹렬한 공격으로 소라이는 일약 유명해졌다.: 위의 책, pp.78-79.

382) 소라이는 그 근거로 "언어란 글자 모양은 변하지 않지만 그 뉘앙스와 함의는 시대에 따라 의미가 달라진다."고 말하며 옛 문헌을 정확하게 읽어 의미를 파악하기 위해서는 그 문헌이 씌어진 시대의 문화 풍속을 함께 알고, 그런 인식에 근거하여 문헌을 해석해야만 한다고 주장한다. 즉 "고전이란 그것이 씌어진 당시 사람들의 눈으로 읽어야"하는 것이다.

383) "공자의 도는 선왕의 도이다. 선왕의 도란 천하를 평안하게 하는 도이다. 선왕의 도란 선왕이라는 인간이 만들어 낸 인위적인 것이다. 그것은 세상에 처음부터 있었던 것은 아니다. 선왕은 전심전력으로 지혜를 짜내어 그 도를 만들었다."<辯道>: 한예원, 『일본의 근세유학과 실학(Ⅱ)』『한국실학연구』 10권(한국실학학회, 2005년), p.330에서 재인용.

384) 국학은 학문 방법론으로서는 소라이학과 마찬가지로 언어(辭)를 통한 현실세계(事)를 규명, 또는 언어를 성립하게 한 정신의 해명이라는 실증적 문헌학적 방법을 취하였으며, 인간관으로서는 리理로써 인욕을 억제한다는 주자학의 이성적 인간관을 떠나서 이성보다는 감정·정서를 중시하는 주정적主情的 인간관을 취하였다.: 미나모토 료엔 지음·박규태/이용수 옮김, 앞의 책, p.185 참조.

385) 나가오 다케시 著·박교태 譯, 앞의 책, p.180 참조.

386) 오노 스스무(大野晉)에 따르면, 청년시절 노리나가는 소라이가 저술한 여러 책들을 읽었으며 독서노트를 만들기까지 했다고 한다.

387) 미나모토 료엔 지음·박규태/이용수 옮김, 앞의 책, p.193

388) 특히 『古事記』에 대한 연구는 근대에 이루어진 신도의 부활에 이론적 토대를 마련해주었다. 그는 신도의 불교적 해석과 유교적 해석을 모두 거부하고 순수한 신도 정신의 줄기를 찾으려고 일본 고대 신화와 예로부터 전해져내려온 신성한 전통을 추적했다. 또한 고대 일본의 '무스비(産靈: 만물을 창조하고 성장시키는 신비로운 힘)'라는 개념을 재확인했는데, 이 개념은 근대 신도의 주요교리 가운데 하나가 되었다. 그는 윤리의 선악 이원론을 받아들였지만, 악은 선을 위해 존재하며 변증법적으로 더 높은 선을 이루기 위한 반反요소라고 생각했다. 『古事記』에 대한 모토오리의 해설서인 『古事記傳』은 35년간에 걸친 노력 끝에 1798년에 49권으로 완성되었으며, 『모토오리 노리나가 전집』(12권, 1926~27년)에 수록되어 있다.

389) 노리나가는 '모노노아하레'를 "세상의 모든 대상에 접할 때마다 그때그때 마음이 동한다. 기

315

뻐할 만한 일에는 기뻐하고, 우스운 일을 만나면 웃음이 나오고, 슬픈 일을 만나면 슬퍼지며, 그리워할 만한 일에는 그리워진다. 이렇게 그때그때 정이 발동하는 것, 그것은 '모노노아하레'를 아는 것이다."(『石上私淑言』)고 말하고 있다.

390) 그는 솔직한 감동의 정서인야말로 사람을 향상시키는 가장 중요한 것이라고 보았는데, 이런 이유에서 '모노노아하레'를 '예'라는 규범으로 제어하려고 하는 유교사상의 영향 때문에 일본인의 마음이 거칠어졌다고 비판한다.

391) 미나모토 료엔은 이 시기의 사상적 특징으로 대략 두 가지를 꼽고 있는데, 소개하면 다음과 같다.

"이 막말(幕末)·유신기의 사상적 특징으로는 첫째 사상이 학자들의 서재 안에서의 연구와 사색에 의해 형성된 것이 아니라 어떤 형태로든 실천과 결부되었다는 점을 들 수 있다. 설령 직접적으로 실천과 결부되지 않은 경우라 할지라도 그것은 향후의 실천을 예감하고 준비하는 성격을 띠고 있었다. 따라서 이시기의 사상은 체계의 크기나 사색의 깊이에 있어서는 전술한 여러 사상들에 미치지 못할지라도 현실을 개혁하거나 변혁하고자 하는 힘에 있어서는 전시대의 사상을 능가하였다. 이처럼 사상의 실천적 계기가 강화된 것은 한편으로는 막번체제의 사회 구조적 모순이 막다른 골목에 부딪쳐 막부든 번이든 어떤 과감한 개혁을 강행하지 않을 수 없는 상황에 처해있었고, 다른 한편으로는 강력한 외압에 의해 쇄국이냐 개항이냐의 양자택일을 피할 수 없었기 때문이다. 따라서 이 시기의 사상은 국제정치·국내정치·경제문제를 종합적으로 파악하는 시간을 가진다는 점에 그 두 번째 특징이 있다.": 미나모토 료엔 지음·박규태/이용수 옮김, 앞의 책, pp.215-216 참조.

392) 李甦平 等著, 앞의 책, pp.158-159 참조.

393) 지사는 광의로는 막말 이전의 지식인과는 성격이 다른 실천적·정치적 유형의 지식인을 총칭하여 가리키는 말이며, 협의로는 존왕양이(尊王攘夷)·토막(討幕)운동에 참여한 정치적 실천가들만을 가리킨다.

394) 양유겸학은 소위 '사혼양재私魂洋才(유교 중의 주자학의 궁리窮理+서양 과학기술)'를 목표로 하여 서양과학기술 등을 도입함으로써 산업을 진흥시키는 것을 가리킨다. 이러한 실학의 창도자는 사쿠마 쇼잔이다. 비록 주자학과 양학의 결합이 사상적으로 철저하지 않지만, 이전에 양학을 접해보지 못했던 무사들은 양학의 세계로 인도한 것은 큰 공적이다. 또한 주자학이 양학을 받아들이는 기초가 될 수 있었던 것은 중국과 조선에서 유례없는 일이다. 이러한 유형의 실학이 일으킨 사회작용은 중국의 양무파(洋務派)와 유사하다. 실제적으로 사쿠마 쇼잔은 양무파의 개척자 위원(魏源)의 영향을 받았다. 그러나 중국의 양무파는 종종 함선과 총포 등 서양의 제품을 구입하는 것만으로 충분하다고 여겼다.: 李甦平 等著, 앞의 책, p.159.

395) 정치변혁의 실학은 양유겸학의 실학과 유교개혁의 실학에 대한 시험 진행 후에야 출현한 사상이다. 이는 막부를 타도하지 않으면 일본국가의 독립을 실현할 수 없다는 주장을 기초로 한 실천성이 매우 강한 실학이다. 존황토막이라는 주장은 몇몇 로닌(浪人)들이 이 이전에 창도하기 시작한 것이다. 이러한 유형의 정치변혁의 실학은 후기 미토학과 마찬가지로 양유겸학의 사상을 포함하였고, 유교개혁의 실학과도 모종의 공감이 존재한다. 또한 그가 주장한 실학 중에도 이러한 사상적 특징이 존재한다. 이러한 실학은 비록 요시다 쇼인이 창도한 것이지만, 이는 양무파·변법파 이후에 형성된 장병린을 대표로 하는 배만(排滿)의 사상과 수많은 공통점을 가진다. 배만파(排滿派)가 이민족의 청조 정부를 전복시키려면 반드시 험난한

종교철학산책

길을 거쳐야 하고, 일본의 막부는 동일민족의 정부이고, 또한 비록 막부일지라도 존황이라는 점에서 공통적 입장을 지니기 때문에 비교적 순조롭게 왕정복고를 진행했다.: 李甦平 等著, 앞의 책, p.160.

396) 원래 요코이 쇼난은 본토결전을 주장했던 양이론자였으나, 본문에서 서술하였듯이 화친조약을 목도하며 도쿠가와 나리아키의 태도에 실망한 뒤 그 근본적 원인이 공리적 관점을 벗어날 수 없는 후기 미토학의 학문적 오류에 있다고 보았다. 그 후 그는 위원이 쓴 『海國圖志』를 읽고 제자인 나이토를 붙잡아 놓고 100일간 토론하면서 자신의 입장을 음미한 끝에 마침내 완전한 개국론자가 되었다.: 미나모토 료엔 지음·박규태/이용수 옮김, 앞의 책, p.234 참조.

397) 막부시대 말기 지사들에게 가장 영향을 끼친 사상이다. 미토학은 미토(水戶) 번의 2대 번주 도쿠가와 미쓰쿠니(德川光國)에 의해 시작된 『大日本史』편찬까지 거슬러 올라가는데, 그때 주자학의 명분론을 중심으로 고학적·실증적 연구를 도입한 미토학의 역사적 전통이 형성되었다. 이 미토학은 막부시대 말기에 이르러 경세론적 요소를 받아들임으로써 현실정치문제에 관여하기 시작하는데, 이때부터의 미토학을 후기 미토학이라고 한다.

398) 송학의 격물궁리관에 대한 비판이나 요·순·우 선왕의 도로 돌아가자는 주장에 있어 쇼난의 사상은 소라이와 그 궤를 같이한다. 하지만 쇼난은 소라이처럼 작위의 사상을 취하는 대신 자연의 사상을 취한다. 즉 그는 인간의 삶이란 개인의 작위에 의한 것이 아니라 하늘의 영위를 돕는 것이라고 생각했다.

399) 중국의 민족주의적 혁명지도자이자 저명한 유학자이다. 전통적인 교육을 받았으며, 이때 만주족이 세운 이민족 국가인 청의 치하에서 벼슬하기를 거부하고, 명에 충성을 바친 명말청초의 학자들에게 깊은 감명을 받았다. 그는 신문을 편집하면서 중국의 문제들이 만주족의 중국 지배에서 생긴다는 자신의 견해를 밝혔다. 반청적(反淸的)인 논조로 인해 1903년 투옥되었다가 3년 후 석방되자 일본으로 건너갔다. 일본에서 동맹회(同盟會)를 대변하는 글을 쓰는 중요한 논객이 되었다. 동맹회는 1905년 중국혁명의 지도자 쑨원이 도쿄에서 결성한 혁명조직이었다. 그러나 그는 1911년의 신해혁명 이후 가장 먼저 동맹회와 관계를 끊었다. 중화민국의 총통 위안스카이는 자신의 정권에 대해 저항운동을 벌일 것을 두려워하여 그를 가택연금시켰다. 1916년 위안스카이가 죽자 석방되었고, 다음해 쑨원이 중국 남부 광저우에 새로 수립한 혁명정부에 가담했다. 1918년 이후에 정계에서 은퇴했다. 그는 혁명가로서의 활동보다는 학문적 업적으로 더 잘 알려져 있다. 중국의 윤리적·문화적 유산을 고집했고, 2,000년 이상 사용되어온 문어체 문장 대신 구어체에 가까운 백화문(白話文)을 사용하자는 운동에 맹렬히 반대했다. 그의 산문과 시는 고전적인 문체의 모범으로 꼽히고 있다.

400) 중국 청대의 경험론적 철학자, 역사지리학자, 고증학자이다. 자는 동원東原. 청대 최고의 사상가로 추앙받고 있다. 가난한 가정에서 태어나 책을 빌려 읽으며 독학했다. 향시에는 합격했으나, 권력과 명예의 관문인 진사 시험에는 합격하지 못했다. 그러나 학자로서의 명성 때문에 1773년 황제의 부름을 받아 사고전서관(四庫全書館)(청대의 황실도서관)의 찬수관(贊修官)으로 임명되었다. 이곳에서 대진은 희귀한 책들을 많이 접할 수 있었다. 문관시험에 6차례나 낙방했으나, 1775년 황제의 특명으로 마침내 진사가 되어 한림원(翰林院)에 들어갔다. 주로 고대 지리학과 수학·언어학·경학 분야에서 모두 50여 권의 책을 저술하거나 편집했다.

401) 源了圓, 『近世初期實學思想硏究』(創文社, 1980), p.91 ; 鄭夏美, 『日本實學硏究와 近代化論』『일본역사연구』1권, (일본사학회, 1995), pp.100-105 참조.

종교철학산책

1판 1쇄 인쇄 | 2023년 10월 23일
1판 1쇄 발행 | 2023년 10월 30일

지은이 | 윤영호

발행인 | 김용환
디자인 | 이현중

등록 | 2019년 7월 16일(제406-2019-000079호)
주소 | 서울시 구로구 디지털로 288, 1212-27호
연락처 | 070-8957-7076
이메일 | sowonbook@naver.com

ISBN | 979-11-91573-15-2(03200)
정가 | 20,000원

이 책의 본문은 '을유1945' 서체를 사용했습니다.

종교철학산책